"十四五"职业教育国家规划教材

Nashui Chouhua

纳税筹划

第六版

查方能　主编
郝宝爱　封小琴　副主编

解读税收新政，掌握筹划方法

东北财经大学出版社　大连
Dongbei University of Finance & Economics Press

图书在版编目（CIP）数据

纳税筹划 / 查方能主编 . —6版 . —大连：东北财经大学出版社，2022.8
（2024.7重印）
（高等职业教育教学改革特色教材·财务会计类）
ISBN 978-7-5654-4591-0

Ⅰ.纳⋯　Ⅱ.查⋯　Ⅲ.税收筹划–高等职业教育–教材　Ⅳ.F810.423

中国版本图书馆CIP数据核字（2022）第131018号

东北财经大学出版社出版

（大连市黑石礁尖山街217号　邮政编码　116025）

网　　址：http://www.dufep.cn

读者信箱：dufep@dufe.edu.cn

大连天骄彩色印刷有限公司印刷　　东北财经大学出版社发行

幅面尺寸：185mm×260mm　字数：299千字　印张：14.25　插页：1
2022年8月第6版　　　　　　　　　　2024年7月第4次印刷
责任编辑：张旭凤　曲以欢　　　　　　责任校对：魏　巍
封面设计：冀贵收　　　　　　　　　　版式设计：钟福建

定价：36.00元

富媒体智能型教材出版说明

"财经高等职业教育富媒体智能型教材开发系统工程"入选国家新闻出版广电总局新闻出版改革发展项目库,并获得文化产业专项资金支持,是"国家文化产业资金支持媒体融合重大项目"。项目以"融通""融合""共建""共享"为特色,是东北财经大学出版社积极落实国家推动传统媒体与新媒体融合发展的重要举措之一。

"财济书院"智能教学互动平台是该工程项目建设成果之一。该平台通过系统、合理的架构设计,将教学资源与教学应用集成于一体,具有教学内容多元呈现、课堂教学实时交互、测试考评个性设置、用户学情高效分析等核心功能,是高校开展信息化教学的有力支撑和应用保障。

富媒体智能型教材是该工程项目建设成果之二。该类教材是我社供给侧结构性改革探索性策划的创新型产品,是一种新形态立体化教材。富媒体智能型教材秉持严谨的教学设计思想和先进的教材设计理念,为财经职业教育教与学、课程与教材的融通奠定了基础,较好地避免了传统教学模式和单一纸质教材容易出现的"两张皮"现象,有助于教学质量的提高和教学效果的提升。

从教材资源的呈现形式来说,富媒体智能型教材实现了传统纸质教材与数字技术的融合,通过二维码建立链接,将VR、微课、视频、动画、音频、图文和试题库等富媒体资源丰富呈现给用户;从教材内容的选取整合来说,其实现了职业教育与产业发展的融合,不仅注重专业教学内容与职业能力培养的有效对接,而且很好地解决了部分专业课程学与训、训与评的难题;从教材的教学使用过程来说,其实现了线下自主与线上互动的融合,学生可以在有网络支持的任何地方自主完成预习、巩固、复习等,教师可以在教学中灵活使用随堂点名、作业布置及批改、自测及组卷考试、成绩统计分析等平台辅助教学工具。

"重塑教学空间,回归教学本源!""财济书院"平台不仅仅是出版社提供教学资源和服务的平台,更是出版社为作者和广大院校创设的一个自主选择和自主探究的教与学的空间,作者和广大院校师生既是这个空间的使用者和消费者,也是这个空间的创造者和建设者,在这里,出版社、作者、院校共建资源,共享回报,共创未来。

最后,感谢各位作者为支持项目建设所付出的辛劳和智慧,也欢迎广大院校在教学中积极使用富媒体智能型教材和"财济书院"平台,东北财经大学出版社愿意也必将陪伴广大职业教育工作者走向更加光明而美好的职教发展新阶段。

东北财经大学出版社

第六版前言

为了贯彻落实党的二十大精神，进一步落实国家职业教育法以及"立德树人"根本任务，适应党的二十大以来中国税制改革的政策、规定、技术等方面的新变化，进一步提高"纳税筹划"课程的课程目标、职业标准和岗位职责要求的教学质量，我们修订了本书。

本次修订体现了新时代职业教育发展的要求，更加注重课程的内涵建设和课程思政在教材中的体现，具有三大亮点：

一是体现了"纳税筹划"课程学习目标融入价值引领，在章节中设置了"素质拓展"和"素养园地"，将思政元素融入教材体系，更好地体现了党的二十大精神，如"消费税是马克思主义税收思想的具体体现""资源税税收立法使绿色效应不断释放"等内容体现了中国式现代化的本质要求，坚持高质量发展，坚持推动绿色发展，促进人与自然和谐共生；"税收数据监管的威力已初步显现""偷逃个税的警示"等内容体现了国家依法公平公正征税，国民诚信纳税等社会主义核心价值观；"纳税筹划要守住法律底线"等内容体现了坚持依法治国，推进法治中国建设等。

二是体现了"纳税筹划"课程内容符合课、岗、证、赛相互融通的职业教育要求。本次修订将税法新政策、新规定尤其是税收优惠政策进行了系统的更新，按税制改革后的特点设计新的案例，阐述新的纳税筹划方法，基本实现了税务会计岗位、职业资格证书、职业技能比赛所需要的知识和业务能力融入课程内容教学的根本要求。

三是体现了"纳税筹划"课程注重培育学生的创新发展能力。税收政策总是随着条件变化而发生变化，纳税筹划方法也必须随之变化，客观上要求师生在合法的前提下不断地创新和发展纳税筹划方法和典型案例，所以我们在教学实践上加大了对纳税筹划的动手能力和创新能力的训练和提高。

本书具有内容新颖、结构科学、适用性强等特点，注重对学生知识、能力、技能和职业道德方面的培养，力求达到理论知识与实践应用有机结合，既能满足职业教育财政税务类专业的人才培养需要，又能适应广大企业及会计师事务所、税务师事务所等专业机构在纳税筹划领域的用人需求。

黄冈职业技术学院查方能教授主持了全书的修订工作，负责统稿并修订了第1、2章，山西省财政税务专科学校郝宝爱副教授修订了第3、4章，黄冈职业技术学院封小琴副教授修订了第5、6、7、8章。本次修订参考、引用了部分国内外有关纳税筹划方面的研究资料和国家税收政策法规，得到了有关专家以及东北财经大学出版社的大力支持，在此深表感谢！

纳税筹划理论研究不断深入，纳税筹划实务丰富多彩，加之作者学识水平有限，本次修订可能会存在疏漏之处，我们真诚地希望广大读者批评指正，以使本书不断完善。

编　者

2024 年 7 月

目 录

配套资源目录

第1章　纳税筹划概述

◆ 学习目标

1.掌握纳税筹划的概念与特点。

2.理解纳税筹划的职能与作用。

3.理解纳税筹划应具备的条件。

4.明确纳税筹划与偷税、逃税、骗税、抗税的区别。

5.培养学生遵纪守法、依法纳税、合法节税的纳税理念，在纳税筹划过程中形成科学的思维方法和严谨细致的工作态度，树立法治观念。

◆ 主要概念与原理

纳税筹划　纳税筹划成本　偷税　逃税　骗税　抗税　避税

1.1　纳税筹划的概念与特点

勤学善思

王先生有100 000元计划投资于债券市场，现有两种债券可供选择：一是年利率为5%的国家债券；一是年利率为6%的企业债券。王先生该如何选择呢？

1.1.1　纳税筹划的概念

纳税筹划是指纳税人在保障国家利益的前提下，在税法允许的范围内，在纳税义务发生之前通过对投资、经营、理财等进行周密筹划，实现纳税最小化、企业价值最大化的一种经济行为。国内外学者一致认为，纳税筹划主要是节税，而偷税、逃税、抗税、骗税绝非纳税筹划。纳税筹划是纳税人事先规划、设计、安排的，是整体财务筹划的重要组成部分，包括以下三层含义：

1) 纳税筹划的主体是纳税人

纳税人是指税法上规定的直接负有纳税义务的单位和个人，是缴纳税款的主体。纳税人可以是自然人，也可以是法人。为了减轻或解除税负，纳税人事先经过周密的安排和决策，通过对税法的缺陷及固有漏洞的深入了解，利用税法的不完善、不健全达到尽可能少纳税的目的。

2）纳税筹划的前提是不违反税法

　　纳税筹划是在税法允许的范围内实施的。市场经济是法治经济，随着我国市场经济发展的不断深入，纳税人的利益更多地依赖税法的保护。离开了税法的保护，靠地方行政手段或其他手段的保护（少缴税）是行不通的。《中华人民共和国税收征收管理法实施细则》第3条规定，任何部门、单位和个人作出的与税法相抵触的决定一律无效，税务机关不得执行。

　　可见，纳税人的纳税筹划应以"保障国家税收收入、保护纳税人合法权益"为唯一标准，不以"少纳税、不纳税"为前提，在税法允许的范围内合理"筹划节税"。

3）纳税筹划的实质是节税

　　节税是在遵守现行税收法律法规的前提下，当存在多种纳税方案可供选择时，纳税人以减轻税负为目的，选择税负最小的方案。简单地说，节税是纳税人在国家政策允许的前提下，充分利用税收优惠政策、鼓励政策，以降低税负为目的，对生产经营活动进行筹划安排，选择有利于节约税收支出的生产经营方案。

1.1.2　纳税筹划的特点

1）合法性

　　纳税筹划完全是在法律允许的范围内作出的决定，是以遵守国家法律为前提，通过对税收法规及其他经济制度可选择性条款的充分运用，以及对投资、生产经营的纳税负担进行全面比较所作出的决策。违反法律规定，逃避纳税责任的，属于偷税行为，显然要加以反对和制止。征纳关系是税收的基本关系，法律是处理征纳关系的准绳，纳税人要依法纳税，税务机关也要依法征税。在有多种纳税方案可供选择时，纳税人选择低税负的决策是无可非议的，税务机关也不应当加以反对。

2）筹划性

　　纳税筹划是纳税人在从事投资、经营活动之前把税收作为影响成果的一个重要因素来进行计划、决策，以期获得最大的税后利润。它是纳税人在纳税义务发生之前就对自己的纳税方式、规模作出了安排，一旦作出决策，就严格遵守税法，照章纳税。纳税筹划不同于纳税义务发生后才想办法规避纳税义务的偷税、逃税行为。在经济活动中，税法具有一定的稳定性，而纳税义务通常具有滞后性，如企业在交易行为发生之后才有纳税义务，才缴纳各种流转税；在收益实现或分配之后，才缴纳所得税；在财产取得之后，才缴纳财产税等。这在客观上为纳税人进行事先筹划提供了可能。如果在经营活动已经发生、应纳税额已经确定的情况下偷、漏税或欠缴税款，则不能被认为是纳税筹划。

3）整体性

　　纳税筹划不仅仅着眼于税法上的思考，更重要的是要着眼于总体的管理决策，纳税人在筹划时不能只盯着个别税种税负的轻重。值得注意的是，税收支付的减少不等于企业总体收益的增加，如果有多种纳税方案可供选择，企业要选择使自身价值最大化或税后利润最大化的方案，而不一定是税负最轻的方案。一般情况下，在税负最轻时，企业税后利润最大，但情况并不总是如此，企业要从全局角度、以整体观念来看待不同方案，而不是把注意力仅局限于税收负担的大小上，否则会误导经济行为。

4）目的性

纳税筹划的目的是纳税人通过筹划活动实现税后利润最大化，取得节税的税收收益。这主要表现在两个方面：一是选择低税负，低税负意味着低税收成本，而低税收成本意味着高回报；二是延滞纳税，将纳税期推后，也许可以减轻税收负担，或降低资本成本。不管是哪一种，其结果都是税收支付的节约。

5）专业性

在社会化大生产、全球经济日趋一体化、国际经贸业务日益频繁、经济规模越来越大、各国税制越来越复杂的情况下，仅靠纳税人自身进行纳税筹划已经显得力不从心了。因而，作为第三产业的税务代理、税务咨询便应运而生。现在世界各国，尤其是发达国家的税务师事务所、会计师事务所、律师事务所纷纷开展有关纳税筹划的咨询，这充分说明了纳税筹划向专业化发展的特点。

6）风险性

纳税筹划是有风险的，尽管很多筹划方案理论上可以降低税负，获得税收利益，但在实际操作中，却往往不能达到预期效果，这与纳税筹划的成本和筹划风险有关。

纳税筹划成本是指由于采用筹划方案而增加的成本，包括显性成本和隐含成本。其中，显性成本一般已经在筹划方案中予以考虑了。例如，纳税人拟采用能获得税收收益的筹划方案，由于制订该方案时需聘请有关专业人员而支出代理费用 5 万元，其成本应增加 5 万元，纳税人在选择筹划方案时，就已经将增加的 5 万元成本考虑进去了。纳税人由于采用拟定的纳税筹划方案而放弃的利益为隐含成本，隐含成本的实质为机会成本。例如，纳税人由于采用获得税收利益的方案而导致资金占用量增加，资金占用量的增加实质上是投资机会的丧失，这种由于资金占用量增加而引起的投资机会的丧失就是机会成本。在纳税筹划实务中，一般容易忽视这种机会成本，类似的还有由于采用一种纳税筹划方案而放弃另一种纳税筹划方案所导致的税收利益的减少。

1.2　纳税筹划的职能与作用

1.2.1　纳税筹划的职能

职能是事物本身所固有功能的外在体现。纳税筹划，其职能是为纳税人减轻税负，实现企业价值最大化。

国家的税收制度为纳税主体进行筹划提供了极大的可能性。第一，企业纳税是可以测算的。国家对什么征税，征多少，怎么征，都以法律形式颁布实施，将税种、纳税对象、纳税环节、纳税地点、税目、税率、纳税期限等公之于众，纳税人可以根据税法的规定对某一税种的税负进行测算，得出在不同情况下的不同结果，并进行选择。第二，税收优惠政策的存在。税收作为国家宏观调控的一种手段，国家以法律法规的形式为不同行业、不同地区、不同经济性质的企业，不同情形下的纳税人提供了税收优惠政策，客观上为纳税筹划这种获得经济利益的行为提供了可能性。第三，税收政策存在的差异性。不论一国的税收制度如何周全严密，税收负担在不同纳税人、不同纳税期、不同地区、不同企业之间总存在着差别，这种差别的存在，客观上为纳税人选择最佳纳税方案提供了机会，而且存在的差别越大，可供选择的余地也就越大，节税的形式也就越多。

1.2.2 纳税筹划的作用

1) 有利于普及税法及提高纳税人的纳税意识

企业要想成功地实现纳税筹划，就必须熟悉和充分地理解国家税法。因此，纳税筹划促使纳税人在谋求合法税收利益的驱动下，自觉、主动地学习和钻研税收法律法规，履行纳税义务，不违反税法的规定，从而有效地提高纳税人的税收法律意识。纳税筹划的开展与纳税意识的增强一般具有一致性和同步性的关系，开展纳税筹划是纳税人的纳税意识提高到一定阶段的表现。也就是说，进行纳税筹划或纳税筹划搞得比较好的企业，其纳税意识往往也比较强。因此，企业进行纳税筹划可以增强企业的法律意识，建立主动的国民纳税观念，从整体上提高全民税收法律意识，实现市场经济条件下的依法纳税目标。企业纳税意识的增强主要体现在以下几个方面：一是财务会计核算规范、账、证、表齐全并依法编制；二是按有关规定及时办理营业登记、税务登记等手续；三是及时、足额地申报缴纳各种税款；四是主动配合税务机关的纳税检查等。

2) 有利于提高企业的经营管理水平和会计水平

企业经营管理水平直接影响企业的经济效益、经营风险、竞争能力和发展前景，并在一定程度上决定着企业的前途和命运。为了满足企业内部经营管理的需要，现代会计已经发展成为以满足内部经营管理需要为主的管理会计，会计记录已经成为投资人、债权人、经营者以及其他各个方面了解和掌握企业财务状况、经营成果和现金流量的重要信息来源。

纳税筹划离不开会计核算和会计管理，会计处理方法的选择是纳税筹划的重要内容。经济业务的会计处理方法是多种多样的，如发出存货的计价方法有先进先出法、加权平均法和移动加权平均法等；固定资产的折旧方法有直线法和加速折旧法等；坏账的列支有直接转销法和备抵法，而备抵法又有账龄分析法和余额百分比法等。这些不同方法对企业利润、纳税额和纳税期限的影响是不同的，企业可在合法条件下从中选择有利的会计处理方法，以减少纳税额或推延纳税期。同时，纳税筹划要求会计人员不仅要精通会计准则、会计制度，而且要熟知现行税收法律法规，从而能够正确地进行纳税调整和计税，以实现企业利润最大化。这就要求企业会计人员不断提高自身业务水平，同时也促使企业的会计水平和经营管理水平得到进一步提高。

3) 有利于给企业带来直接的经济利益

在市场经济条件下，税收负担是企业的一项经营成本，它与企业利润存在着此增彼减的关系，纳税人如果能通过纳税筹划减轻税负，则其创造的价值和利润就有更多的部分留归自己。只要符合国家的税收政策，不违反国家法律法规，企业精心安排自己的经营决策方案，筹划自己的纳税行为，计算合理的税收负担，并给自己带来直接的经济利益等，都是值得支持和鼓励的。

指点迷津

生产日用产品而驰名的联合利华公司，它的子公司遍及世界各地，在中国的上海也设立有子公司，因为不同的国家有不同的税制和不同的税法，面对不同国家的复杂税制，母公司聘用了45名高级税务专家进行税收筹划，一年仅节税一项，就给公司增加了数百万美元的收入，增强了公司在国际市场上的竞争力。

4）有利于充分发挥税收的经济杠杆作用

随着我国市场经济体制的不断完善，纳税筹划将成为纳税人生产经营活动中一个十分重要的组成部分，投资者和纳税人将会进一步意识到纳税筹划在投资、经营和纳税中的重要作用。

5）有利于国家不断完善税法和税收政策

纳税筹划是针对税法中未明确规定的行为及税法中的优惠政策而进行的，是纳税人对国家税法及有关税收经济政策的反馈行为。充分利用纳税人纳税筹划行为的反馈信息，可以完善现行税法和改进有关税收政策，从而不断地健全和完善我国的税法。

1.2.3 纳税筹划应具备的条件

纳税筹划作为纳税人所制订的法律允许的能使其税收负担最小的方案，确实能给纳税人带来额外的税收收益。然而，纳税人具有纳税筹划愿望，并不意味着能成功地实施纳税筹划，要成功地实施纳税筹划，需要具备以下特定的条件：

1）必须熟悉国家的税收法律法规

税收法律法规是国家对企业收入进行分配调节的准则，纳税人进行纳税筹划必须以合法为前提。因此，纳税人进行筹划时必须要对税收法律法规相当熟悉和精通。唯有如此，才能够了解什么是合法，什么是非法，以及合法与非法的临界点，在总体上确保自己经营活动的有关行为的合法性。

2）必须具备良好的专业素质

纳税筹划是一种高层次的理财活动，没有相当扎实的专业基础很难胜任该项工作。成功的纳税筹划不仅要求筹划主体掌握正确的理论，更要求其具备法律、税收、会计、财务、金融等各方面的专业知识，尤其要熟悉税法、会计法、公司法、证券法等有关法律规定，还要具备统筹谋划的能力，否则虽有迫切的纳税筹划愿望也难有具体的筹划作为，或者盲目开展所谓的纳税筹划，其结果可能是期望节税但却遭到更大的利益损失。目前，我国的企业财务会计人员及其他经营管理人员在纳税筹划方面的专业素质还有待进一步提高。

3）必须熟悉企业的经营环境和自身特点

熟悉经营环境就是要使企业的经营能够具有天时、地利、人和的条件。在税收环境方面，要熟悉当地税务机关的治税思想、工作方法与扶持企业发展的方针和措施，知晓税收管理中固有的缺陷和漏洞，并协调好与当地税务部门的关系，为己所用，达到利国家、利税务机关、利自己的多重效果。

4）必须具备相当的收入规模

是否有必要进行纳税筹划，还要看纳税企业的复杂状况。纳税复杂与否又取决于纳税人的经营规模与收入规模。如果是一个小摊贩，他只需纳一种或两种很简单的定额税，则根本用不着搞什么纳税筹划。如果是一个集团公司，下辖若干企业，经营着多种商品，从事几个行业的生产，每年上缴税种数量多、税款数额大，在这种情况下，应考虑实施纳税筹划。总之，企业进行纳税筹划需要具备一定的经营规模和收入规模。如果纳税企业的经营规模小、组织结构简单、纳税筹划的空间很小，此时进行纳税筹划的费用可能大于纳税筹划的收益，也就没有必要开展纳税筹划活动了。

1.2.4 偷税、逃税、骗税、抗税与避税

视频1
"税"月匆匆

视频2
税法小课堂：
我国已有12个
税种立法了

纳税筹划是以节税为宗旨，在符合税法或不违法的前提下进行的，而偷税、逃税、骗税、抗税均属违法行为。避税处在违法与不违法之间，属于灰色地带。

1）偷税

偷税是在纳税人的应税行为已经发生并且能够确定的情况下，采取不正当、不合法的手段以逃避其纳税义务的行为。偷税具有故意性、欺诈性、隐蔽性、恣意性，使国家税收严重流失。偷税是一种违法行为，应该受到处罚。

2）逃税

逃税是纳税人对已经发生的应税经济行为的实现形式和过程进行某种人为的安排和解释，企图使之成为非应税行为的行为。

逃税与偷税具有共性，都是违反税法的行为。但逃税在操作上更具直接性，是企业将应税行为"变为"非应税行为，从而达到逃避纳税的目的。各国均将逃税列入偷税范围，没有单独的处罚规定。

3）骗税

骗税是采取弄虚作假和欺骗的手段，将本来没有发生的应税行为虚构成发生了的应税行为，将小额的应税行为仿造成大额的应税行为，即事先根本未向国家缴过税或多缴税，而从国库中骗取退税款。这是一种非常恶劣的违法行为。例如，为增强我国出口商品的竞争能力，维护公平竞争的贸易环境，遵循税收国际惯例，我国实行了出口产品退税、免税政策，但有些人（不仅是纳税人，还包括有些部门和单位）缺乏法治观念，为一己私利，采取骗取出口退（免）税的行为。

4）抗税

抗税是指纳税人抗拒税收法律法规的规定，拒绝履行纳税义务的违法行为。例如，拒不按税法规定进行税务登记和纳税申报，拒不提供纳税资料，拒绝接受税务机关依法进行的检查，拒不按税法规定缴纳税款，聚众闹事、威胁围攻税务机关和

殴打税务干部的，均属抗税行为。此外，唆使、包庇上述违法行为的，也属于抗税行为。

5）避税

避税是指纳税人利用某种手段和方法，通过对筹资活动、投资活动和经营活动等进行巧妙安排，达到规避或减轻税负的一种经济行为。其实质是纳税人在履行应尽义务的前提下，运用税法赋予的权利保护既得利益的手段。避税在税法上并未受到限制，当然亦未得到肯定。利用税法的不完善性，通过"变通""调整"等手段，可以达到规避税负的目的。目前，尚未有一个国家在法律上规定避税违法而予以制裁，因此避税本身并不存在合法与违法的问题。

事实上，所有的纳税人都希望减轻税负，但其前提是不违法。在合法、不违法与违法三者之间，纳税人应有清醒的认识，三者关系如图1-1所示。

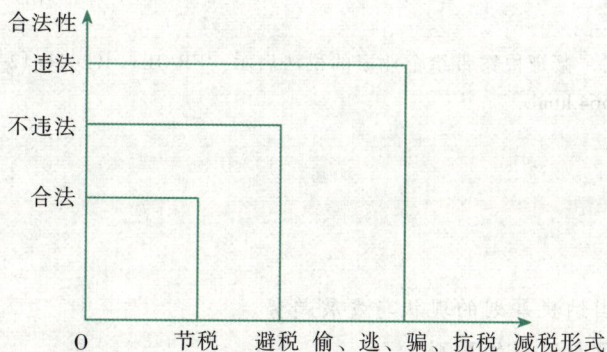

图1-1　合法、不违法与违法三者之间的关系

素养园地

税收数据监管的威力已初步显现

2021年，浙江省杭州市税务部门经税收大数据分析发现网络主播黄某涉嫌偷逃税款，在相关税务机关协作配合下，依法对其开展了全面深入的税务检查。经查，黄某在2019年至2020年，通过隐匿个人收入、虚构业务转换收入性质虚假申报等方式偷逃税款6.43亿元，其他少缴税款0.6亿元。

黄某税案是经税收大数据分析发现的税收违法线索，税收数据监管的威力已初步显现。金税三期成功上线标志着税务大数据监管时代的来临，"以票管税"逐步过渡到"以数治税"，大数据+云计算+三方数据。金税三期集合大数据评估和云计算功能，实现了税务数据的合并和统一，覆盖所有税种、税收工作的主要工作环节，通过互联网将市场监督管理、税务、社保等有关部门的信息打通，使得纳税人的经济行为处于税务机关常态化监管之下。即将到来的金税四期则采用了更加广泛联系的信息手段，同时搭建税务与各部委、银行等机关机构之间信息共享、核查通道，实现企业相关人员手机号码、企业纳税状态、企业登记注册信息三大核查功能，实现对商业行为的全面监控。

在强大的税收数据监管之下，税收违法行为将无所遁形。纳税人长期以来一直关注如何降低自身税负、节税筹划等问题，今年发生的多起明星、网红主播补税案应该引发纳税人适时转变心态，将注意力和侧重点更多地投放在税收合规方面。税务合规如果做得不够好，极易引发税务风险和税务损失，彼时损失将不仅仅是应足额缴纳的税金，可能还要被加收几倍罚款，甚至被追究刑事责任，遭受牢狱之灾。因此，税收筹划一定要以合法为前提，依法纳税是每个公民应尽的义务。

另外，税务部门开通了多样化的办税方式，为纳税人提供灵活、便利的服务，以信息化为支撑的申报方式大大提高了汇算效率，尤其是个税 App 申报和网页申报，通过智能化菜单，将复杂的政策规定和征管要求转化为便于纳税人理解的操作指引，同时自动计算出应补或应退税款，为纳税人带来办税便利。这些变化，让我们感受到国家越来越强大的同时，税务办理也越来越高效，流程越来越便捷，激发了我们对国家税务制度的自信。

资料来源　武嘉. 薇娅税案带给企业家的税法启示〔EB/OL〕.（2021-12-25）. https://www.shui5.cn/article/1d/44564.html.

基本训练

参考答案

◎ 课堂讨论

1.1　分析我国纳税筹划的现状与发展趋势。

1.2　分析节税与避税的区别。

1.3　分析"纳税为国，纳税光荣！"这条税收宣传标语的意义。

观念应用

参考答案

◎ 案例分析

某市 A 公司采取销售商品开具自制收据，直接从仓库发货，不入公司财务账的方式从事账外经营活动，自 2021 年 1 月至 2021 年 12 月隐瞒了应税销售收入 179 259 元，减少应纳增值税 23 303.67 元。

问题：

这种行为是否是节税？是否要承担法律责任？

◎ 实践训练

湖北 A 容器厂是私营企业，属于增值税一般纳税人，生产石油液化气系列钢瓶，法人代表为李某。该厂是当地政府的税源大户，政府给其下达了每年 50 万元的税收任务。为了抢占市场份额，该厂采取低价销售方式，而要低价取胜必须降低生产成本。由于原材料购进时不要增值税专用发票的话，进货价格每吨可降低 100～200 元。因此，在购货过程中，该厂有意尽量不索取增值税专用发票，以便压低进货价格，增强市场竞争力。但由于取得的专用发票少，又造成进项税额抵扣不足，增加了税收负担。为了平衡税负，该厂进行了如下安排：一是在市场上购买虚开的增值税专用发票抵扣税款；二是设置两套账，只让当地政府及主管部门知道，不让税务部门知道。为了让当地政府及主管部门做保护伞，其答应每年完成80万元的税款任务。这种方法使该厂于2021年隐瞒应税收入4 158万元，并进行年度增值税进项税额的"假抵扣"，合计少纳税89.50万元。

问题：

（1）该企业的做法是否合法？

（2）该企业的做法是纳税筹划吗？

（3）该企业的做法是什么行为？应承担怎样的法律责任？

第1章　扫码答题

第2章　纳税筹划原理与基本方法

◆ **学习目标**

1.了解纳税筹划原理，掌握节税筹划原理。

2.了解纳税筹划平台，掌握优惠平台和规避平台。

3.掌握纳税筹划操作的技术手段，尤其是每一种技术手段的运用。

4.培养学生树立正确的公平观、义务观，建立"依法纳税，合法节税"的筹划理念。

◆ **主要概念与原理**

避税筹划　节税筹划　转嫁筹划　涉税零风险　价格平台　优惠平台　漏洞平台　弹性平台　规避平台　免税技术　减税技术　税率差异技术　扣除技术　抵免技术　退税技术　分劈技术　延期纳税技术

2.1　纳税筹划原理

纳税筹划原理包括四个方面的内容：一是采用不违法的手段进行的避税筹划；二是采用合法的手段进行的节税筹划；三是采用经济手段，特别是价格手段进行的税收转嫁筹划；四是归整纳税人账目，实现涉税零风险。

2.1.1　避税筹划

所谓避税筹划，是指纳税人在充分了解现行税法的基础上，通过掌握相关会计知识，在不触犯税法的前提下，对经济活动的筹资、投资、经营等作出巧妙的安排（这种安排手段处在合法与违法之间的灰色地带），以达到规避或减轻税负的目的。其特征有：

① "不违法"性。偷税、逃税是违法的，节税是合法的，只有避税处在违法与合法之间，具有"不违法"性。

② 策划性。避税者通过对现行税法的了解甚至研究，找出其中的漏洞，加以巧妙安排，这就是所谓的策划性。

③ 权利性。避税筹划的实质就是纳税人在履行应尽法律义务的前提下，运用税法赋予的权利，保护既得利益的手段。

④ 规范性。避税的行为较规范，往往是依据税法的漏洞展开的。

可见，避税筹划的原理包括两点：一是现行税法不完善，存在漏洞；二是纳税人依据税法的漏洞精心策划、巧妙安排。但随着国家税制的完善及征管漏洞的减少，避税筹划的空间会日益狭小。

2.1.2　节税筹划

所谓节税筹划，是指纳税人在不违背税法立法精神的前提下，充分利用税法中固有的起征点、减免税等一系列优惠政策，通过纳税人对筹资活动、投资活动以及经营活动的巧妙安排，达到少缴税或不缴税的目的。其特征有：

①合法性。节税筹划是一种不违反税收政策法规的行为，也可以说节税筹划是在合法的条件下进行的，是在对政府制定的税法进行比较研究后进行的纳税优化选择。

②政策导向性。纳税人通过节税筹划最大限度地利用税法中固有的优惠政策来享受利益，其结果正是税法中优惠政策所要引导的，因此，节税筹划本身也是优惠政策借以实现宏观调控目的的载体。

③策划性。节税和避税一样，需要纳税人充分了解现行税法知识和财务知识，结合企业全方位的筹划、投资和经营业务，进行合理合法的策划。

可见，节税筹划原理包括两点：一是现行税法本身就固有许多优惠政策；二是这些优惠政策只要被纳税人充分、合理地策划，就能达到节税的目的。

2.1.3　转嫁筹划

所谓转嫁筹划，是指纳税人为了达到减轻税负的目的，通过价格的调整和变动，将税负转嫁给他人负担的经济行为。

一般来说，转嫁筹划与逃税、避税、节税是有区别的：

① 转嫁筹划不影响税收收入，它只是导致归宿不同，而逃税、避税、节税直接导致税收收入的减少。

② 转嫁筹划主要依靠价格变动来实现，而逃税、避税、节税的实现途径则是多种多样的。

③ 转嫁筹划不存在法律上的问题，更没有法律责任，而逃税、避税、节税都不同程度地存在法律麻烦和法律责任的问题。

④ 商品的供求弹性和物价的自由浮动将直接影响税负转嫁的程度和方向，而逃税、避税、节税则不受其影响。

可见，转嫁筹划的原理是纳税人提高或降低价格，将自己的税收向前或向后转移给别人负担。它受物价自由浮动和商品供求弹性影响。

2.1.4　实现涉税零风险

所谓涉税零风险，是指纳税人账目清楚，纳税申报正确，税款缴纳及时、足额，不会出现任何关于税收方面的处罚，即在税收方面没有任何风险，或风险极小可以忽略不计的一种状态。也就是说，纳税人及相关单位和个人通过一定的筹划安排，使自身处于一种涉税零风险状态。

① 纳税人通过涉税零风险可以避免发生不必要的经济损失。虽然这种筹划不会使纳税人直接获得税收上的好处，但由于其经过必要的筹划后，使自己企业账目清楚、纳税正确，不会导致税务机关的经济处罚，这样实际上相当于获取了一定的经济收入。如果纳税人不进行必要的策划安排，就可能出现账目不清、纳税不正确的情况，从而容易被税务机关认定为偷税行为。偷税行为的认定不仅会给纳税人带来一定的经济损失（加收滞纳金及罚款），情节严重者还会被认定为犯罪，主要负责人还会因此而遭受刑事处罚。

② 纳税人通过涉税零风险可以避免发生不必要的名誉损失。一旦企业或个人被税务机关认定为偷漏税，甚至是犯罪，那么该企业或个人的声誉将会因此而遭受严重的损失。在市场经济迅速发展的今天，人们的品牌意识越来越强，好的品牌便意味着好的经济效益和社会地位。企业的品牌越好，则产品越容易被消费者所接受；个人的品牌越好，则个人越容易被社会所接受。

③ 纳税人经过纳税筹划，实现涉税零风险，可以使企业账目更加清楚，管理更加有条不紊，有利于企业的健康发展和生产经营活动的顺利展开。账目不清不利于企业进行各项成本的核算，当然也不利于企业进行各项成本费用的控制，从而造成浪费及管理上的混乱。

可见，实现涉税零风险的原理就是纳税人会计核算健全、管理完善、不出现纳税差错，虽然不能取得经济收益，也不发生经济损失，但却能获得良好的口碑及企业的健康发展。

2.2　纳税筹划的基本方法

纳税筹划总是在一定的平台上进行的，任何筹划方法都要以平台为载体进行技术操作。所以，纳税筹划的基本方法应包括纳税筹划平台和纳税筹划操作的技术手段两个方面。

2.2.1　纳税筹划平台

纳税筹划平台就是指税法本身的弹性，即税法在规范纳税人的行为时并不是绝对的，而是给予了一定的弹性，允许其采用不同的方案，纳税人在规定的弹性区间内选择纳税较少或最少的方案进行生产经营活动和财务活动，以减轻税收负担。常用的纳税筹划平台包括价格平台、优惠平台、漏洞平台、弹性平台和规避平台。

1）价格平台

价格平台，是指纳税人可以利用市场经济中经济主体的自由定价权，以价格的上下浮动作为纳税筹划的操作空间而形成的一个范畴，其核心内容是转让定价。

转让定价是纳税筹划的基本方法之一，被广泛应用于经济生活之中。转让定价是指在经济活动中，有经济联系的企业各方为均摊利润或转移利润，在产品交换或买卖过程中不是依照市场规则和市场价格进行交易，而是根据企业间的共同利益或为了最大限度地维护企业间的收入而进行的产品或非产品转让。在这种转让中，根据双方的意愿，产品的转让价格可高于或低于市场上由供求关系决定的价格，以达到少纳税甚至不纳税的目的。

转让定价方法主要是通过关联企业非常规的交易形式进行的。关联企业主要是指具有直接或间接控制和被控制法律关系的两个或两个以上的企业。任何一个商品生产者和经营者及买卖双方均有权利根据自身的需要确定所生产和所经营产品的价格标准，只要买卖双方是自愿的，别人就无权干涉，这是一种合法行为。关联企业之间进行转让定价的方式有很多，一般来说主要有以下几种：利用商品交易的筹划；利用原材料及零部件的筹划；利用机械设备的筹划；利用提供劳务的筹划；利用无形资产的筹划；利用租赁业务的筹划。

价格的自由浮动是市场经济发展的必然产物，它表明了市场经济主体顺应经济发展形势，对自己产品价格的确定具有自主性和灵活性。一个价格控制非常严格的市场经济不是真正的市场经济，这样的市场经济必然没有生命力。纳税人在利用价格平台进行纳税筹划时应注意以下问题：

① 要进行成本-效益分析。运用价格平台进行纳税筹划，一般情况下应设立一些辅助的机构或公司，并进行必要的安排。这种安排是需要支出一定的成本费用的，在纳税人的生产经营还不具备一定规模时，筹划所能产生的效益不一定会很大。因此，进行成本-效益分析是十分必要的。

② 价格的波动应在一定的范围内。税法规定，如果纳税人确定的价格明显不合理，税务机关可以根据需要进行调整。一般而言，税务机关调整的价格比正常价格略高一些，也就是说，如果纳税人"不幸"被调整，不仅没有筹划收益，反而会遭受一定的损失。因此，运用价格的变化进行筹划应在一定的范围之内，过于明显的价格变化不是企业的福音，而是隐藏的危机。

③ 纳税人可以运用多种方法进行全方位、系统的筹划安排。为了避免运用一种方法效果不太明显以及价格波动太大的弊端，纳税人可以利用多种方法同时进行筹划。这样，每种方法都可以发挥作用，多次运用，并且合理安排，就能达到预期的经济效果。

2) 优惠平台

优惠平台，是指纳税人进行纳税筹划时所依据的国家税法规定的优惠政策形成的一种操作空间。在日常经济生活中，优惠平台被纳税人广泛地运用，是纳税筹划平台中重要的一种。

税收优惠政策是指税法对某些纳税人和征税对象给予鼓励和照顾的一种特殊规定。例如，免除某些纳税人应缴的全部或部分税款，或者按照其缴纳税款的一定比例给予退还等，从而减轻其税收负担。税收优惠政策是国家利用税收调节经济的具体手段，国家通过这种政策可以扶持某些特殊地区、产业、企业和产品的发展，促进产业结构的调整和社会经济的协调发展。

利用税收优惠政策进行税收筹划，是伴随着国家税收优惠政策的出台而产生的，符合国家税法的判定意图。受国家宏观经济政策引导，利用优惠平台进行税收筹划也因此得到了国家的承认与支持，其实质就是节税。

优惠平台筹划方法通常包括：

① 直接利用筹划法，给予从事生产经营活动的企业或个人以必要的税收优惠政策。

② 临界点筹划法，一是价格和产量的数值确定在什么位置，企业获利最大；二是企业经营中存在着大量的节税临界点及相关方法。

③ 纳税人的流动筹划法，包括个人改变其居所和公司法人改变其居所。

④ 挂靠筹划法，指企业或个人原本不能享受税收优惠政策待遇，但经过一定的筹划，通过挂靠某些能享受税收优惠政策待遇的产业、行业或企业，使自己也能符合优惠条件。

一般来说，只要有税收优惠政策，就有纳税人对其进行利用，只是不同纳税人利用优惠政策的方式不同而已。有的纳税人只是被动接受并有限地利用国家的优惠政策，而有的纳税人则积极创造条件，想尽办法充分地利用国家的优惠政策。利用优惠政策时，纳税人要注意以下几个问题：

① 尽量挖掘信息源，多渠道获取税收优惠，以免自己本可享受税收优惠政策，却因为不知道而错失良机。一般来说，信息的来源有税务机关、税务报纸（杂志）、税务中介机构和税务专家等几个渠道。

② 充分利用。有条件的应尽量利用，没有条件或某些条件不符合的，要创造条件利用。当然这种利用应在法律法规允许的范围之内，采用各种合法的或不违法的手段进行，不要以身试法。

③ 在利用税收优惠政策的过程中，应注意尽量保持和税务机关的沟通，争取税务机关的承认。再好的方案，没有税务机关的批准，都是没有意义的，不会给企业带来任何经济利益。

3）漏洞平台

漏洞平台，主要指税法对某些内容有文字规定，但因语法或字词有歧义而导致对税法的理解存在差异，以及税法虽有规定而实际操作时却有较大的空间。漏洞平台主要是由时间的变化、地点的差异、人员素质的差异、技术手段的高低，以及经济状况复杂多变的特点所决定的。纳税人可以利用漏洞平台来争取自己并不违法的合理权益。

时间的变化常常使相对完善的税法漏洞百出，如我国的个人所得税法在改革开放的形势下逐步形成了"三税并立"的格局，这在当时是必要的，支持了改革开放并增加了财政收入。但是到现在，这种格局便日益不适应时代的要求了，单从减征额来说，原扣除数已经大大落后于实际物质生活水平了。

地点的差异常常是令税法立法者和征管者头痛的一件事。地点的差异意味着实际情况的差别，从而也使得如果从实际情况出发的话，只能区别对待。立法者考虑各地经济实力不均，制定了许多税收优惠办法，但是税收优惠的存在本身便证明了税收的差别对待，从中衍生出漏洞也在所难免。

人员素质的差异是导致税收漏洞的主观因素。缺乏专业化税收人才是我国税收工作的一大紧迫问题。众所周知，税务与会计是难以分开的，然而我国税务人员中却有很多人不精通会计，在这种前提下，税收征管工作就会存在漏洞。

技术手段往往限制了税制的完善以及税收效率的提高。作为世界上最大的发展中国家，随着改革开放和我国政府依据本国国情适时适度调节本国经济政策，我国的经济实力和综合国力都得到了快速提升，经济技术发展水平有很大提高，但是现有技术手段还不足以应对经济飞速发展对税款征收提出的挑战。

税法的制定体现了人类的认知水平和实践能力，在一定的历史阶段，由于经济状况复杂多变的特点，这种能力会因意识、科技等多方面的限制而趋于一个顶点。正是由于人类认知能力的局限，才使得税法中的空白得以存在。

利用漏洞平台时应注意以下几个问题：

① 需要精通财务与税务方面的专业知识。只有专业化人才才可能根据实际情况，参照税法并利用其漏洞进行筹划。

② 具有一定的纳税操作经验。只依据税法而不考虑征管方面的具体措施，只能是纸上谈兵，成功的可能性肯定不会太高。

③ 要有严格的财会纪律和保密措施。没有严格的财会纪律便没有严肃的财会秩序，混乱的财务状况显然无法作为筹划的实际参考。另外，因为利用税法漏洞和空白都具有隐蔽性，所以一次公开的利用往往会使得以后的利用途径都被封锁。

④ 要进行风险-收益分析。

4）弹性平台

弹性平台，是指利用税法中税率的幅度来达到减轻税负效果的筹划行为，主要集中在资源税、城镇土地使用税和车船税等税种上。税率幅度的存在和执法人员执法弹性的存在是弹性平台存在的前提，税率幅度发挥作用体现在执行幅度之中，执行幅度依税率幅度而存在。在弹性平台筹划实务中，实际上还存在另外两类幅度：一是优惠政策方面的幅度；二是惩罚限制方面的幅度。优惠政策方面的幅度，如优惠税率的幅度、减征额的幅度和扣除额的幅度，这些在我国税制中是普遍存在的。惩罚限制方面的幅度，如加成比例、处罚款项等对将损失降低到最少也具有重要意义。

弹性平台中的弹性不同于数学中的弹性。纳税筹划中的弹性定义源于弹性的本义，因为弹性意味着大小、长短的变动性，而纳税筹划中的税款正是可以变动的，且其变动特性近似于弹簧。要想缴纳的税款越少，纳税人在筹划方面下的功夫就要越多。但正如对弹簧用力压缩不能超过必要的限度，否则会损坏弹簧一样，弹性平台的筹划也不能超越幅度范围的最低点，否则避税就成了逃税。

弹性平台筹划必须有征税方的认可，不管这种认可是积极的还是消极的，其筹划都需要通过征税方对计税依据、优惠程度、惩罚程度的确定来实现。弹性平台操作时的原则是税率、税额最小，优惠最大，惩罚最小。

利用弹性平台时应注意以下几个方面：

① 弹性平台依据税率幅度而永远存在。有税收便有税率，有税率便有税率幅度的存在。

② 弹性平台内各部分的经济意义大小不一。税率幅度的弹性平台的经济意义最

大，优惠鼓励幅度的弹性平台次之，而惩罚限制幅度的弹性平台的经济意义最小。

③ 在弹性平台的可操作性大小的判定中，还必须充分考虑到征税方，因为弹性平台筹划要达到目的，需要"因人制宜"。

④ 弹性平台筹划的意义是在幅度中找到最佳切入点，如在税收惩罚中找到可能的最低点，为企业、组织、个人等赢得更多的经济利益。

5) 规避平台

规避平台就是利用税法中众多的临界点来达到降低税率、减轻税负、获得优惠、增加利润的目的。

规避平台建立的基础是临界点，临界点可分为税基临界点和优惠临界点两大类。税基临界点的规避平台主要是在减小税基上做文章，而优惠临界点的规避平台则多是为了享受优惠待遇。两类临界点决定了规避平台的两大组成部分：一是税基临界点的规避；二是优惠临界点的规避。前者是起征点、税率跳跃临界点，后者是时间、人员、优惠对象临界点。

利用规避平台时要注意以下几个方面：

① 规避平台的技术要求不是很高，但经济成本可能很高。因为规避平台利用的是临界点引起的质变，但如果距临界点太远，那么要突破它就得有足够的量变，可能会耗掉许多成本，所以在利用规避平台进行筹划时应避免舍本逐末、本末倒置的做法。

② 规避平台具有广泛的应用性。

③ 规避平台与弹性平台属于纳税筹划中两个重要的平台，两者具有很大的相通性，前者利用"点"，后者利用"段"。将规避平台和弹性平台结合使用，一般会取得更好的纳税筹划效果。

2.2.2　纳税筹划操作的技术手段

纳税筹划从基本方法上看，无非是五种：一是减、免、退政策的利用；二是减少计税依据；三是降低适用税率；四是增加应抵扣税额；五是推迟税款缴纳时间。具体的操作技术手段通常有免税、减税、税率差异、（税项）扣除、（税额）抵免、退税、分劈和延期纳税八种技术手段。

1) 免税技术手段

（1）免税和免税技术

免税是国家对特定的地区、行业、企业、项目或情况（特定的纳税人或纳税人特定应税项目，或由于纳税人的特殊情况）所给予纳税人完全免税的照顾或奖励措施。

免税是国家的一种税收照顾方式，同时也是国家出于政策需要的一种税收奖励方式。它是贯彻国家经济、政治、社会政策的经济手段。如我国对某些遭受严重自然灾害地区的农业生产在一定时期给予税收照顾。2003年上半年，我国对某些遭到"非典型肺炎"影响的地区免征营业税，就属于特殊情况下的一种税收照顾方式。

免税技术是指在合法、合理的情况下，使纳税人成为免税人，或使纳税人从事免税活动，或使征税对象成为免征对象而免纳税收的纳税筹划技术。免税人包括免税自然人、免税公司、免税机构等。

一般来说，只要发生应税行为就要缴纳税金，但是纳税人可以成为免征（纳）税收的纳税人，即免税人。例如，《中华人民共和国企业所得税法》（以下简称《企业所得税法》）规定：企业从事蔬菜、谷物、薯类、油料、豆类、棉花、麻类、糖料、水果、坚果的种植，农作物新品种的选育，中药材的种植，林木的培育和种植，牲畜、家禽的饲养，林产品的采集、灌溉，农产品的初加工，兽医，农技的推广，农机作业和维修，远洋捕捞等取得的所得免征企业所得税。因此，从事上述项目的企业就成为免税人。

（2）免税技术要点

免税一般可以分为法定免税、特定免税和临时免税三种。法定免税是主要方式，特定免税和临时免税是辅助方式，是对法定免税的补充。世界各国对特定免税和临时免税都有严格限制，尽量避免因这类条款的随意性和不公正性等产生负面影响。由于我国经济正处在转型时期，经济法律、法规尚处在不断修改完善阶段，为了保证国家各项改革措施和方针政策的贯彻落实，在现有法定免税政策基础上，及时调整和补充大量特定免税和临时免税条款，不仅是不可避免的，也是十分必要的。在免税技术手段的运用过程中，应尽可能做到以下几点：

① 尽量争取更多的免税待遇。在合法和合理的前提下，尽量争取免税待遇，争取尽可能多的项目获得免税待遇。

② 尽量使免税期最长化。在合法和合理的情况下，尽量使免税期最长化，许多免税政策都有期限规定，免税期越长，节减的税收越多。

【案例2-1】国家对一般企业按普通税率征收企业所得税，假如对A经济开发区的企业执行从开始经营之日起3年免税的规定，对B经济开发区的企业执行从开始经营之日起5年免税的规定，那么，如果其他条件基本相似或利弊基本相抵，一个公司完全可以在B经济开发区从事经营活动，从而可以获得免税期限延长2年的待遇，合法、合理地节减更多的税收。

2）减税技术手段

（1）减税和减税技术

减税是国家对特定的地区、行业、企业、项目或情况（特定的纳税人或纳税人特定应税项目，或由于纳税人的特殊情况）所给予纳税人减征部分税收的照顾或奖励措施。

与免税一样，减税也可以是国家对特定纳税人的税收照顾措施，是贯彻落实国家经济、政治、社会政策的经济手段。如我国对遭受台风、火灾、洪水、地震等自然灾害的企业在一定时期给予减征部分税收的待遇，就属于税收照顾性质的减税。又如我国对符合规定的高新技术企业、从事第三产业的企业、以三废材料为主要材料进行再循环生产的企业给予减税待遇，就是国家为了落实科技、产业和环保等政策而给予企业鼓励性质的税收减免。可见，减税可分为税收照顾和税收奖励两类。

减税技术是指在合法和合理的情况下，使纳税人减少应纳税收而直接节税的纳税筹划技术。与缴纳全额税收相比，减征的税收越多，节减的税收也就越多。一般来说，纳税筹划的减税技术主要是合法、合理地利用国家奖励性减税政策而节减税收的技术。

（2）减税技术要点

① 尽量争取减税待遇并使减税最大化。在合法和合理的情况下，尽量争取减税待遇，争取让尽可能多的税种获得减税待遇，争取减征更多的税收。与缴纳的税收相比，减征的税收就是节减的税收，获得减征待遇的税种越多，减征的税收越多，节减的税收也就越多。

② 尽量使减税期最长化。在合法和合理的情况下，尽量使减征期最长化。减税期越长，节税效果越好。与按正常税率缴纳税金相比，减征的税收就是节减的税收，而减税期最长化能使节税最大化。

【案例2-2】A、B、C、D四个国家的企业所得税的普通税率基本相同，其他条件基本相似或利弊基本相抵。A国企业生产的商品90%以上出口到世界各国，A国对企业所得按普通税率征税；B国出于鼓励外向型企业发展的目的，对此类企业减征30%的所得税，减税期为5年；C国对此类企业减征50%的所得税，减税期为3年；D国对此类企业减征40%的所得税，而且没有减税期限的规定。打算长期经营此项业务的企业，完全可以考虑把公司或其子公司设到D国去，从而在合法和合理的情况下使节减的税收最大化。

3）税率差异技术手段

（1）税率差异与税率差异技术

税率差异是指性质相同或相似的税种适用的税率不同。税率差异主要是出于财政、经济政策等原因。比如，一个国家对不同企业组织形式规定不同的税率，公司的适用税率为50%，经济合作社的适用税率为45%。又如，一个国家对不同地区的纳税人规定不同的税率，一般地区的企业所得税税率为35%，某一特区的企业所得税税率为20%。再如，不同国家性质相同或相似的税种的税率不同，A国的企业所得税税率为45%，B国的企业所得税税率为38%，C国的企业所得税税率为28%。

税率差异技术是指在合法和合理的情况下，利用税率的差异而直接节减税收的纳税筹划技术。与按高税率缴纳税金相比，按低税率少缴纳的税收就是节减的税收。

因为税率差异是普遍存在的，一个企业完全可以根据国家的有关法律和政策决定自己的组织形式、投资规模和投资方向等，利用税率差异少缴纳税金。同理，一个自然人也可以选择他的投资规模、投资方向和居住国等，利用税率差异少缴纳税金。

（2）税率差异技术要点

① 尽量寻求税率最低化。在合法和合理的情况下，尽量寻求适用税率的最低化。在其他条件相同的情况下，按高低不同的税率缴纳的税额是不同的，它们之间的差异就是节减的税收，寻求适用税率的最低化，可以达到节税的最大化。

② 尽量寻求税率差异的稳定性和长期性。税率差异具有一定的稳定性，一般而言，税率差异中还有相对更稳定的。比如，政局稳定的国家的税率差异就比政局动荡国家的税率差异更具稳定性；政策制度稳定国家的税率差异就比政策制度多变国家的税率差异更具长期性。在合法和合理的情况下，应尽量寻求税率差异的稳定性和长期性。

指点迷津

税率差异技术要点：

①在合法和合理的情况下，应尽量寻求适用税率的最低化，可以达到节税的最大化。

②尽量寻求税率差异的稳定性和长期性。

4）扣除技术手段

（1）扣除与扣除技术

扣除的原意是从原数额中减去一部分。税收中狭义的扣除是指从计税金额中减去一部分以求出应税金额。例如，《企业所得税法》规定，企业每一纳税年度的收入总额，减去不征税收入、免税收入、各项扣除以及允许弥补的以前年度亏损后的余额，为应纳税所得额。税收中广义的扣除还包括从应计税额中减去一部分，即"税额扣除""税额抵扣""税收抵免"。例如，《企业所得税法》规定，纳税人来源于境外的所得，已在境外缴纳所得税款的，准予在汇总纳税时，从其应纳税额中扣除。又如，《中华人民共和国增值税暂行条例》规定，应纳税额为当期销项税额抵扣进项税额后的余额。

扣除技术是指在合法和合理的情况下，使扣除额增加而直接节税，或调整各个计税期的扣除额而相对节税的纳税筹划技术。其扣除是狭义的扣除，在收入同样多的情况下，各项扣除额、冲抵额等越大，计税基数就会越小，应纳税额也越小，所节减的税款就越多。

【案例 2-3】我国南方某市有一生产出口产品的家具公司，该公司于 2022 年 1 月从马来西亚进口一批木材，并向当地海关申报，其报关表上填写的单耗为：200 块/套，即做成一套家具需耗用 200 块木材。该公司由于引进先进设备，实际做成一套家具只需耗用 150 块木材，但这是难以测量的，海关认为该家具公司信誉良好，给予批准。4 个月后，该家具公司将成品复运出口完成了一个保税过程。如该家具公司进口木材 50 000 块，每块价格 200 元，海关关税为 50%，其节税结果为：

（50 000-50 000÷200×150）×200×50%=1 250 000（元）

由于该家具公司灵活运用了单耗计量单位策略，成功地少缴纳关税 1 250 000 元。

（2）扣除技术要点

①扣除项目最多化。在合法和合理的情况下，尽量使更多的项目能够得到扣除。在其他条件相同的情况下，扣除的项目越多，计税基数就越小，应纳税金额就越少，因而节减的税收就越多。

②扣除金额最大化。在合法和合理的情况下，尽量使各项扣除额能够最大化。在其他条件相同的情况下，扣除的金额越大，计税基数就越小，应纳税金额就越少，因而节减的税收就越多。

③扣除最早化。在合法和合理的情况下，尽量使各允许扣除的项目在最早的计税期间得到扣除。在其他条件相同的情况下，扣除越早，早期缴纳的税收就越少，早

期的现金净流量就越大，可用于扩大流动资本和进行投资的资金也越多，将来的收益也越多，因而相对节减的税收就越多。

5）抵免技术手段

（1）抵免与抵免技术

税收抵免是指从应纳税额中扣除税收抵免额。现在世界各国都有税收抵免规定，这些规定不仅可以避免双重征税，也为纳税人的纳税筹划或者是享受国家的税收优惠创造了条件。

《企业所得税法》第23条规定，企业取得的下列所得已在境外缴纳的所得税税额，可以从其当期应纳税额中抵免，抵免限额为该项所得依照本法规定计算的应纳税额，超过抵免限额的部分，可以在以后5个年度内，用每年度抵免限额抵免当年应抵税额后的余额进行抵补：

① 居民企业来源于中国境外的应税所得。

② 非居民企业在中国境内设立机构、场所，取得发生在中国境外但与该机构、场所有实际联系的应税所得。

《企业所得税法》第34条规定，企业购置用于环境保护、节能节水、安全生产等专用设备的投资额，可以按一定比例实行税额抵免。

抵免技术是指在合法和合理的情况下，使税收抵免额增加而节税的纳税筹划技术。税收抵免额越大，冲抵应纳税额的数量就越大，从而节减的税额就越大。当然，抵免技术涉及的主要是利用国家为贯彻其政策而制定的税收优惠性或奖励性税收抵免。

（2）抵免技术要点

① 抵免项目最多化。在合法和合理的情况下，尽量争取更多的抵免项目。在其他条件相同的情况下，抵免的项目越多，冲抵应纳税额的项目也越多，应纳税额就越少，因而节税就越多。

② 抵免金额最大化。在合法和合理的情况下，尽量使各抵免项目的抵免金额最大化。在其他条件相同的情况下，抵免的金额越大，冲抵应纳税额就越大，应纳税额就越小，因而节税就越多。例如，某国规定，公司委托科研机构或大学进行科研开发，支付的科研开发费用的65%可直接抵免应纳的企业所得税；公司当年科研开发费用超过过去3年平均数25%的部分，可直接抵免当年应纳的企业所得税。一个必须不断进行科研开发才能求得生存发展的企业，在其他条件基本相似或利弊基本相抵的条件下，就可以选择两个方案中缴纳税金更少的方案。

6）退税技术手段

（1）退税与退税技术

退税是指税务机关按规定对纳税人已纳税款给予退还。税务机关向纳税人退税的情况有：税务机关误征或多征的税款，如税务机关不应征收或因错误多征收的税款；纳税人多缴纳的税款，如纳税人预先扣缴的预提税或分期预缴超过纳税人应纳税额的税款；零税率商品已纳国内流转税税款的；符合国家退税奖励条件的已纳税款。

（2）退税技术要点

① 尽量争取退税项目最多化。在合法和合理情况下，尽量争取更多的退税待遇。

在其他条件相同的情况下，退税的项目越多，退还的已纳税额就越多，因而节税就越多。

②尽量使退税额最大化。在合法和合理的情况下，尽量使各退税额最大化。在其他条件相同的情况下，退税额越大，退还的已纳税额就越大，因而节税就越多。

例如，某国规定，企业用税后所得进行再投资可以退还已纳企业所得税税额的50%，那么该国的一个想不断扩大经营规模的公司，在其他条件基本相似或利弊相抵的条件下，选择用税后所得而不是用借入资本进行再投资，无疑可以节减税收。

7）分劈技术手段

（1）分劈与分劈技术

分劈是"分开"之意，但不是强行分割的意思。分劈就是把一个自然人（法人）的应税所得或应税财产分成多个自然人（法人）的应税所得或应税财产。

分劈技术是指在合法和合理的情况下，使所得、财产在两个或更多个纳税人之间进行分劈而直接节税的纳税筹划技术。

出于调节收入等社会政策的考虑，各国的所得税和一般财产税基本上采用累进税率，计税基数越大，适用的最高边际税率就越高。使所得、财产在两个或更多个纳税人之间进行分劈，可以使计税基数降到低税率税级，从而降低适用的最高边际税率，节减税收。

【案例2-4】A国税法对个人所得税作出了如下规定：应税所得2万元以下的适用税率是20%，2万~4万元部分的适用税率是40%。该国有一对夫妇结婚后，两人原存款、股票均以丈夫名义保管，缴纳个人所得税时，丈夫的年应税股息为3万元，存款利息为1万元，而妻子无应税所得，这时，丈夫就会有2万元的所得要按40%的税率纳税。但是，如果丈夫把存款转到妻子名下，让妻子分得利息收入，那么，这对夫妇4万元的年所得的最高边际税率就会有1万元从40%降到20%，节减税收0.2万元。

出于调节收入、解决失业、促进经济增长等方面的考虑，一个国家对不同的企业有时规定不同的优惠税率。如我国《企业所得税法》规定，对国家需要重点扶持的高新技术企业，减按15%的税率征收企业所得税。因此，企业可采用将高新技术部门分立出来形成独立企业的形式，以降低适用税率。为进一步支持小型微利企业和个体工商户发展，财政部、税务总局发布了《关于实施小微企业和个体工商户所得税优惠政策的公告》，落实支持小型微利企业所得税优惠政策有关事项，规定对小型微利企业年应纳税所得额不超过100万元的部分，在现行优惠政策基础上，再减半征收所得税（即减半政策）。该税收优惠政策自2021年1月1日至2022年12月31日，不区分征收方式均可享受减半政策。

视频3

小型微利
企业所得税
税收优惠

根据该减半政策，小型微利企业年应纳税所得额不超过100万元、超过100万元但不超过300万元的部分，分别减按12.5%、50%计入应纳税所得额，按20%的税率缴纳企业所得税。企业利用这条规定，可通过企业分立，分解所得额、从业人数、资产总额，以适用更低的计税基数和税率的方法来实现合理避税。

（2）分劈技术要点

① 分劈合理化。使用分劈技术节税，除了要合法外，特别要注意的是所得或财产的分劈要合理。例如，严格遵循税务局宣传手册的指导来分劈所得和财产。我们上面举的就是一个合法合理分劈所得的例子，如果不这样分劈，那对不熟悉税法的夫妇就要缴纳更多的税，通过合理分劈则节减了税收。

② 节税最大化。在合法和合理的情况下，尽量通过分劈使节减的税收最大化。

【案例2-5】一对英国夫妇在丈夫名下有40万英镑共同财产，他们有一个儿子。丈夫有这样的想法，如果他先去世，就把共同财产留给妻子，因为英国规定，丈夫留给妻子的遗产可享受免税，妻子去世后再将财产留给儿子。丈夫进行税务咨询，税务顾问建议，丈夫生前把40万英镑的共同财产分劈为两部分，自己留下32.5万英镑财产，把7.5万英镑财产划到妻子名下，在他去世后把他那部分财产留给儿子，妻子去世后再把她那部分留给儿子。因为尽管丈夫的财产遗赠给妻子时免税，但妻子去世后留给儿子的遗产超过32.5万英镑的部分要按40%的税率向英国政府缴纳3万英镑的遗产税。英国的遗产税实行夫妇分别申报纳税制度，2009—2010年度英国遗产税的起征点为32.5万英镑，也就是说，在遗产税上每一个英国人都享有32.5万英镑的免税额。所以，丈夫生前把共同财产分劈成两个都小于32.5万英镑的部分，由夫妇分别把自己部分的财产留给儿子，由于额度都在免税额以下，都可享受免税待遇，故可以节减3万英镑的遗产税。

8）延期纳税技术手段

（1）延期纳税与延期纳税技术

延期纳税是指延缓一定时期后再缴纳税款。狭义的延期纳税专门指纳税人按照国家有关规定进行延期纳税；广义的延期纳税还包括按照国家其他规定可以达到延期纳税目的的财务安排和纳税计划。比如，按照折旧政策、存货计价政策等规定来达到延期纳税的财务安排。

延期纳税技术是指在合法和合理的情况下，使纳税人延期缴纳税金而相对节税的纳税筹划技术。纳税人延期缴纳本期税收并不能减少纳税人纳税的绝对总额，但等于得到一笔无息贷款，可以增加纳税人本期的现金流量，使纳税人在本期有更多的资金扩大流动资本，用于资本投资，由于货币时间价值，今天多投入的资金可以使将来获得更多的税后收益，相对节减税收。

（2）延期纳税技术要点

① 延期纳税项目最多化。在合法和合理的情况下，尽量争取更多的项目延期纳税。在其他条件（包括一定时期纳税总额）相同的情况下，延期纳税的项目越多，本期缴纳的税收就越少，现金流量就越大，可用于扩大流动资本和进行投资的资金就越多，将来的收益也就越多，因而相对节减的税收就越多。

② 延长期最长化。在合法和合理的情况下，尽量争取纳税延长期最长化。在其他条件（包括一定时期纳税总额）相同的情况下，纳税延长期越长，由延期纳税增加的现金流量所产生的收益就越多，因而相对节减的税收也就越多。例如，国家规定公司的国外投资所得只要留在国外不汇回，就可以暂不纳税，那么可以把国外投资所得

留在国外的子公司用于再投资，以取得更多的收益。又如，国家规定购买高新技术设备可以采用直线法折旧、双倍余额递减法折旧，或作为当年费用一次性扣除。那么，在其他条件基本相似或利弊基本相抵的条件下，尽管总的扣除额基本相同，但公司选择作为当年费用一次性扣除的话，在投资初期可以缴纳最少的税收，而把税收推迟到以后缴纳，相当于延期纳税。

📢 指点迷津

递延纳税的好处有：有利于资金周转；节省利息支出；由于通货膨胀的影响，延期以后缴纳的税款币值下降，从而降低了实际纳税额。

素养园地

我国积极推进绿色税收制度体系建设成效显著 助力可持续发展

国家税务总局有关负责人介绍，从税收大数据角度看，我国积极推进绿色税收制度体系建设成效显著，助力生态环境保护和资源集约节约利用，推进可持续发展。

从税收大数据看，在绿色税收等一系列政策措施的综合作用下，相关领域"减污"持续加力，主要污染排放大幅下降。

2018年环境保护税开征以来，全国累计落实环境保护税优惠减免564亿元，与之对应的是，环境保护税申报数据显示，万元GDP污染物排放当量数从2018年的1.16下降到2022年的0.73，降幅达37%。税收优惠对企业加大减排治污力度起到了积极作用。

国家税务总局发布的数据显示，2020—2022年，工业企业享受资源综合利用税收优惠政策的减免金额由561亿元增加至854亿元，增长52.2%；同时，享受优惠的企业所属行业小类由390个增加到422个，反映全国工业资源综合利用产业规模不断壮大，覆盖领域持续拓展。

此外，增值税发票数据还显示，当前我国"降低碳排放"提速增效，新能源产业发展态势良好。包括风力发电、太阳能发电、水力发电、核能发电在内的清洁能源发电销售收入占电力生产业销售收入的比重，持续提升。

近年来，经过中央与地方共同努力，促进生态文明建设的财税政策体系在加速构建，针对环境保护、生态修复关键领域、薄弱环节的财政支持政策已经制定并逐步完善，税收杠杆促进资源节约、环境保护的引导作用不断增强，国家财政有效推动了生态文明建设进程。

资料来源：央视网. 我国积极推进绿色税收制度体系建设成效显著 助力可持续发展［EB/OL］.（2023-07-28）. https://news.cctv.com/2023/07/28/ARTITSo1geygSVqvq0ChBupk230728.shtml.

基本训练

参考答案

◎ 课堂讨论

2.1 避税筹划与节税筹划哪个更具有生命力？

2.2 分析在税收优惠平台中可以采取的纳税筹划技术手段。

◎ 知识掌握

2.1 纳税筹划有哪些平台？

2.2 纳税筹划有哪些技术手段？

观念应用

参考答案

◎ 案例分析

案例 1   某造纸厂 2021 年 7 月向汇文文具商店销售白板纸 113 万元（含税价格），货款结算采用销售后付款的方式，汇文文具商店 10 月份只汇来货款 33.9 万元。

问题：对此类销售业务，该造纸厂应如何进行筹划？

案例 2   天轮公司是一家汽车轮胎生产企业，为增值税一般纳税人。该公司为了尽可能扩大市场份额，采用分期收款的方式销售产品。2022 年 7 月发出产品 1 000 万元（不含税市场价为 1 800 万元），合同约定分三个月等额收款。公司内部在开具发票的问题上存在不同的意见，一方观点是在发出产品时就开具全额发票，这样处理起来比较简便；另一方则认为应该按照合同约定分期等额开具发票。（本题不考虑进项税额）

问题：请结合增值税相关税收政策进行分析，上述两种观点中哪一种对天轮公司更为有利？

案例 3   王丽打算成立一家经营文具生产业务的企业，预计每年可以实现利润 350 000 元（假设不存在税会差异，不需要进行纳税调整）。在企业组织形式的选择方面，现有以下两个方案可供选择：

方案一：成立一人有限责任公司。

方案二：成立个人独资企业。

问题：请从税收角度考虑，并判断王丽应当选择哪一个方案？

◎ 实践训练

某大型企业所属的科研所从 2022 年 1 月 1 日起开始实行独立核算。经过潜心研究，该科研所开发了一种新型电子防盗门，不仅取得了国家专利，而且制作了一批不同型号的样品。2022 年 3 月，该所与某防盗门生产企业进行了洽谈并签订了协议，决定将该技术以 150 万元的价格转让给这家企业；同时，该所还向这家生产企业提供与该技术有关的技术咨询服务，额外收取 20 万元咨询服务费。另外，根据协议，科研所需要将已经制作的全部样品以 10 万元的价格随技术转让一起销售给该生产企业。这样，该所从企业得到收入共 180 万元。据核算，该项技术开发成本费用合计 145 万元，样品生产成本费用合计 7 万元。

　　问题：

　　（1）转让专利与提供技术咨询服务的收入是否免征增值税？

　　（2）该项转让所得是否免征企业所得税？

　　（3）销售样品是否免征增值税？

第 2 章　扫码答题

第3章 增值税纳税筹划与案例

◆ 学习目标

1. 了解增值税筹划的基本思路，掌握增值税筹划的基本方法。
2. 掌握现行增值税的优惠政策，学会利用优惠政策进行纳税筹划。
3. 明确纳税人划分的标准，掌握纳税人纳税筹划的方法。
4. 掌握企业生产经营过程的主要纳税筹划方法。
5. 掌握企业销售过程中的几个重要纳税筹划点的内容。
6. 认识依法治税和维护税收权益之间的辩证关系，坚守法律红线。
7. 树立良好的财税职业道德，遵纪守法、不做假账。
8. 爱护纳税信用等级，强化风险意识，做好自我保护并保护企业。

◆ 主要概念与原理

增值率　抵扣率　折扣销售　销售折扣　销售折让　代销方式　价格折扣平衡点　无差别平衡点增值率　分立与分散经营　合并与联合经营　抵扣率判断法　销售额增值率判断法　税收优惠

增值税是对在我国境内销售货物，提供加工、修理修配劳务，销售服务、无形资产、不动产以及进口货物的单位和个人，就其销售货物或提供应税劳务、应税服务，销售无形资产、不动产的销售额以及进口货物的组成计税金额计税，并实行税款抵扣制的一种流转税。增值税纳税筹划的主要方法有：利用国家税收优惠政策，享受减免税优惠待遇；选择不同的纳税人身份，以适用较低的税率或征收率；通过经营活动安排，最大限度地抵扣进项税额；合理安排销售活动，推迟纳税时间，获得资金时间价值等。

3.1 增值税的优惠政策

增值税优惠政策是对增值税纳税人、征税对象的特殊情况给予鼓励和照顾而采取的政策措施。增值税优惠政策主要有起征点优惠，减税免税优惠，即征即退、先征后退、先征后返优惠等。

【素质拓展3-1】

国家税务总局统计数据显示，2023年1—11月，全国新增减税降费及退税缓费18 125.09亿元。其中，民营经济纳税人新增减税降费及退税缓费13 371亿元，占比73.8%，中小微企业受益最明显，新增减税降费及退税缓费11 203.37亿元，占比61.8%。政策精准直达，超1.8万亿元税惠"红包"落袋，让经营主体收获了真金白银的支持。

作为国民经济的"毛细血管"，小微企业在促进就业、改善民生方面发挥着不可替代的重要作用。为支持小微企业和个体工商户发展，我国2023年年初明确继续对月销售额10万元以下的增值税小规模纳税人免征增值税，对适用3%征收率的增值税小规模纳税人减按1%征收率征收增值税。2023年8月1日，按照国务院部署，将上述政策执行期限延长至2027年12月31日。

小微企业在我国经济中占据重要地位，是推动经济增长的重要力量。通过减税降费，能够降低其运营成本，增强其盈利能力和竞争力，促使其把更多资源投入到技术创新和产业升级中，进一步激发小微企业的创业创新活力，促进多元化经营主体的健康发展，从而促进整体经济的增长。

资料来源　央广网. 中国的稳与进·税费优惠政策精准直达为经营主体添动能［EB/OL］.（2024-01-28）. https://www.chinatax.gov.cn/chinatax/n810219/n810780/c5220145/content.html.

3.1.1　增值税的起征点及相关小微企业优惠政策

1）增值税起征点

① 现行增值税起征点幅度如下：按期纳税的，为月销售额5 000～20 000元（含本数）；按次纳税的，为每次（日）销售额300～500元（含本数）。

② 起征点的调整由财政部和国家税务总局规定。具体起征点由省、自治区、直辖市财政厅（局）和税务局在规定的幅度内确定，并报财政部、国家税务总局备案。

③ 增值税起征点的适用范围为增值税纳税人中的个人纳税人，不适用于登记为一般纳税人的个体工商户。

④ 个人纳税人发生应税行为的销售额未达到增值税起征点的，免征增值税；达到起征点的，全额计算缴纳增值税。

2）扶持小微企业发展的特定政策

① 《财政部 税务总局关于明确增值税小规模纳税人减免增值税等政策的公告》（2023年第1号）规定：自2023年1月1日至2027年12月31日，对月销售额10万元以下（含本数）的增值税小规模纳税人，免征增值税，适用于按期纳税的增值税小规模纳税人。

《国家税务总局关于小规模纳税人免征增值税征管问题的公告》（国家税务总局公告2023年第1号）规定：小规模纳税人发生增值税应税销售行为，合计月销售额未超过10万元（以1个季度为1个纳税期的，季度销售额未超过30万元，下同）的，免征增值税。小规模纳税人发生增值税应税销售行为，合计月销售额超过10万元，但扣除本期发生的销售不动产的销售额后未超过10万元的，其销售货物、劳务、服务、无形资产取得的销售额免征增值税。应当预缴增值税税款的小规模纳税人，凡在预缴地实现的月销售额未超过10万元的，当期无需预缴税款。小规模纳税人取得应税销售收入，适用免征增值税政策的，纳税人可就该笔销售收入选择放弃免税并开具增值税专用发票。

增值税小规模纳税人包含个体工商户、其他个人、企业和非企业性单位。

②自2023年1月1日至2027年3月31日，增值税小规模纳税人适用3%征收率的应税销售收入，减按1%征收率征收增值税；适用3%预征率的预缴增值税项目，减按1%预征率预缴增值税。小规模纳税人取得应税销售收入，适用减按1%征收率征收增值税政策的，应按照1%征收率开具增值税发票。纳税人可就该笔销售收入选择放弃减税并开具增值税专用发票。

3.1.2 减征增值税政策

1）按简易办法征收增值税，不得抵扣进项税额的货物

①纳税人销售自己使用过的物品。一般纳税人销售自己使用过的按照规定属于不得抵扣且未抵扣进项税额的固定资产，按简易办法依3%征收率减按2%征收增值税；一般纳税人销售自己使用过的属于2008年12月31日以前购进或者自制的固定资产，按照3%征收率减按2%征收增值税；小规模纳税人（除其他个人外，下同）销售自己使用过的固定资产，减按2%征收率征收增值税。

②纳税人销售旧货，按照简易办法依照3%征收率减按2%征收增值税。所谓旧货，是指进入二次流通的具有部分使用价值的货物（含旧汽车、旧摩托车和旧游艇），但不包括自己使用过的物品。

纳税人适用按照简易办法依3%征收率减按2%征收增值税政策的，按下列公式确定销售额和应纳税额：

销售额＝含税销售额÷（1+3%）

应纳税额＝销售额×2%

注意：上述①、②享受减税的纳税人销售上述固定资产，只能开具普通发票，不得开具增值税专用发票；纳税人也可以选择放弃减税，按照简易办法依照3%征收率缴纳增值税，并可以开具增值税专用发票。

③一般纳税人销售自产的下列货物，可按简易办法依照3%征收率计算缴纳增值税：

a. 县级及县级以下小型水力发电单位生产的电力。小型水力发电单位，是指各类投资主体建设的装机容量为5万千瓦以下（含5万千瓦）的小型水力发电单位。

b. 建筑和生产建筑材料所用的砂、土、石料。

c. 以自己采掘的砂、土、石料或其他矿物连续生产的砖、瓦、石灰（不含黏土实心砖、瓦）。

d. 用微生物、微生物代谢产物、动物毒素、人或动物的血液或组织制成的生物制品。

e. 自来水。

f. 商品混凝土（仅限于以水泥为原料生产的水泥混凝土）。

一般纳税人选择简易办法计算缴纳增值税后，36个月内不得变更。

④一般纳税人销售货物属于下列情形之一的，暂按简易办法依照3%的征收率计

算缴纳增值税：

  a. 寄售商店代销寄售物品（包括居民个人寄售的物品在内）。

  b. 典当业销售死当物品。

  c. 经国务院或国务院授权机关批准的免税商店零售的免税品。

2）中外合作开采原油、天然气减税

中外合作油（气）田开采的原油、天然气按5%的征收率征收增值税。

应纳税额=含增值税销售额×5%

3）利用石煤生产的电力应纳税额减半征收

利用石煤生产的电力，按增值税应纳税额减半征收。

4）拍卖应税货物减税

拍卖应税货物，适用简易计税办法，按3%的征收率征收增值税。

5）生物制品和药械减税

卫生防疫站调拨生物制品和药械，可按小规模纳税人征收率征收增值税。

6）综合利用产品减税

从2001年1月1日起，对利用煤矸石、煤渣、油母页岩和风力生产的电力，以及国家列明的部分新型墙体材料产品（非黏土砖、砌块、墙板等），增值税减半征收。

7）新闻产品减税

对新华社系统销售印刷品，可按小规模纳税人的征收办法征收增值税。

8）中国邮政储蓄银行"三农金融事业部"的减税

为支持中国邮政储蓄银行"三农金融事业部"加大对乡村振兴的支持力度，自2018年7月1日至2027年12月31日，对中国邮政储蓄银行纳入"三农金融事业部"改革的各省、自治区、直辖市、计划单列市分行下辖的县域支行，提供农户贷款、农村企业和农村各类组织贷款（具体贷款业务清单略）取得的利息收入，可以选择适用简易计税方法按照3%的征收率计算缴纳增值税。

9）抗癌药品减税

《财政部 海关总署 税务总局 国家药品监督管理局关于抗癌药品增值税政策的通知》（财税〔2018〕47号）规定：①自2018年5月1日起，增值税一般纳税人生产销售和批发、零售抗癌药品，可选择按照简易办法依照3%征收率计算缴纳增值税。选择简易办法计算缴纳增值税后，36个月内不得变更；②自2018年5月1日起，对进口抗癌药品，减按3%征收进口环节增值税。

10）罕见病药品减税

《财政部 海关总署 税务总局 药监局关于罕见病药品增值税政策的通知》（财税〔2019〕24号）为鼓励罕见病制药产业发展，降低患者用药成本，规定：

① 自2019年3月1日起，增值税一般纳税人生产销售和批发、零售罕见病药品，可选择按照简易办法依照3%征收率计算缴纳增值税。选择简易办法计算缴纳增值税后，36个月内不得变更。

② 自2019年3月1日起，对进口罕见病药品，减按3%征收进口环节增值税。

3.1.3 免征增值税政策

1) 免征增值税的农业产品

① 农业生产者销售的自产农业产品。

② 承担粮食收储任务的国有粮食购销企业销售的粮食。

③ 其他粮食企业经营的军队用粮、救灾救济粮、水库移民口粮项目。

④ 政府储备食用植物油的销售。

⑤ 对粮食部门经营的退耕还林还草补助粮，凡符合国家规定标准的，比照"救灾救济粮"免征增值税。

2) 免征增值税的有机肥产品

自 2008 年 6 月 1 日起，纳税人生产和销售有机肥产品免征增值税。有机肥产品是指有机肥料、有机-无机复混肥料和生物有机肥。

《国家税务总局关于明确有机肥产品执行标准的公告》（国家税务总局公告 2015 年第 86 号）中规定的享受增值税免税政策的有机肥产品执行标准：有机肥料按《有机肥料》（NY525-2012）标准执行，有机-无机复混肥料按《有机-无机复混肥料》（GB18877-2009）标准执行，生物有机肥按《生物有机肥》（NY884-2012）标准执行。不符合上述标准的有机肥产品，不得享受财税〔2008〕56 号文件规定的增值税免税政策。

上述有机肥产品的国家标准、行业标准，如在执行过程中有更新、替换，统一按最新的国家标准、行业标准执行。

3) 销售自己使用过的物品免征增值税

自 2009 年 1 月 1 日起，个人（不含个体工商户）销售自己使用过的废旧物品免征增值税。

4) 农村电网维护费免征增值税

对农村电管站在收取电价时一并向用户收取的农村电网维护费（指农电管理部门销售给农村区域用电所的低压线路损耗和维护费以及电工经费）给予免征增值税的照顾。农村电管站改制后由县供电有限责任公司收取的农村电网维护费应免征增值税。

5) 民政福利用品及服务免征增值税

① 残疾人用品。由残疾人组织直接进口供残疾人专用的物品免税。

② 残疾人个人提供的劳务。残疾人员个人提供加工和修理修配劳务，免征增值税。

6) 医疗卫生机构及用品免征增值税

① 医疗机构。依据国务院《医疗机构管理条例》（国务院令第 149 号）及卫生部《医疗机构管理条例实施细则》（卫生部令第 35 号）的规定，经登记取得《医疗机构执业许可证》的机构，以及军队、武警部队各级各类医疗机构提供的医疗服务免征增值税。

② 血站。对血站供应给医疗机构的临床用血免征增值税。

③ 避孕药品和用具。避孕药品和用具免征增值税。

④ 至 2027 年 12 月 31 日，医疗机构接受其他医疗机构委托，按照不高于地

（市）级以上价格主管部门会同同级卫生主管部门及其他相关部门制定的医疗服务指导价格（包括政府指导价和按照规定由供需双方协商确定的价格等），提供《全国医疗服务价格项目规范》所列的各项服务，免征增值税。

7）古旧图书免征增值税

古旧图书，是指向社会收购的古书和旧书。

8）拍卖行和罚没物品免征增值税

① 拍卖行受托拍卖取得的手续费或佣金收入，按照"经纪代理服务"缴纳增值税，拍卖行拍卖的货物属免税货物范围的，拍卖行也按规定纳增值税。

② 执法部门和单位查处的商品和财物，其拍卖收入、变价收入或按收兑、收购价所取得的收入作为罚没收入如数上缴财政，不予征税。

9）黄金、铂金、白银免征增值税

① 黄金生产和经营单位销售的黄金（不包括以下品种：成色为 AU9999、AU9995、AU999、AU995；规格为 50 克、100 克、1 千克、3 千克、12.5 千克的黄金，以下简称标准黄金）和黄金矿砂（含伴生金），免征增值税；进口黄金（含标准黄金）和黄金矿砂免征进口环节增值税。

② 黄金交易所会员单位通过黄金交易所销售标准黄金（持有黄金交易所开具的《黄金交易结算凭证》），未发生实物交割的，免征增值税。

③ 对中国人民银行按国际市场价格配售的黄金，免征增值税。

④ 对企业利用废液（渣）生产的白银，免征增值税。

⑤ 对进口铂金免征进口环节的增值税。

10）外国政府、国际组织无偿援助项目免征增值税

① 对外国政府、国际组织无偿援助的进口货物和设备，免征增值税。

② 对外国政府和国际组织无偿援助项目在国内采购的货物免征增值税，同时允许销售免税货物的单位，将免税货物的进项税额在其他内销货物的销项税额中抵扣。

11）军用物品免征增值税

军队系统各单位为部队生产的武器及其零配件、弹药、军训器材、部队装备（指军人被装、军械装备、马装具）免征增值税；军需工厂、物资供销单位生产、调拨给公安系统和国家安全系统的民警服装，免征增值税；军需工厂之间为生产军品而互相协作的产品，免征增值税；军队系统各单位从事加工、修理修配武器及其零件、弹药、军训器材、部队装备的业务收入，免征增值税。

12）公安部门、司法部门销售使用的物品免征增值税

公安部所属研究所、公安侦察保卫器材厂研制生产的列明代号的侦察保卫器材产品（每年新增部分报国家税务总局审核批准后下发），凡销售给公安、司法以及国家安全系统使用的，免征增值税。劳改工厂生产的民警服装销售给公安、司法以及国家安全系统使用的，免征增值税。

13）进口用于灾后重建的物资免征增值税

对受灾地区企业、单位或支援受灾地区重建的企业、单位进口国内不能满足供应并直接用于灾后重建的大宗物资、设备等，在 3 年内给予进口税收优惠。

14）出口卷烟免征增值税

有出口卷烟权的企业出口国家出口卷烟计划内的卷烟，在生产环节免征增值税。

15）金融机构小微企业贷款利息收入免征增值税

《关于金融机构小微企业贷款利息收入免征增值税政策的公告》（财政部 税务总局公告2023年第16号）规定，至2027年12月31日，对金融机构向小型企业、微型企业和个体工商户发放小额贷款取得的利息收入，免征增值税。金融机构可以选择以下两种方法之一适用免税：

① 对金融机构向小型企业、微型企业和个体工商户发放的，利率水平不高于中国人民银行同期贷款基准利率150%（含本数）的单笔小额贷款取得的利息收入，免征增值税；高于中国人民银行同期贷款基准利率150%的单笔小额贷款取得的利息收入，按照现行政策规定缴纳增值税。

② 对金融机构向小型企业、微型企业和个体工商户发放单笔小额贷款取得的利息收入中，不高于该笔贷款按照中国人民银行同期贷款基准利率150%（含本数）计算的利息收入部分，免征增值税；超过部分按照现行政策规定缴纳增值税。

金融机构可按会计计年度在以上两种方法之间选定其一作为该年的免税适用方法，一经选定，该会计年度内不得变更。

16）图书批发、零售和科普单位的门票收入免征增值税

《关于延续实施宣传文化增值税优惠政策的公告》（财政部 税务总局公告2023年第60号）规定：

① 至2027年12月31日，免征图书批发、零售环节增值税。

② 至2027年12月31日，对科普单位的门票收入，以及县级及以上党政部门和科协开展科普活动的门票收入免征增值税。

17）有线电视收视费免征增值税

《关于延续实施支持文化企业发展增值税政策的公告》（财政部 税务总局公告2023年第61号）规定，至2027年12月31日，对广播电视运营服务企业收取的有线数字电视基本收视维护费和农村有线电视基本收视费，免征增值税。

18）供热企业向居民个人供热收取的采暖费收入免征增值税

《关于延续实施供热企业有关税收政策的公告》（财政部 税务总局公告2023年第56号）规定，至2027年供暖期结束，对供热企业向居民个人供热取得的采暖费收入免征增值税。向居民供热取得的采暖费收入，包括供热企业直接向居民收取的、通过其他单位向居民收取的和由单位代居民缴纳的采暖费。

19）从事学历教育的学校提供的教育服务收入免征增值税

学历教育指受教育者经过国家教育考试或者国家规定的其他入学方式，进入国家有关部门批准的学校或者其他教育机构学习，获得国家承认的学历证书的教育形式，包括境外教育机构与境内从事学历教育的学校开展中外合作办学。教育服务收入指对列入规定招生计划的在籍学生提供学历教育服务取得的收入，具体包括：经有关部门审核批准并按规定标准收取的学费、住宿费、课本费、作业本费、考试报名费收入，以及学校食堂提供餐饮服务取得的伙食费收入。

20）境外机构投资境内债券市场取得的债券利息收入暂免增值税

自 2021 年 11 月 7 日起至 2025 年 12 月 31 日，对境外机构投资境内债券市场取得的债券利息收入暂免征收企业所得税和增值税。

21）企业集团内单位之间的资金无偿借贷行为，免征增值税

至 2027 年 12 月 31 日，对企业集团内（含企业集团）单位之间的资金无偿借贷行为，免征增值税。

22）扶贫货物捐赠免征增值税

自 2019 年 1 月 1 日至 2025 年 12 月 31 日，对单位或者个体工商户将自产、委托加工或购买的货物通过公益性社会组织、县级及以上人民政府及其组成部门和直属机构，或直接无偿捐赠给目标脱贫地区的单位和个人，免征增值税。在政策执行期限内，目标脱贫地区实现脱贫的，可继续适用上述政策。

3.1.4　增值税即征即退、先征后退、留抵退税、先征后返政策

1）即征即退

（1）全额即征即退

① 配售白银即征即退。对各级中国人民银行按规定配售白银征收的增值税，实行即征即退办法，并向购买方开具增值税专用发票。

② 国内铂金生产企业即征即退。从 2003 年 5 月 1 日起，对国内铂金生产企业自产自销的铂金，增值税即征即退。对铂金制品加工企业和流通企业销售的铂金及其制品仍按现行规定征收增值税。

③ 黄金交易所会员单位通过黄金交易所销售标准黄金（持有黄金交易所开具的《黄金交易结算凭证》），发生实物交割的，由税务机关按照实际成交价格代开增值税专用发票，并实行增值税即征即退政策。

（2）按比例即征即退

① 资源综合利用产品即征即退。

自 2015 年 7 月 1 日起，纳税人销售自产的资源综合利用产品和提供资源综合利用劳务，可享受增值税即征即退政策。其主要包括利用共、伴生矿产资源，废渣、废水（液）、废气，再生资源，农林剩余物及其他生产产品以及资源综合利用劳务。退税比例有 30%、50%、70% 和 100% 等，具体见《资源综合利用产品和劳务增值税优惠目录》。例如：

——垃圾处理、污泥处理处置劳务，污水处理劳务，工业废气处理劳务等资源综合利用劳务即征即退 70% 增值税。

——废旧轮胎、废橡胶制品增值税即征即退比例为 50%。

——再生水增值税即征即退比例为 50%。

——煤炭开采过程中产生的煤层气生产的电力，增值税退税比例为 100%。

——工业生产过程中产生的余热、余压生产的电力、热力，退税比例是 100%。

——利用餐厨垃圾、畜禽粪便、稻壳、花生壳、玉米芯、油茶壳、棉籽壳、三剩

物、次小薪材、农作物秸秆、蔗渣，以及利用上述资源发酵产生的沼气生产的生物质压块、沼气等燃料，电力、热力，增值税退税比例100%。

【素质拓展3-2】

　　气候变化对全球人类生活和经济发展带来了日益严峻的不利影响。国际社会从1992年签署《联合国气候变化框架公约》以来，在应对气候变化方面开展了一系列的国际合作，中国积极参与全球环境治理，郑重承诺2030年前实现碳达峰，努力争取2060年前实现碳中和。实现碳达峰、碳中和是一场硬仗。我国不断完善绿色税制，逐步搭建起"多税共治"的税法体系和"多策组合"的政策体系。增值税对资源综合利用产品即征即退，环境保护税实行"多排多缴、少排少缴、不排不缴"正向激励、引导企业积极主动治污减排，资源税促进资源集约化使用、提高企业"以废治废""变废为宝"积极性，车辆购置税引导消费者绿色消费、助力新能源汽车产业高质量发展。绿色税收体系覆盖了开发、生产、消费、排放的全流程，税收优惠政策惠及生产生活的许多方面，税收的调节作用不可或缺。

　　资料来源　人民日报."反向开票"政策助力绿色发展［EB/OL］.（2024-05-27）. https://www.chinatax.gov.cn/chinatax/n810219/n810780/c5230284/content.html.

　　（3）超税负即征即退

　　①软件产品即征即退。增值税一般纳税人销售其自行开发生产软件产品和将进口软件产品进行本地化改造对外销售的软件产品，按规定税率征收增值税后，对其增值税实际税负超过3%的部分实行即征即退政策。

　　②嵌入式软件即征即退。增值税一般纳税人随同计算机网络、计算机硬件和机器设备等一并销售其自行开发生产的嵌入式软件时，分别核算嵌入式软件与计算机硬件、机器设备等的销售额，可以享受软件产品即征即退增值税税额的优惠政策，凡不能分别核算销售额的，不予退税。

　　③对属于增值税一般纳税人的动漫企业销售其自主开发生产的动漫软件，按适用税率征收增值税后，对其增值税实际税负超过3%的部分，实行即征即退政策。

　　④一般纳税人提供管道运输服务，对其增值税实际税负超过3%的部分实行增值税即征即退政策。所称增值税实际税负，是指纳税人当期提供应税服务实际缴纳的增值税额占纳税人当期提供应税服务取得的全部价款和价外费用的比例。

　　⑤经中国人民银行、银保监会或者商务部批准从事融资租赁业务的一般纳税人，提供有形动产融资租赁服务和有形动产融资性售后回租服务的，对其增值税实际税负超过3%的部分实行增值税即征即退政策。租赁公司实收资本必须大于1.7亿元。

　　⑥对飞机维修劳务增值税实际税负超过6%的部分实行由税务机关即征即退的政策。

　　（4）限额内即征即退

　　①安置残疾人的单位和个体工商户限额即征即退。对安置残疾人的单位和个体工商户（以下称纳税人），实行由税务机关按纳税人安置残疾人的人数，限额即征即退增值税的办法。安置的每位残疾人每月可退还的增值税具体限额，由县级以上税务机关根据纳税人所在区县（含县级市、旗，下同）适用的经省（含自治区、直辖市、计

划单列市，下同）人民政府批准的月最低工资标准的4倍确定。

该政策仅适用于生产销售货物，提供加工、修理修配劳务，以及提供营改增现代服务和生活服务税目（不含文化体育服务和娱乐服务）范围的服务取得的收入之和，占其增值税收入的比例达到50%的纳税人。对上述纳税人直接销售外购货物以及销售委托加工的货物取得的收入，不适用即征即退政策。

②为进一步扶持自主就业退役士兵创业就业，《关于进一步扶持自主就业退役士兵创业就业有关税收政策的公告》（财政部 税务总局 退役军人事务部公告2023年第14号）区分退役士兵创业和就业两类情形，规定至2027年12月31日实行不同的增值税即征即退政策。

退役士兵从事个体经营的，自办理个体工商户登记当月起，在3年（36个月，下同）内按每户每年20 000元为限额，依次扣减其当年实际应缴纳的增值税、城市维护建设税、教育费附加、地方教育附加和个人所得税，限额标准最高可上浮20%。纳税人年度应缴纳税款小于上述扣减限额的，减免税额以其实际缴纳的税款为限；大于上述扣减限额的，以上述扣减限额为限。纳税人的实际经营期不足1年的，应当按月换算其减免税限额。

企业招用自主就业退役士兵，与其签订1年以上期限劳动合同并依法缴纳社会保险费的，自签订劳动合同并缴纳社会保险费当月起，在3年内按实际招用人数予以定额依次扣减增值税、城市维护建设税、教育费附加、地方教育附加和企业所得税优惠。定额标准为每人每年6 000元，最高可上浮50%。企业按招用人数和签订的劳动合同时间核算企业减免税总额，在核算减免税总额内每月依次扣减增值税、城市维护建设税、教育费附加和地方教育附加。

③为进一步支持和促进重点群体创业就业，《关于进一步支持重点群体创业就业有关税收政策的公告》（财政部 税务总局 人力资源社会保障部 农业农村部公告2023年第15号），区分重点群体创业和就业两类情形，规定至2027年12月31日实行不同的增值税即征即退政策。

脱贫人口（含防止返贫监测对象）、持《就业创业证》（注明"自主创业税收政策"或"毕业年度内自主创业税收政策"）或《就业失业登记证》（注明"自主创业税收政策"）的人员，从事个体经营的，自办理个体工商户登记当月起，在3年内按每户每年20 000元为限额依次扣减其当年实际应缴纳的增值税、城市维护建设税、教育费附加、地方教育附加和个人所得税，限额标准最高可上浮20%。纳税人年度应缴纳税款小于上述扣减限额的，减免税额以其实际缴纳的税款为限；大于上述扣减限额的，以上述扣减限额为限。

企业招用脱贫人口，以及在人力资源社会保障部门公共就业服务机构登记失业半年以上且持《就业创业证》或《就业失业登记证》（注明"企业吸纳税收政策"）的人员，与其签订1年以上期限劳动合同并依法缴纳社会保险费的，自签订劳动合同并缴纳社会保险费当月起，在3年内按实际招用人数予以定额依次扣减增值税、城市维护建设税、教育费附加、地方教育附加和企业所得税优惠。定额标准为每人每年6 000元，最高可上浮30%。按上述标准计算的税收扣减额应在企业当年实际应缴纳的增值税、城市维护建设税、教育费附加、地方教育附加和企业所得税税额中扣减，当年扣减不完的，不得结转下年使用。

注意：如果纳税人既适用促进残疾人就业增值税优惠政策，又适用重点群体、退役士兵、随军家属、军转干部等支持就业的增值税优惠政策的，纳税人可自行选择适用的优惠政策，但不能累加执行。一经选定，36个月内不得变更。

【素质拓展3-3】

实施积极的就业政策是我国构建社会主义和谐社会的着力点和突破口，体现了党的"以人为本"执政理念。它表明党和政府从解决关系人民群众切身利益的现实问题入手，更加注重经济社会的协调发展，使全体人民共享改革发展成果。国家利用税收政策，通过定额税收减免鼓励企业吸收重点人群就业，也鼓励重点人群创业。作为大学生也必须努力学习，掌握专业知识和技能，为顺利就业和创新创业打好基础。

2）先征后退

①自2007年1月1日起，对煤层气抽采企业的增值税一般纳税人抽采销售煤层气实行增值税先征后退政策。所谓煤层气，也称煤矿瓦斯，是指赋存于煤层及其围岩中与煤炭资源伴生的非常规天然气。

②对销售自产的综合利用生物柴油实行增值税先征后退政策。综合利用生物柴油，是指以废弃的动物油和植物油为原料生产的柴油，废弃的动物油和植物油用量占生产原料的比重不低于70%。

③《关于延续实施宣传文化增值税优惠政策的公告》（财政部 税务总局公告2023年第60号）规定，至2027年12月31日，执行下列增值税先征后退政策：

A.对下列出版物在出版环节执行增值税100%先征后退的政策：

a.中国共产党和各民主党派的各级组织的机关报纸和机关期刊，各级人大、政协、政府、工会、共青团、妇联、残联、科协的机关报纸和机关期刊，新华社的机关报纸和机关期刊，军事部门的机关报纸和机关期刊。上述各级组织不含其所属部门。机关报纸和机关期刊增值税先征后退范围掌握在一个单位一份报纸和一份期刊以内。

b.专为少年儿童出版发行的报纸和期刊，中小学的学生课本。

c.专为老年人出版发行的报纸和期刊。

d.少数民族文字出版物。

e.盲文图书和盲文期刊。

f.经批准在内蒙古、广西、西藏、宁夏、新疆五个自治区内注册的出版单位出版的出版物。

g.列入本通知附件1（附件略）的图书、报纸和期刊。

B.对下列出版物在出版环节执行增值税先征后退50%的政策：

a.各类图书、期刊、音像制品、电子出版物，但本通知第一条第A项规定执行增值税100%先征后退的出版物除外。

b.列入本通知附件2（附件略）的报纸。

C.对下列印刷、制作业务执行增值税100%先征后退的政策：

a.对少数民族文字出版物的印刷或制作业务。

b.列入本通知附件3（附件略）的新疆维吾尔自治区印刷企业的印刷业务。

④增值税和消费税退税政策。

内地销往横琴、平潭与生产有关的货物，视同出口，实行增值税和消费税退税政策。但下列货物不包括在内：

A.财政部和国家税务总局规定不适用增值税退（免）税和免税政策的出口货物。

B.横琴、平潭的商业性房地产开发项目采购的货物。

商业性房地产开发项目，是指兴建（包括改扩建）宾馆饭店、写字楼、别墅、公寓、住宅、商业购物场所、娱乐服务业场馆、餐饮业店馆以及其他商业性房地产项目。

C.内地销往横琴、平潭不予退税的其他货物。

D.被取消退税或免税资格的企业购进的货物。

3）留抵退税

根据《财政部 税务总局关于进一步加大增值税期末留抵退税政策实施力度的公告》（财政部 税务总局公告2022年第14号），《国家税务总局关于进一步加大增值税期末留抵退税政策实施力度有关征管事项的公告》（国家税务总局公告2022年第4号），从2022年4月1日起，加大小微企业增值税期末留抵退税政策力度，将先进制造业按月全额退还增值税增量留抵税额政策范围扩大至符合条件的小微企业，并一次性退还其存量留抵税额。

①留抵退税政策的适用主体。

可以适用留抵退税政策的纳税人是小型企业和微型企业（含个体工商户）以及制造业等行业纳税人。

小型企业和微型企业按照《中小企业划型标准规定》（工信部联企业〔2011〕300号）和《金融业企业划型标准规定》（银发〔2015〕309号）中的营业收入指标、资产总额指标确定。上述规定所列行业企业中未采用营业收入指标或资产总额指标的以及未列明的行业企业，微型企业标准为增值税销售额（年）100万元以下（不含100万元）；小型企业标准为增值税销售额（年）2 000万元以下（不含2 000万元）。

制造业等行业纳税人，是指从事《国民经济行业分类》中"制造业"、"科学研究和技术服务业"、"电力、热力、燃气及水生产和供应业"、"软件和信息技术服务业"、"生态保护和环境治理业"和"交通运输、仓储和邮政业"业务相应发生的增值税销售额占全部增值税销售额的比重超过50%的纳税人。如果一个纳税人从事上述多项业务，以相关业务增值税销售额加总计算销售额占比，从而确定是否属于制造业等行业纳税人。

②留抵退税需满足的条件。

办理留抵退税的小微企业、制造业等行业纳税人，需同时符合以下4个条件：一是纳税信用等级为A级或者B级；二是申请退税前36个月未发生骗取留抵退税、骗取出口退税或虚开增值税专用发票情形；三是申请退税前36个月未因偷税被税务机关处罚两次及以上；四是 2019 年 4 月 1 日起未享受即征即退、先征后返（退）政策。

③存量留抵税额的确定。

纳税人获得一次性存量留抵退税前，当期期末留抵税额大于或等于 2019 年 3 月 31 日期末留抵税额的，存量留抵税额为 2019 年 3 月 31 日期末留抵税额；当期期末留抵税额小于 2019 年 3 月 31 日期末留抵税额的，存量留抵税额为当期期末留抵税额。

纳税人获得一次性存量留抵退税后，存量留抵税额为零。

允许退还的存量留抵税额=存量留抵税额×进项构成比例×100%

计算允许退还的留抵税额涉及的进项构成比例，为 2019 年 4 月至申请退税前一税款所属期已抵扣的增值税专用发票（含带有"增值税专用发票"字样全面数字化的电子发票、税控机动车销售统一发票）、收费公路通行费增值税电子普通发票、海关进口增值税专用缴款书、解缴税款完税凭证注明的增值税额占同期全部已抵扣进项税额的比重。

为减轻纳税人退税核算负担，在计算进项构成比例时，纳税人在上述计算期间内发生的进项税额转出部分无需扣减。

④增量留抵税额的确定。

纳税人获得一次性存量留抵退税前，增量留抵税额为当期期末留抵税额与 2019 年 3 月 31 日相比新增加的留抵税额。

纳税人获得一次性存量留抵退税后，增量留抵税额为当期期末留抵税额。

允许退还的增量留抵税额=增量留抵税额×进项构成比例×100%

⑤存量留抵税额、增量留抵税额办理退税的时间。

微型企业可以自 2022 年 4 月纳税申报期起向主管税务机关申请一次性退还存量留抵税额；小型企业可以自 2022 年 5 月纳税申报期起向主管税务机关申请一次性退还存量留抵税额；制造业等行业中的中型企业，可以自 2022 年 7 月纳税申报期起向主管税务机关申请一次性退还存量留抵税额；制造业等行业中的大型企业，可以自 2022 年 10 月纳税申报期起向主管税务机关申请一次性退还存量留抵税额。

上述时间为申请一次性存量留抵退税的起始时间，当期未申请的，以后纳税申报期也可以按规定申请。

符合条件的小微企业和制造业等行业纳税人，均可以自 2022 年 4 月纳税申报期起向主管税务机关申请退还增量留抵税额。

纳税人可以选择向主管税务机关申请留抵退税，也可以选择结转下期继续抵扣。纳税人可以在规定期限内同时申请增量留抵退税和存量留抵退税。纳税人取得退还的留抵税额后，应相应调减当期留抵税额。

【素质拓展3-4】

大规模留抵退税是我国创新宏观经济调控方式的关键举措之一，它不但在一定程度上解决了我国积累多年的存量留抵退税问题，体现了增值税现代税制的中性原则，更解决了不同规模企业的资金困难，成为经济发展的"助推器"，精准施策，放水养鱼，助力激发市场活力。截至 2022 年 5 月 16 日，共有 9 796 亿元退税款退到企业账户上。享受存量和增量留抵退税的"制造业""电力、热力、燃气及水生产和供应业""交通运输、仓储和邮政业""科研和技术服务业""软件和信息技术服务业""生态保护和环境治理业"六个行业受益明显。留抵退税政策精准惠及市场主体，企业的生存、发展能力和信心得到明显增强，成为顶住经济下行压力、促进经济平稳健康运行的关键之举。

资料来源　车柯蒙. 大规模留抵退税见成效 不断为市场主体添信心、增底气［EB/OL］.（2022-05-20）. http://henan.china.com.cn/finance/2022-05/20/content_41977558.htm.

4）先征后返

① 进口农药原料及中间体先征后返。对国家计划内安排进口的农药原料和农药中间体实行进口环节增值税先征后返。

② 对国家物资储备局系统销售的储备物资，实行增值税先征后返。

视频 5

新闻直播间——大规模增值税留抵退税实施三个月扩围

3.2　增值税纳税人身份选择的纳税筹划

增值税纳税人是指在中华人民共和国境内销售货物或者加工、修理修配劳务（以下简称劳务），销售服务、无形资产、不动产以及进口货物的单位和个人。根据规模标准和会计核算健全与否的标准将增值税纳税人分为一般纳税人和小规模纳税人。纳税人身份不同，其计税方法和税收征收管理要求不同，在不同行业的税收负担也不尽相同。同时，混合销售行为与兼营行为的存在，又使得企业选择分立或分别核算情形下的税收负担不尽相同，这就为纳税人进行纳税筹划提供了可能。

3.2.1　增值税一般纳税人与小规模纳税人的划分标准

增值税一般纳税人与小规模纳税人是按照经营规模及会计核算健全与否为标准进行划分的。

1）增值税小规模纳税人的认定标准

（1）增值税小规模纳税人的认定办法。

增值税小规模纳税人是指年应征增值税的销售额（以下简称年应税销售额）在规定标准以下，并且会计核算制度不健全，不能按规定向税务机关报送有关税务资料的增值税纳税人。

所称年应税销售额，是指纳税人在连续不超过 12 个月或四个季度的经营期内累计应税销售额，包括纳税申报销售额、稽查查补销售额、纳税评估调整销售额。销售服务、无形资产或者不动产（以下简称应税行为）有扣除项目的纳税人，其应税行为年应税销售额按未扣除之前的销售额计算。纳税人偶然发生的销售无形资产、转让不动产的销售额，不计入应税行为年应税销售额。

所称会计核算制度不健全，是指纳税人不能够按照国家统一的会计制度规定设置账簿，并根据合法、有效凭证进行核算；不能正确核算增值税的销项税额、进项税额和应纳税额。

（2）增值税小规模纳税人的具体认定标准。

① 根据财税〔2018〕33号文件的规定，自2018年5月1日起，增值税小规模纳税人标准（以下简称规定标准）为年应税销售额在500万元及以下。

② 年应税销售额超过规定标准的其他个人。

③ 年应税销售额超过规定标准但不经常发生应税行为的单位、个体工商户以及非企业单位，可选择按照小规模纳税人纳税。

2）增值税一般纳税人的认定标准

增值税一般纳税人是指年应税销售额超过财政部、国家税务总局规定的小规模纳税人标准的企业和企业性单位。

① 年应税销售额超过500万元的增值税纳税人应当向主管税务机关办理一般纳税人登记。

② 年应税销售额未超过规定标准及新开业的纳税人，有固定的生产经营场所，能够按照国家统一的会计制度规定设置账簿，能够根据合法、有效凭证核算，能够提供准确税务资料的，可以向主管税务机关办理一般纳税人登记。

有了这样较为灵活的划分原则，一般纳税人和小规模纳税人之间的界线变得模糊。不经常发生应税行为的单位和个体工商户可选择按一般纳税人或小规模纳税人纳税；会计核算健全的小规模纳税人也可选择按一般纳税人纳税。两类纳税人之间还可以转化筹划。

3.2.2　增值税一般纳税人与小规模纳税人的计税方法与征税管理

1）增值税一般纳税人的计税方法与征税管理

简单来说，增值税一般纳税人实行的计税方法是购进扣税法，即用当期的销项税额减去当期的进项税额计算应纳税额。符合增值税一般纳税人条件的纳税人应当向主管税务机关办理资格登记，取得法定资格，以便领购和使用增值税专用发票，并按增值税计税方法计算增值税应纳税额。纳税人年应税销售额超过500万元未办理一般纳税人登记手续的，不得领购和使用增值税专用发票，并应按照销售额依增值税税率计算应纳税额，不得抵扣进项税额。

2）增值税小规模纳税人的计税方法与征税管理

增值税小规模纳税人采取的是简易计税法，即直接用销售额乘以征收率来计算应纳税额的方法。小规模纳税人税额计算不涉及进项税额抵扣的问题。其开具增值税专用发票经历了税务机关代开、部分纳税人自行开具到全部小规模纳税人（其他个人除外）可以自愿使用增值税发票管理系统自行开具的过程。

3.2.3　增值税一般纳税人与小规模纳税人身份选择的判定方法

增值税一般纳税人和小规模纳税人在计税时，除了销售额的确定与进口货物应纳税额的计算一致外，其余不尽相同：一般纳税人采用凭发票扣税的购进扣税法计税，小规模纳税人采用简便易行的销售额乘以征收率计算税额的办法计税；一般纳税人享有税款抵扣权，小规模纳税人不享有税款抵扣权；一般纳税人按规定税率计算税额，小规模纳税人按征收率（一般为3%）计算税额。这种对一般纳税人与小规模纳税人的差别待遇，为纳税人利用身份变化进行纳税筹划提供了可能。一般纳税人与小规模纳税人的税收负担孰轻孰重，可以根据销售额增值率的大小、可抵扣购进额占销售额的比重等方法进行判断。

1）销售额增值率判断法

销售额增值率是指增值额占销售额的比率。在增值税税率与征收率一定的情况下，就存在一个一般纳税人与小规模纳税人税收负担相等的数值，这里我们把它叫作税负无差别平衡点增值率。一般来说，销售额增值率越大，可抵扣的进项税额越少，应纳税额就越多，反之销售额增值率越小，可抵扣的进项税额越多，应纳税额就越少。因此，当增值税纳税人的应税销售额增值率超过税负无差别平衡点增值率时，一般纳税人增值税税负就重于小规模纳税人增值税税负。反之，当一般纳税人的应税销售额增值率小于税负无差别平衡点增值率时，一般纳税人增值税税负则轻于小规模纳税人增值税税负。

①不含税销售额增值率判断法。

当销售额不含税时，税负无差别平衡点增值率的计算方法如下：

$$增值率=\frac{不含税销售额 - 不含税购进额}{不含税销售额}\times100\%$$

下面按照一般纳税人与小规模纳税人应纳税额相等的方法计算税负无差别平衡点的增值率。

假定纳税人销售货物、劳务、服务、无形资产、不动产适用的增值税税率为T_1，购进货物、劳务、服务、无形资产、不动产适用的增值税税率为T_2，增值税征收率为T_3。

对于增值税一般纳税人而言：

应纳增值税税额=当期销项税额-当期进项税额

式中：

当期销项税额=不含税销售额×T_1

当期进项税额=不含税购进额×T_2

$\qquad$=（不含税销售额-不含税销售额×增值率）×T_2

$\qquad$=不含税销售额×（1-增值率）×T_2

即：

应纳增值税税额=不含税销售额×T_1-不含税销售额×（1-增值率）×T_2

$\qquad\qquad$=不含税销售额×[T_1-（1-增值率）×T_2]

对于增值税小规模纳税人而言：

应纳增值税税额=不含税销售额×T_3

若使一般纳税人与小规模纳税人应纳税额相等，则：

不含税销售额×[T_1-（1-增值率）×T_2]=不含税销售额×T_3

解得：

$$增值率 = 1 - \frac{T_1 - T_3}{T_2}$$

将现行增值税税率和征收率代入上式，即可计算出两类纳税人不含税销售额下的增值税税负无差别平衡点增值率，见表3-1。

表3-1 　　　　　　不含税销售额下的增值税税负无差别平衡点增值率

一般纳税人销售适用的增值税税率（T_1）	一般纳税人购进适用的增值税税率（T_2）	小规模纳税人征收率（T_3）	增值税税负无差别平衡点增值率
13%	13%	1%	7.69%
13%	9%	1%	−33.33%
13%	6%	1%	−100%
9%	13%	1%	38.46%
9%	9%	1%	11.11%
9%	6%	1%	−33.33%
6%	13%	1%	61.54%
6%	9%	1%	44.44%
6%	6%	1%	16.67%

注：至20207年12月31日增值税小规模纳税人适用3%征税率的应税销售收入减按1%征收增值税

结论：当增值税纳税人计算的不含税销售额情形下的增值率等于不含税销售额情形下的增值税税负无差别平衡点的增值率时，选择一般纳税人身份与选择小规模纳税人身份的增值税税负相同；当纳税人计算的增值率大于税负无差别平衡点增值率时，选择一般纳税人身份比选择小规模纳税人身份增值税税负重，选择小规模纳税人身份可以节税；当纳税人计算的增值率小于税负无差别平衡点增值率时，选择一般纳税人身份比选择小规模纳税人身份增值税税负轻，选择一般纳税人身份可以节税。

②含税销售额增值率判断法。

当增值税纳税人提供的是含税销售额时，或者是从含税销售额中倒算出来的不含税销售额和应纳税额时，可以通过含税销售额税负无差别平衡点增值率判断法来分析哪种纳税人身份下的增值税税负更轻些。

含税销售额税负无差别平衡点增值率的计算方法如下：

$$增值率 = \frac{含税销售额 - 含税购进额}{含税销售额} \times 100\%$$

下面同样按照一般纳税人与小规模纳税人应纳税额相等的方法计算税负无差别平衡点的增值率。

假定纳税人销售货物、劳务、服务、无形资产、不动产适用的增值税税率为T_1，购进货物、劳务、服务、无形资产、不动产适用的增值税税率为T_2，增值税征收率为T_3。

对于增值税一般纳税人来说：

$$应纳增值税税额=\frac{含税销售额}{1+T_1}\times T_1-\frac{含税购进额}{1+T_2}\times T_2$$

$$=\frac{含税销售额}{1+T_1}\times T_1-\frac{含税销售额-含税销售额\times 增值率}{1+T_2}\times T_2$$

$$=含税销售额\times\left(\frac{T_1}{1+T_1}-\frac{1-增值率}{1+T_2}\times T_2\right)$$

$$=含税销售额\times\left(\frac{T_1}{1+T_1}-\frac{T_2}{1+T_2}+\frac{增值率}{1+T_2}\times T_2\right)$$

对于增值税小规模纳税人来说：

$$应纳增值税税额=\frac{含税销售额}{1+T_3}\times T_3$$

若使一般纳税人与小规模纳税人应纳增值税税额相等，则：

$$含税销售额\times\left(\frac{T_1}{1+T_1}-\frac{T_2}{1+T_2}+\frac{增值率}{1+T_2}\times T_2\right)=\frac{含税销售额}{1+T_3}\times T_3$$

解得：

$$增值率=1-\left[\frac{T_1(1+T_2)}{T_2(1+T_1)}-\frac{T_3(1+T_2)}{T_2(1+T_3)}\right]$$

将现行增值税税率和征收率代入上式，即可计算出两类纳税人含税销售额下的增值税税负无差别平衡点增值率，见表3-2。

表3-2　　　　　　　含税销售额下的增值税税负无差别平衡点增值率

一般纳税人销售适用的增值税税率（T_1）	一般纳税人购进适用的增值税税率（T_2）	小规模纳税人征收率（T_3）	增值税税负无差别平衡点增值率
13%	13%	1%	8.61%
13%	9%	1%	−27.34%
13%	6%	1%	−85.75%
9%	13%	1%	36.83%
9%	9%	1%	11.99%
9%	6%	1%	−28.38%
6%	13%	1%	59.40%
6%	9%	1%	43.44%
6%	6%	1%	17.49%

注：至2027年12月31日增值税小规模纳税人适用3%征税率的应税销售收入减按1%征收增值税

结论：当增值税纳税人计算的含税销售额情形下的增值率等于含税销售额下的增值税税负无差别平衡点的增值率时，选择一般纳税人身份与选择小规模纳税人身份的增值税税负相同；当纳税人计算的增值率大于税负无差别平衡点增值率时，选择一般纳税人身份比选择小规模纳税人身份增值税税负重，选择小规模纳税人身份可以节税；当纳税人计算的增值率小于税负无差别平衡点增值率时，选择一般纳税人身份比选择小规模纳税人身份增值税税负轻，选择一般纳税人身份可以节税。

2）可抵扣购进额占销售额比重判断法

增值率判断法是基于所有购进项目均取得可抵扣增值税专用发票这一前提。但在实际工作中，有些购进项目无法取得增值税专用发票，或者取得的专用发票不合法或者不准抵扣增值税进项税额，这时就需要采用可抵扣购进额占销售额比重（以下简称抵扣率）判断法。

①销售额、购进额不含税时的抵扣率判断法。

不含税购销金额比=不含税可抵扣购进额÷不含税销售额

下面按照一般纳税人与小规模纳税人应纳税额相等的方法计算税负无差别平衡点的抵扣率。

假定纳税人销售货物、劳务、服务、无形资产、不动产适用的增值税税率为 T_1，购进货物、劳务、服务、无形资产、不动产适用的增值税税率为 T_2，增值税征收率为 T_3。

对于增值税一般纳税人而言：

应纳增值税税额=销项税额－进项税额

$\qquad$=不含税销售额×T_1－不含税可抵扣购进额×T_2

对于增值税小规模纳税人而言：

应纳增值税税额=不含税销售额×T_3

若使一般纳税人与小规模纳税人应纳税额相等，则：

不含税销售额×T_1－不含税可抵扣购进额×T_2=不含税销售额×T_3

解得：

$$不含税可抵扣购进额÷不含税销售额=\frac{T_1-T_3}{T_2} \qquad (a)$$

由此可知，增值率与抵扣率的关系是：抵扣率=1－增值率

抵扣率与增值率成反比，抵扣率越大，可抵扣进项税额就越多，应纳税额就越少。反之，抵扣率越小，增值率越大，可抵扣的进项税额就越少，应纳税额就越多。

将现行增值税税率和征收率代入（a）式，即可计算出两类纳税人不含税金额下的增值税税负无差别平衡点抵扣率，见表3-3。

表3-3　　　　　　　不含税金额下的增值税税负无差别平衡点抵扣率

一般纳税人销售适用的增值税税率（T_1）	一般纳税人购进适用的增值税税率（T_2）	小规模纳税人征收率（T_3）	增值税税负无差别平衡点抵扣率
13%	13%	1%	92.31%
13%	9%	1%	133.33%
13%	6%	1%	200%
9%	13%	1%	61.54%
9%	9%	1%	88.89%
9%	6%	1%	133.33%
6%	13%	1%	38.46%
6%	9%	1%	55.56%
6%	6%	1%	83.33%

②销售额、购进额含税时的抵扣率判断法。

当销售额、购进额含税时，同理可以计算出两类纳税人含税金额下的增值税税负无差别平衡点抵扣率，见表 3-4。

表3-4　　　　　　　　　含税金额下的增值税税负无差别平衡点抵扣率

一般纳税人销售适用的增值税税率（T_1）	一般纳税人购进适用的增值税税率（T_2）	小规模纳税人征收率（T_3）	增值税税负无差别平衡点抵扣率
13%	13%	1%	91.39%
13%	9%	1%	127.34%
13%	6%	1%	185.75%
9%	13%	1%	63.17%
9%	9%	1%	88.01%
9%	6%	1%	128.38%
6%	13%	1%	40.60%
6%	9%	1%	56.56%
6%	6%	1%	82.51%

结论：当增值税纳税人的购进额占销售额的比重等于增值税税负无差别平衡点抵扣率时，两类纳税人的税负相同；当增值税纳税人的购进额占销售额的比重大于增值税税负无差别平衡点抵扣率时，选择一般纳税人身份比选择小规模纳税人身份增值税税负轻，选择一般纳税人身份可以节税；当增值税纳税人的购进额占销售额的比重小于增值税税负无差别平衡点抵扣率时，选择小规模纳税人身份比选择一般纳税人身份增值税税负轻，选择小规模纳税人身份可以节税。

因此，增值税纳税人可根据所经营业务的总体增值率水平或抵扣率高低，选择不同的纳税人身份。

勤学善思

　　纳税人能不能根据销售额增值率判断法、可抵扣购进额占销售额比重判断法直接做出从小规模纳税人变更为一般纳税人的筹划运作，或者从一般纳税人变更为小规模纳税人的筹划运作呢？

3）增值税一般纳税人与小规模纳税人身份选择的具体应用

（1）非企业性单位、不经常发生应税行为的单位和个体工商户的纳税人身份选择筹划

年应税销售额超过规定标准的非企业性单位、不经常发生应税行为的单位和个体工商户，可选择按照小规模纳税人纳税。这一规定为纳税人进行纳税筹划提供了选择机会。因此，非企业性单位、不经常发生应税行为的单位和个体工商户，可根据增值率大小、抵扣率高低，选择增值税一般纳税人或小规模纳税人身份。

【案例 3-1】某研究所以研究现代高科技产品为主，同时实行产研结合，对新研发的产品也进行加工生产，属于不经常发生应税行为的单位。预计 2024 年销售产品可收到不含增值税销售额为 2 000 万元，购进可抵扣的原材料等不含增值税价款为 800 万元，产品、材料适用的增值税税率均为 13%。试分析该研究所选择何种纳税人身份更有利？

【解析】

①利用不含税购进额占不含税销售额比重判断法进行筹划分析。

$$该研究所增值税不含税抵扣率=\frac{800}{2\,000}\times100\%=40\%$$

40% 的抵扣率小于 92.31% 的增值税税负无差别平衡点抵扣率，故该研究所选择小规模纳税人身份税负轻。

②计算增值税应纳税额。

若为增值税一般纳税人，则：

应缴纳增值税税额=2 000×13%-800×13%=156（万元）

若为增值税小规模纳税人，则：

应缴纳增值税税额=2 000×1%=20（万元）

③选择小规模纳税人身份比选择一般纳税人身份少缴纳的增值税为：

156-20=136（万元）

因此，该研究所选择小规模纳税人身份较为有利。

（2）小规模纳税人的身份选择筹划

按照《增值税暂行条例》第十三条的规定，增值税小规模纳税人会计核算健全，能够提供准确税务资料的，可以向主管税务机关办理增值税一般纳税人身份登记。因此，小规模纳税人可以根据其计算的增值率大小、抵扣率高低，作出筹划选择：

① 如果小规模纳税人计算的增值率或抵扣率经与税负无差别平衡点增值率或抵扣率比较，作为小规模纳税人税负较轻，则该纳税人保持小规模纳税人身份；

② 如果小规模纳税人计算的增值率或抵扣率经与税负无差别平衡点增值率或抵扣率比较，作为小规模纳税人税负较重，则该纳税人应健全会计核算制度，向税务机关报送有关的纳税资料，经税务机关核对后办理一般纳税人资格登记，或者创造条件进行合并转变为一般纳税人。

【案例 3-2】某生产企业为增值税小规模纳税人，2023 年含税销售额为 452 万元，可抵扣含税购进金额为 226 万元（含 13% 的增值税）。该企业会计核算制度健全，有条件登记为一般纳税人。若为增值税一般纳税人，增值税适用税率为 13%。试分析该企业 2024 年是否应选择成为增值税一般纳税人。

【解析】

①利用增值税含税销售额增值率判断法进行筹划分析。

$$该企业含税销售额增值率=\frac{452-226}{452}\times100\%=50\%$$

50% 大于含税销售额下税负无差别平衡点增值率 8.61%，因此，选择小规模纳税人身份税负较轻。

②计算增值税应纳税额。

作为增值税小规模纳税人，则：

应缴纳增值税税额=452÷（1+1%）×1%=4.48（万元）

如果选择作为增值税一般纳税人，则：

应缴纳增值税税额=452÷（1+13%）×13%－226÷（1+13%）×13%=26（万元）

③作为增值税小规模纳税人可节税的金额为：

节税金额=26－4.48=21.52（万元）

因此，该企业选择维持增值税小规模纳税人身份更为有利。

综上所述，当作为小规模纳税人的增值税纳税人按照一般纳税人计算增值税税负较轻时，可以考虑变换身份，成为一般纳税人。筹划的方法是：

① 健全会计核算制度，向税务机关提供有关的纳税资料，符合一般纳税人登记条件，登记为一般纳税人；

② 创造条件进行适当合并，增加企业销售额，以符合一般纳税人的登记条件，取得一般纳税人资格。

（3）一般纳税人的身份选择筹划

符合增值税一般纳税人条件，登记为一般纳税人的企业，经判定作为小规模纳税人税负较轻时，可利用拆分法进行纳税筹划，即按照法律及分立程序将原企业拆分为两个或两个以上的企业，年销售额均控制在小规模纳税人标准以内，这样，这些企业将会被重新分别认定为小规模纳税人，按增值税征收率计算缴纳增值税，整个企业的增值税负担总和将降低。另外，也可以采取原企业不做变化，在销售环节分设小规模纳税人的销售公司等办法进行筹划。

【案例3-3】某品牌服装生产企业是增值税一般纳税人，预计2024年含增值税销售额为1 005万元，可以抵扣的年含增值税购进金额为678万元（含13%增值税）。增值税适用税率13%。试分析该企业作为增值税一般纳税人的税收负担是重还是轻？若其有条件分解为小规模纳税人，是否可以考虑？

【解析】

①利用可抵扣含税购进金额占含税销售额的比重判断法进行筹划分析。

$$该企业含税金额下的抵扣率=\frac{678}{1\,005}×100\%=67.46\%$$

67.46%小于含税金额下的税负无差别平衡点抵扣率91.39%，故该企业作为增值税一般纳税人税负较重。

②计算增值税应纳税额。

若为增值税一般纳税人，则：

$$应缴纳增值税税额=\frac{1\,005}{1+13\%}×13\%-\frac{678}{1+13\%}×13\%=37.62（万元）$$

若为增值税小规模纳税人，则：

$$应缴纳增值税税额=\frac{1\,005}{1+1\%}×1\%=9.95（万元）$$

③选择小规模纳税人身份比选择一般纳税人身份少缴纳的增值税为：

少缴纳的增值税=37.62-9.95=27.67（万元）

因此，该企业可以考虑将一般纳税人身份改变为小规模纳税人身份，即成立两个规模相当、独立核算的小规模纳税人企业，以减轻税收负担。或者成立小规模销售公司，运用转让定价的方法进行纳税筹划。

【案例3-4】按【案例3-3】的资料。若该服装生产企业拆分成两个含增值税销售额为502.5万元（1 005÷2）的小规模纳税人。

【解析】

$$两个小规模纳税人企业应缴纳增值税=\frac{502.5}{1+1\%}\times 1\%\times 2=9.95（万元）$$

节税金额=37.62-9.95=27.67（万元）

【案例3-5】仍按【案例3-3】的资料。假设该品牌服装生产企业成立两个规模相同的小规模服装销售公司，该生产企业先将产品以含增值税价734.5万元的价格分销给两个小规模销售公司，两个小规模销售公司再以合计含增值税价898.27万元的价格对外销售。

【解析】

①该服装生产企业应缴纳的增值税为：

$$\frac{734.5}{1+13\%}\times 13\%-\frac{678}{1+13\%}\times 13\%=6.5（万元）$$

②两个小规模纳税人销售公司合计应纳增值税为：

898.27÷（1+1%）×1%=8.89（万元）

③生产企业与销售公司合计应缴纳的增值税为：

合计应缴纳的增值税=6.5+8.89=15.39（万元）

节税金额=37.62-15.39=22.23（万元）

4）一般纳税人与小规模纳税人身份选择应注意的问题

① 小规模纳税人转变为一般纳税人应考虑会计成本和纳税成本等问题。一般纳税人要有健全的会计核算制度和健全的账簿，而且培养或聘用会计人员将增加会计成本；一般纳税人的增值税征收管理制度比较复杂，需要投入的人力、物力、财力较多，又会增加纳税成本。如果小规模纳税人转为一般纳税人，由于税负减轻而带来的收益尚不足以抵扣这些成本的支出，则宁可保持小规模纳税人身份。

② 一般纳税人转变为小规模纳税人应考虑经营规模、信誉度等条件变化给自身带来的不利影响。选择纳税人身份时，除了税收负担外，还要注意以下几个方面的比较：一是经营规模。一般纳税人的经营规模往往要比小规模纳税人的经营规模大。二是信誉度。一般纳税人的信誉会比小规模纳税人的信誉高一些。三是赢得顾客的数量。从一般纳税人那里购进货物、劳务、服务、不动产、无形资产等比从小规模纳税人那里购进所获得的可抵扣进项税额多，赢得顾客的数量也多。所以，一般纳税人应分析利弊后再做选择。

③ 纳税人登记为一般纳税人后，除国家税务总局另有规定之外，不得转为小规模纳税人。比如财税〔2018〕33号文件中一般纳税人转为小规模纳税人的规定，即

为过渡时期的特殊规定。该文件中规定，自 2018 年 5 月 1 日起增值税小规模纳税人标准统一调整为年应征增值税销售额 500 万元以后，原按照《中华人民共和国增值税暂行条例实施细则》第二十八条规定已登记为增值税一般纳税人的单位和个人，在 2018 年 12 月 31 日前，可选择转登记为小规模纳税人，或选择继续作为一般纳税人。

📢 **指点迷津**

　　纳税人根据增值率判断法和可抵扣购进占销售额比重判断法得出作为哪种纳税人更有利的判断后，并不能直接做出改变纳税人身份的筹划抉择。当纳税人属于非企业性单位和不经常发生纳税行为的企业，可以在两种纳税人身份中做出选择，一般纳税人只有通过拆分法实现向小规模纳税人的转变，小规模纳税人可以通过提高会计核算水平或者合并的方式，实现向一般纳税人身份的转变。

补充阅读材料 3-1

　　近年来，为进一步支持小微企业发展，国家出台一系列税收政策，为小规模纳税人纾困解难、蓄势添能。

　　《财政部 税务总局关于支持个体工商户复工复业增值税政策的公告》（财政部、税务总局公告 2020 年第 13 号）规定，自 2020 年 3 月 1 日至 5 月 31 日，对湖北省增值税小规模纳税人，适用 3% 征收率的应税销售收入，免征增值税；适用 3% 预征率的预缴增值税项目，暂停预缴增值税。除湖北省外，其他省、自治区、直辖市的增值税小规模纳税人，适用 3% 征收率的应税销售收入，减按 1% 征收率征收增值税；适用 3% 预征率的预缴增值税项目，减按 1% 预征率预缴增值税。

　　《财政部 税务总局关于延续实施应对疫情部分税费优惠政策的公告》（财政部 税务总局公告 2021 年第 7 号）规定上述优惠政策执行期限延长至 2021 年 12 月 31 日。其中，自 2021 年 4 月 1 日至 2021 年 12 月 31 日，湖北省增值税小规模纳税人适用 3% 征收率的应税销售收入，减按 1% 征收率征收增值税。

　　《财政部 税务总局关于对增值税小规模纳税人免征增值税的公告》（财政部 税务总局公告 2022 年第 15 号）规定上述优惠延长至 2022 年 3 月 31 日，同时规定，自 2022 年 4 月 1 日至 2022 年 12 月 31 日，增值税小规模纳税人适用 3% 征收率的应税销售收入，免征增值税；适用 3% 预征率的预缴增值税项目，暂停预缴增值税。

　　小规模纳税人增值税起征点不断提高，在 2019 年从月销售额 3 万元提到 10 万元的基础上，自 2021 年 4 月 1 日至 2022 年 12 月 31 日，对月销售额 15 万元以下（含本数）的增值税小规模纳税人，免征增值税。

　　小规模纳税人阶段性免征增值税政策出台后，叠加现有的起征点等增值税优惠措施，几乎覆盖所有小规模纳税人。

3.3 企业生产经营过程中的纳税筹划

在生产经营过程中，企业可从选择供应方以及分析兼营行为、分立与分散经营、合并与联合经营等方面进行纳税筹划。

3.3.1 供应方选择的纳税筹划

1）增值税一般纳税人选择供应方的纳税筹划

增值税一般纳税人销售货物、劳务、服务、无形资产、不动产（以下统称应税销售行为），应纳税额为当期销项税额抵扣当期进项税额后的余额。销项税额是指按照销售额和规定的增值税税率计算并收取的增值税税额；进项税额是指纳税人购进货物、劳务、服务、无形资产、不动产支付或者负担的增值税税额。准予从销项税额中抵扣的进项税额包括：

① 从销售方取得的增值税专用发票上注明的增值税税额；

② 从海关取得的海关进口增值税专用缴款书上注明的增值税税额；

③ 购进农产品，除取得增值税专用发票或者海关进口增值税专用缴款书外，按照农产品收购发票或者销售发票上注明的农产品买价和规定的扣除率计算的进项税额（国务院另有规定的除外）；

④ 自境外单位或者个人购进劳务、服务、无形资产或者境内的不动产，从税务机关或者扣缴义务人取得的代扣代缴税款的完税凭证上注明的增值税税额；

⑤ 其他准予扣除的进项税额。

作为增值税一般纳税人的购买方，从境内购进货物、劳务、服务、无形资产、不动产时，应该考虑的第一层面的问题是能否取得增值税专用发票，能否抵扣增值税进项税额，抵扣多少。若从一般纳税人处购进货物、劳务、服务、无形资产、不动产，可以抵扣不含增值税价格13%、9%、6%的增值税进项税额（纳税人购进用于生产销售或委托加工13%税率货物的农产品，按照10%的扣除率计算进项税额）；从小规模纳税人处购进货物、劳务、服务、无形资产、不动产不能抵扣增值税进项税额，或者能取得小规模纳税人通过主管税务机关代开或自行开具的增值税专用发票的，能够抵扣不含税价格3%（特殊情况下为5%）的增值税进项税额。因此，在购进货物、劳务、服务、无形资产、不动产等的含税价格相同时，能够取得按增值税税率计算税额的增值税专用发票、取得3%征收率增值税专用发票与不能取得增值税专用发票比较，应纳税额会有所不同，进而又会影响到企业所得税及企业利润。抵扣的进项税额多，应纳增值税税额就少，以增值税税额为计税依据计算的城市维护建设税、教育费附加等也会减少，企业利润会增加。所以，选择增值税一般纳税人作为供应方，就成为购买方的首选。但是，如果小规模纳税人在价格方面给予一定程度的折扣，一般纳税人购买方也可以考虑将小规模纳税人作为供应方。究竟多大的折扣幅度才能弥补因扣除率低，或不能取得增值税专用发票不能抵扣而产生的损失呢？这里就存在一个价格折扣平衡点的问题。

价格折扣平衡点的确定，可以有多种方法，考虑企业经营成果最优，可以用现金净流量分析法、净利润分析法等。

（1）现金净流量分析法

下面以货物购销为例，就现金净流量分析法进行分析。为了简单起见，不考虑资金的时间价值。

在现金流量表中，将现金流量分为三大类：经营活动现金流量、投资活动现金流量和筹资活动现金流量。经营活动是指直接进行产品生产、商品销售或劳务提供的活动，它们是企业取得净收益的主要交易和事项。经营活动的范围很广，它包括了除投资活动和筹资活动以外的所有交易和事项。对于工商企业而言，经营活动主要包括：销售商品、提供劳务、购买商品、接受劳务、支付税费等。

假设购买方企业为增值税一般纳税人，当期含税销售额为S（适用13%的增值税税率）时，购进情形有三种可供选择：

① 从一般纳税人处购进货物、劳务、服务、无形资产、不动产的含税购进金额为A，能够取得可抵扣13%的增值税专用发票。

② 从小规模纳税人处购进货物、劳务、服务、无形资产、不动产的含税购进金额为B，能够取得由税务机关代开的增值税专用发票或由小规模纳税人自行开具的增值税专用发票，可抵扣3%的增值税进项税额。

③ 从小规模纳税人处购进货物、劳务、服务、无形资产、不动产的含税购进金额为C，不能取得增值税专用发票，只能取得普通发票。已知城市维护建设税税率为7%，教育费附加征收率为3%，企业所得税税率为25%。另外，假设三种情况的购买费用、提供质量等都相同（即不考虑购买费用对所得税的影响），不管如何选择供应方，都不影响其他费用，所以，在此都不考虑。这样，根据现金净流量计算方法，可以分别计算出各购买情况下的现金净流量。

现金净流量计算公式：

现金净流量＝现金流入额－现金流出额

$$= \text{含税销售额} - (\text{含税购进额} + \text{应缴增值税} + \text{应缴城市维护建设税} + \text{应缴教育费附加} + \text{应缴所得税})$$

①企业取得增值税专用发票，能够抵扣13%的增值税进项税额的现金净流量：

$$现金净流量 = S - \left\{ A + \left(\frac{S}{1+13\%} \times 13\% - \frac{A}{1+13\%} \times 13\% \right) + \left(\frac{S}{1+13\%} \times 13\% - \frac{A}{1+13\%} \times 13\% \right) \times (7\%+3\%) + \left[\frac{S}{1+13\%} - \frac{A}{1+13\%} - \left(\frac{S}{1+13\%} \times 13\% - \frac{A}{1+13\%} \times 13\% \right) \times (7\%+3\%) \right] \times 25\% \right\}$$

$$= 0.6551S - 0.6551A$$

②运用同样的方法，计算出能够取得增值税专用发票，抵扣3%的进项税额的现金净流量：

$$现金净流量 = 0.6551S - 0.726B$$

③运用同样的方法，计算出不能取得增值税专用发票，不能抵扣进项税额的现金净流量：

$$现金净流量 = 0.6551S - 0.75C$$

以 0.6551S-0.6551A 的现金净流量为标准,令 0.6551S-0.726B=0.6551S-0.6551A,求得 $\frac{B}{A}$=90.23%。

再以 0.6551S-0.6551A 的现金净流量为标准,令 0.6551S-0.75C=0.6551S-0.6551A,求得 $\frac{C}{A}$=87.35%。

也就是说,在增值税适用税率为13%、城市维护建设税税率为7%、教育费附加征收率为3%、企业所得税税率为25%的情形下,购买方企业索取3%的增值税专用发票购进货物、劳务、服务、无形资产、不动产时,只要小规模纳税人供应方的含税价格为一般纳税人价格的90.23%,即供应方给予购买方含税价格9.77%的价格让渡,购买方企业就不会吃亏。同理,当购买方企业向小规模纳税人购进货物、劳务、服务、无形资产、不动产不能取得专用发票、不能抵扣进项税额时,只要小规模纳税人供应方的含税价格小于等于一般纳税人含税价格的87.35%,购买方企业选择小规模纳税人作为供应方就可以接受。

以此方法,还可以计算出购销双方适用9%、6%税率等不同组合情形下的价格折扣平衡点比率。

(2)净利润分析法

当企业以净利润(税后利润)最大化为目标时,可以采用净利润法,即通过比较从不同供应方购进货物、劳务、服务、无形资产、不动产时净利润的大小,选择税后利润最大的方案。

假设购买方为增值税一般纳税人,其不含增值税销售额为S(适用13%的增值税税率)时,销售货物、劳务、服务、无形资产、不动产适用的增值税税率为T。购进时有三种情形可供选择:

① 从一般纳税人处购进货物、劳务、服务、无形资产、不动产的含税购进金额为A,能够取得增值税专用发票,专用发票的适用税率为 T_1,净利润为 L_1;

② 从小规模纳税人处购进货物、劳务、服务、无形资产、不动产的含税购进金额为B,能够取得由税务机关代开的增值税专用发票或小规模纳税人自行开具的增值税专用发票,其适用税率为 T_2,净利润为 L_2;

③ 从小规模纳税人处购进货物、劳务、服务、无形资产、不动产的含税购进金额为C,不能取得增值税专用发票,只能取得普通发票,净利润为 L_3。

城市维护建设税税率为7%,教育费附加征收率为3%,企业所得税税率为25%。另外,假设三种情形下的相关费用等都相同(因相关费用不影响选择供应方,所以,在此省略)。

购进货物、劳务、服务、无形资产、不动产等三种情形下的净利润计算:

①第一种情形。

净利润= $\left(\begin{array}{l}\text{不含税}\\\text{销售额}\end{array} - \begin{array}{l}\text{不含税}\\\text{购进金额}\end{array} - \begin{array}{l}\text{相关}\\\text{费用}\end{array} - \begin{array}{l}\text{城市维护}\\\text{建设税}\end{array} - \begin{array}{l}\text{教育费}\\\text{附加}\end{array}\right) \times \left(1 - \begin{array}{l}\text{企业所得税}\\\text{税率}\end{array}\right)$

$L_1 = \left[S - \dfrac{A}{1+T_1} - \left(S \times T - \dfrac{A}{1+T_1} \times T_1\right) \times (7\% + 3\%) \right] \times (1 - 25\%)$

②第二种情形。

$$净利润=\left(\begin{array}{c}不含税\\销售额\end{array}-\begin{array}{c}不含税\\购进金额\end{array}-\begin{array}{c}相关\\费用\end{array}-\begin{array}{c}城市维护\\建设税\end{array}-\begin{array}{c}教育费\\附加\end{array}\right)\times\left(1-\begin{array}{c}企业所得税\\税率\end{array}\right)$$

$$L_2=\left[S-\frac{B}{1+T_2}-\left(S\times T-\frac{B}{1+T_2}\times T_2\right)\times(7\%+3\%)\right]\times(1-25\%)$$

③第三种情形。

$$净利润=\left(\begin{array}{c}不含税\\销售额\end{array}-\begin{array}{c}含税购进\\金额\end{array}-\begin{array}{c}相关\\费用\end{array}-\begin{array}{c}城市维护\\建设税\end{array}-\begin{array}{c}教育费\\附加\end{array}\right)\times\left(1-\begin{array}{c}企业所得税\\税率\end{array}\right)$$

$$L_3=\left[S-C-S\times T\times(7\%+3\%)\right]\times(1-25\%)$$

根据净利润相等的方法计算价格折扣平衡点的比率。

令 $L_2=L_1$，得：

$$\frac{B}{A}=\frac{(1+T_2)(1-0.1T_1)}{(1+T_1)(1-0.1T_2)}$$

将 $T_1=13\%$，$T_2=3\%$ 代入上式，得：

$$\frac{B}{A}=\frac{(1+3\%)(1-0.1\times13\%)}{(1+13\%)(1-0.1\times3\%)}=90.23\%[①]$$

结论：在购买方增值税适用税率为 13%，城市维护建设税税率为 7%，教育费附加征收率为 3%，企业所得税税率为 25% 的情形下，供应方增值税一般纳税人企业能够提供 13% 的增值税专用发票和小规模纳税人能够提供 3% 的增值税专用发票时，只要供应方小规模纳税人的含税价格为一般纳税人含税价格的 90.23%，购买方企业获得的净利润就相同，这时选择向一般纳税人购进或向小规模纳税人购进货物、劳务、服务、无形资产、不动产等均可；当供应方小规模纳税人的含税价格大于一般纳税人含税价格的 90.23% 时，向小规模纳税人购进货物、劳务、服务、无形资产、不动产获得的净利润会比较低，这时适合向一般纳税人购进；当供应方小规模纳税人的含税价格小于一般纳税人含税价格的 90.23% 时，向小规模纳税人购进货物、劳务、服务、无形资产、不动产获得的净利润会比较高，这时适合向小规模纳税人购进货物、劳务、服务、无形资产、不动产。

令 $L_3=L_1$，得到价格折扣平衡点比率为：

$$\frac{C}{A}=\frac{1-0.1T_1}{1+T_1}$$

将 $T_1=13\%$ 代入上式，得：

$$\frac{C}{A}=\frac{1-0.1\times13\%}{1+13\%}=87.35\%$$

同理，当购买方企业向小规模纳税人购进货物、劳务、服务、无形资产、不动产不能取得增值税专用发票、不能抵扣进项税额时，只要小规模纳税人供应方的含税价格小于等于一般纳税人含税价格的 87.35%，购买方企业选择小规模纳税人作为供应方就可以接受。

（3）利用价格折扣平衡点进行纳税筹划应用

对于增值税一般纳税人的购买方企业来说，在购进货物、劳务、服务、无形资产、不动产时运用价格折扣平衡点原理，可以正确地计算出平衡点时的价格，从中选

---

① 尾差调整。

择供应方，以取得较大的税后收益。

【案例3-6】某机械产品生产企业为增值税一般纳税人，在购买原材料钢材时，若从北方钢铁企业购进（增值税一般纳税人，增值税税率为13%），每吨含税价为5 650元；若从南方钢铁企业购进（增值税小规模纳税人，增值税征收率为3%），每吨含税价为4 944元，可以取得由税务机关代开的征收率为3%的增值税专用发票。试作出该机械产品生产企业2024年是否可考虑从小规模纳税人处购货的决策。（已知城市维护建设税税率为7%，教育费附加征收率为3%）

【解析】

①企业取得3%的增值税专用发票时的平衡点价格为：

5 650×90.23%=5 098（元）

即该企业只要从南方钢铁企业以每吨不高于5 098元的价格购进钢材，就不会吃亏，而南方钢铁企业以每吨含税价4 944元的价格供货，所以该机械产品生产企业可以考虑选择从南方钢铁企业进货。

②该机械产品生产企业向一般纳税人的北方钢铁企业购买钢材每吨可多抵扣的进项税额为：

$$每吨可多抵扣的进项税额=\frac{5\ 650}{1+13\%}×13\%-\frac{4\ 944}{1+3\%}×3\%=506（元）$$

同时增加的进货成本为：

增加的进货成本=5 650-4 944=706（元）

总体增加成本=706-506=200（元）

增值税一般纳税人购进货物、劳务、服务、无形资产和不动产用于简易计税方法计税项目、免征增值税项目、集体福利或者个人消费的，因不能进行税款抵扣，所以可以采用购进含税价格比较法，根据孰低原则确定，即比较一下供应方的含税价格，从中选择价格较低的一方即可。

2）增值税小规模纳税人选择供应方的纳税筹划

① 对于增值税小规模纳税人来说，因其采用简易办法计税，无论是从一般纳税人处购进货物、劳务、服务、无形资产和不动产，还是从小规模纳税人处购进货物、劳务、服务、无形资产和不动产，进项税额均不得抵扣，所以，其选择的方法就是比较一下供应方的含税价格，从中选择价格较低的一方作为供应方。

② 增值税小规模纳税人也可以运用价格折扣平衡点原理，在销售货物、劳务、服务、无形资产和不动产时保护自己的既得利益。例如，小规模纳税人可用价格折扣平衡点来反驳或说服购买方（增值税一般纳税人）无理的折价要求，促使购销双方达成共识，互惠互利，平等合作。

以上的选择方法是在仅考虑税收的情况下作出的分析。企业在实际购销业务中，除了税收因素外，还要考虑供应方的信誉、售后服务等条件。这需要在筹划时根据具体情况作全面的比较。

3）增值税纳税人供应方选择筹划应注意的问题

① 增值税一般纳税人从其他一般纳税人企业购入货物、劳务、服务、无形资产

和不动产并取得增值税专用发票扣税后，与从小规模纳税人企业购入同样货物、劳务、服务、无形资产和不动产扣税或不扣税后，购进成本相同时，其获取的净利润并不相同。因为，从小规模纳税人处购入货物、劳务、服务、无形资产和不动产价格低、扣税少、缴纳的增值税多，以增值税为基数计算的城市维护建设税和教育费附加就多，而城市维护建设税和教育费附加要在所得税前扣除，所以其数额多少会对企业的净利润产生直接的影响。

②企业能否在购进货物、劳务、服务、无形资产和不动产的同时取得增值税专用发票，主要取决于供应方的身份、供销部门人员的责任心和敬业精神，而不在于企业财务部门和会计人员的水平高低。因此，为给企业节约税费成本，提高有关业务人员的业务素质是很有必要的。

③购进货物会涉及运费问题。供货地点的远近，决定了企业付出运费的多少。采购的货物处于买方市场时，企业可以通过公开招标等形式以运达企业的供货价进行采购，供货方因距离远近所产生的不同运费，不在企业进货价格中考虑，可有效地规避运费成本过高的情况。如若不然，则应注意取得运输的增值税专用发票，以便于进项税额抵扣。

企业购入货物的成本，除进价外，还会涉及包装费、包装物押金、运输装卸费、途中保险费等多种费用，企业进行采购决策的基本思路是比较不同进货渠道进货的成本，在将可以抵扣的增值税因素从进货成本中剔除后，选择质优价低者。

3.3.2　兼营行为的纳税筹划

经营活动的多样性使纳税人既可能兼营或者混合经营增值税应税行为中不同税率或者征收率的项目，又可能兼营应税项目与免税项目。对于兼营行为的纳税筹划方法就是分别核算，分别计税，以减轻企业税收负担。

1) 增值税一般纳税人兼营适用不同增值税税率和征收率项目的纳税筹划

税法规定，增值税纳税人销售货物、劳务、服务、无形资产和不动产适用不同税率或征收率的，应当分别核算适用不同税率或者征收率的销售额，未分别核算销售额的，从高适用税率或者征收率。例如，本可按13%和9%的不同税率分别计税，如果不分别核算，则一律按13%的增值税税率计征。

【案例3-7】某增值税一般纳税人企业，2023年5月销售机电产品取得不含增值税销售额200万元，销售农机产品取得不含增值税销售额80万元。购进材料准予扣除的进项税额为20万元。试分析企业分别核算与不分别核算情形下的增值税税收负担。

【解析】

①不分别核算情形下，该企业应缴纳的增值税税额为：

（200+80）×13%-20=16.4（万元）

②分别核算情形下，该企业应缴纳的增值税税额为：

200×13%+80×9%-20=13.2（万元）

③分别核算可以少缴纳的增值税为：

16.4-13.2=3.2（万元）

由此可见，增值税一般纳税人兼营适用不同增值税税率和征收率项目时，只有分别核算，才能获得最大的税收收益。

2）兼营应税项目与免税项目的纳税筹划

纳税人同时经营应税项目与免税项目时，按照税法规定，应当单独核算免税项目的销售额；未单独核算销售额的，不得免税。所以，当企业兼营免税项目时，通过单独核算不同项目销售额可以减少不必要的税收负担，从而获得税收收益。

【案例3-8】华北某药业股份有限公司是增值税一般纳税人，既生产应税药品，又生产免税药品。2023年该公司应税药品的不含增值税销售额为1 000万元，免税药品的不含增值税销售额为600万元，全年购进材料等的增值税进项税额为130万元。试为该企业进行纳税筹划。

【解析】

①不分别核算时，该公司应缴纳的增值税税额为：

（1 000+600）×13%-130=78（万元）

②分别核算时，该公司应缴纳的增值税税额为：

不得抵扣的增值税进项税额=$130×\dfrac{600}{1\,000+600}$=48.75（万元）

准予抵扣的增值税进项税额=130-48.75=81.25（万元）

应缴纳的增值税税额=1 000×13%-81.25=48.75（万元）

③分别核算可节税：

78-48.75=29.25（万元）

3）兼营行为纳税筹划应注意的问题

①对于增值税一般纳税人兼营适用不同增值税税率和征收率项目的情形，应分别核算，否则将会因低税率产品按高税率征税而加重税收负担。

②对于增值税一般纳税人兼营免税项目的情形，则应单独核算，以便顺理成章地享受增值税免税优惠政策，获得税收收益。

3.3.3　分立与分散经营的纳税筹划

1）分立与分散经营纳税筹划概述

分立是指一家企业（以下称为被分立企业）将部分或全部资产分离转让给现存或新设的企业（以下称为分立企业），被分立企业股东换取分立企业的股权或非股权支付，实现企业的依法分立。分散经营是指企业采取分权制，把整个企业划分为若干相对独立的经营实体，进行分散决策、独立核算，形成以企业总部为核心的经营群体的一种经营方式。分立或分散经营是现代企业调整组织结构、扩大经营规模、提高管理水平与资源利用效率等的重要手段，能起到突出企业主营业务、分散经营风险的作用。

从纳税筹划的角度来看，分立或分散经营筹划的依据主要包括：

①现行税法规定的增值税减免对象独立化，主要针对某一生产环节、某一产品减免税。

② 对兼营行为要求分别核算，否则税率从高。纳税人兼营不同税率、征收率的项目，应当分别核算不同税率、征收率项目的销售额；未分别核算销售额的，从高适用税率。纳税人兼营免税、减税项目的，应当分别核算免税、减税项目的销售额；未分别核算销售额的，不得免税、减税。

同时，兼营不同税率或征收率的应税项目，兼营减税免税项目等，在税收征收管理程序、办法上都有严格的规定，没有按照规定执行的，不得享受低税率征税的待遇。因此，如果企业在经营过程中，管理、财务核算等达不到要求，为了降低税负，将不同项目的业务分立或者分散经营也是明智之举。

2）分立或分散经营纳税筹划应用

（1）分立或分散经营减免税项目的纳税筹划

当纳税人兼营减税、免税项目而又无法分别核算减税、免税项目的销售额时；或者减税、免税项目销售额能够分别核算，但是进项税额没有办法区分计入应税项目和免税项目，需要分析确定的，为了减轻税收负担，可以采用分立或者分散经营的方式，将减税、免税项目的业务独立出来，以享受减免税优惠，而且还有可能少缴纳增值税税额。

【案例3-9】柯信药业有限公司是增值税一般纳税人，主要生产抗菌类药品，也生产免税药品。其免税药品的进项税额无法单独核算，所以一直按销售额所占比率来划分。该公司领导层拟将免税药品车间分离出来，单独设立一个制药厂。试对该公司的这一想法作出判断，分析其在什么情况下分立该车间比较有利。

【解析】

① 假设该公司抗菌类药品的年不含税销售额为600万元，免税药品的年不含税销售额为120万元，全年购进货物的增值税进项税额为60万元。

分析计算如下：

免税药品的销售额占全部药品销售额的比率为：

$$\frac{120}{600+120}\times100\%=16.67\%$$

免税药品不得抵扣的进项税额为：

60×16.67%=10（万元）

应税药品可以抵扣的进项税额为：

60-10=50（万元）

免税药品的进项税额占全部药品进项税额的比率为：

10÷60×100%=16.67%

当免税药品的进项税额占全部药品进项税额的比率等于免税药品的销售额占全部药品销售额的比率时，企业分立与否，税收负担上无差别。

② 如果免税药品的进项税额为8.4万元，则可抵扣的增值税进项税额为51.6万元，大于合并经营时可抵扣的50万元，可多抵扣1.6万元。

免税药品的进项税额占全部药品进项税额的比率为14%（8.4÷60×100%），小于免税药品的销售额占全部药品销售额的比率16.67%，此时分设另外一个制药厂对柯信公司有利。

③如果免税药品的增值税进项税额为 15 万元，则柯信公司可抵扣的进项税额为 45 万元，小于合并经营时可抵扣的 50 万元。

免税药品的进项税额占全部药品进项税额的比率为 25%（15÷60×100%），大于免税药品的销售额占全部药品销售额的比率 16.67%，此时采用合并经营较为有利。

可见，当免税产品的增值税进项税额占全部产品增值税进项税额的比率与免税产品销售额占全部产品销售额的比率相等时，分散经营与合并经营在税收上无差别；当免税产品的增值税进项税额占全部产品增值税进项税额的比率小于免税产品销售额占全部产品销售额的比率时，分散经营比较有利，且免税产品的增值税进项税额占全部产品增值税进项税额的比率越小，分散经营越有利；反之，合并经营比较有利。

（2）分立农业生产部门的纳税筹划

根据增值税暂行条例及实施细则的规定，农业生产者销售的自产农产品免征增值税。所称农业是指种植业、养殖业、林业、牧业、水产业；农业生产者，包括从事农业生产的单位和个人；农产品，指初级农产品。无论是蔬菜还是鲜活肉蛋产品，其上道环节一般都是农业生产环节。自 2012 年 1 月 1 日起，免征蔬菜流通环节增值税，自 2012 年 10 月 1 日起，免征部分鲜活肉蛋产品流通环节增值税。纳税人既销售蔬菜、鲜活肉蛋产品，又销售其他增值税应税货物的，应分别核算蔬菜、鲜活肉蛋产品和其他增值税应税货物的销售额；未分别核算的，不得享受增值税免税政策。（无论是自产自销免税的农产品，还是在流通环节免税的蔬菜和部分鲜活肉蛋产品，指的都是初级农产品，加工后的产品不属于农产品的免税范围）因此，对于由农产品加工成工业产品再对外销售的一条龙加工方式的经营模式，为了减轻税收负担，就有必要分立其农产品生产部门。这样分立的好处：一是农业生产部门自产自销可以获得增值税的免税待遇；二是后续的加工环节又可以因为取得相应的扣税票据而享受到增值税扣税的政策。

【案例 3-10】某乳制品集团公司属于增值税一般纳税人，集团下设奶牛饲养场和乳品加工厂两个分部，奶牛饲养场生产的鲜牛奶经乳品厂加工成各种特色奶制品后出售，税负颇重。原因是，依照增值税有关政策规定，该公司不属于农业生产者，其加工出售的产品不能享受农业生产者自产自销的免税待遇。而作为工业生产企业，该公司可以抵扣的进项税额主要是饲养奶牛所消耗的饲料，包括草料和精饲料。其中，草料大部分是向农民收购或饲养场自产的，收购部分可以按收购价的 10% 抵扣进项税额，而自产部分无税可扣；精饲料属于免税产品，也无税可扣。所以，该乳制品集团公司的抵扣项目仅有外购草料的 10% 以及一小部分辅助生产用品的进项税额。但是，该企业作为增值税一般纳税人，其生产的牛奶制品应全额按 13% 的税率计算销项税额，这样，销项税额减去进项税额后的余额较大，企业增值税税负达到 9% 以上，严重影响了企业的正常生产经营活动。

该乳制品集团公司饲养奶牛生产牛奶，并将产出的新鲜牛奶加工成牛奶制品，再将奶制品销售给各大商业公司，或直接通过网络转销给本市及其他地区的居民。2023 年全年奶制品不含增值税销售额为 550 万元，向农民收购草料金额为 100 万元，允许抵扣的水、电、修理配件等进项税额为 8 万元。试为该公司进行纳税筹划。

【解析】

①未进行筹划时，该公司应计算缴纳的增值税为：

550×13%−（100×10%+8）=53.5（万元）

增值税税负率为：53.5÷550×100%=9.73%

②纳税筹划。该公司决定将奶牛饲养场和乳品加工厂分立为两个独立法人，在生产协作上，两个企业仍按以前的程序进行。

若奶牛饲养场按照 450 万元的价格将鲜牛奶销售给乳品加工厂，则奶牛饲养场销售牛奶为农业生产者自产自销农产品享受免税待遇，而乳品加工厂应缴纳的增值税为：

550×13%−（450×10%+8）=18.5（万元）

税负减轻：53.5−18.5=35（万元）

增值税税负率为：18.5÷550×100%=3.36%

若奶牛饲养场按照 250 万元的价格将鲜牛奶销售给乳品加工厂，同理，饲养场享受免税待遇，乳品加工厂应缴纳的增值税为：

550×13%−（250×10%+8）=38.5（万元）

税负减轻：53.5−38.5=15（万元）

增值税税负率为：38.5÷550×100%=7%

分立后只要可抵扣的进项税额大于未分立之前可抵扣的进项税额，分立后的企业就比未分立前的税负轻，就可考虑通过分立方式减轻企业税负。

这样处理产生的效果是：

①由于奶牛饲养场自产自销未经加工的鲜牛奶，符合农业生产者自产自销农业产品的条件，根据规定，奶牛饲养场可享受免税优惠，其税负为零；饲养场销售给乳品加工厂的鲜牛奶按正常的成本利润率核定。

②乳品加工厂购进的鲜牛奶可作为农产品收购处理，按照收购价格的 10% 计算扣除进项税额。这部分进项税额将远大于原草料可扣除的进项税额，但销售产品仍按原办法计算销项税额，税负大大降低。

经过机构分设，该公司解决了原来企业税收负担过重的问题，而且也不违背现行税收政策。

3) 分立或分散经营纳税筹划应注意的问题

①对小而全、大而全的企业，可将不同生产环节、不同产品进行分散经营、独立核算或分立成若干个独立企业，使其可以享受减免税优惠待遇，或者其抵扣进项税额的生产环节或产品能够享受税额抵扣，以减轻企业税收负担。

②对有兼营行为的企业，其兼营项目应独立核算，使低税率项目、减免税项目能分别按税法规定的税负纳税，以减轻税负。

③企业分散经营的纳税筹划，除了考虑税收利益，还应综合分析分散经营的成本、收益、市场、财务、经营等多个方面的因素，以便作出最有利的选择。

补充阅读材料3-2

农产品流通环节减税政策

（1）财税〔2011〕137号文件

自2012年1月1日起，免征蔬菜流通环节增值税。具体规定：

①享受免征增值税的对象，指从事蔬菜批发、零售的纳税人。

②享受免征增值税的蔬菜主要品种，参照《蔬菜主要品种目录》执行。

③简单加工享受税收优惠。经挑选、清洗、切分、晾晒、包装、脱水、冷藏和冷冻等工序加工的蔬菜，属于财税〔2011〕137号文件所述蔬菜的范围。

④各种蔬菜罐头不属于财税〔2011〕137号文件所述蔬菜的范围。蔬菜罐头指蔬菜经处理、装罐、密封、杀菌或无菌包装而制成的食品。其不享受免征增值税优惠。

（2）财税〔2012〕75号文件

自2012年10月1日起，免征部分鲜活肉蛋产品流通环节增值税。具体规定：

①对从事农产品批发、零售的纳税人销售的部分鲜活肉蛋产品免征增值税。

②免征增值税的鲜活肉产品，指猪、牛、羊、鸡、鸭、鹅及其整块或者分割的鲜肉、冷藏或者冷冻肉，内脏、头、尾、骨、蹄、翅、爪等组织。

③免征增值税的鲜活蛋产品，指鸡蛋、鸭蛋、鹅蛋，包括鲜蛋、冷藏蛋以及对其进行破壳分离的蛋液、蛋黄和蛋壳。

上述两个文件均强调分别核算。纳税人既销售蔬菜、鲜活肉蛋产品，又销售其他增值税应税货物的，应分别核算蔬菜、鲜活肉蛋产品和其他增值税应税货物的销售额；未分别核算的，不得享受增值税免税政策。

3.3.4　合并和联合经营的纳税筹划

1）合并和联合经营纳税筹划概述

公司合并，是指两个或两个以上的公司达成协议，依法定程序变成一个公司的法律行为。公司合并的形式有新设合并与吸收合并两种。联合是指通过资本注入、业务渗透、人事相兼等方式，使若干个企业在经营形式上合为一体。联合有紧密型联合与合同契约式联合两种。企业利用合并与联合经营进行纳税筹划，是为了扩大经营规模，降低税收负担，或者推迟缴纳税款，以获得较大的收益。

企业可以通过分立、分散经营达到节税的目的，自然也可以通过合并、联合经营来进行纳税筹划。企业通过合并、联合经营进行纳税筹划的方式主要有两种：

① 合并筹划。对小规模纳税人来说，如果增值率不高且销售对象主要为一般纳税人，经判断成为一般纳税人对企业有利，但经营规模一时难以扩大，可联系若干个相类似的小规模纳税人实施合并，使其规模扩大，从而成为一般纳税人。

② 联营筹划。一是通过紧密的联合方式，即建立新的法人组织进行联合经营，减轻税负。二是通过合同契约联合，即企业与企业之间相互提供产品，避开交易外表，消除销售额，从而避开缴纳增值税。按照规定，独立核算的经济组织除了生产烟、酒等高税率产品的联合组织外，其他组织可以联合经济组织为单位缴纳增值税，

两个或者两个以上的纳税人，经财政部和国家税务总局批准可以视为一个纳税人合并纳税。联合经济组织实现的利润，采用"先分后税"的办法，由联合各方按协议规定从联合组织分得，拿回原地并入企业利润一并缴纳所得税，这就给企业进行纳税筹划带来了方便。

2）合并和联合经营纳税筹划应用

【案例 3-11】 2023 年 8 月，永欣电子配件公司与欣欣电子仪器总公司实行强强联合，组成经济联合体。未组建联合体之前，有关资料如下：永欣电子配件公司生产 A 电子零部件，原材料进价 110 元，经加工后售价 250 元。生产周期 10 天，库存 1 天，然后进行销售，实际销售周期 11 天。欣欣电子仪器总公司生产 B 电子仪器，从永欣电子配件公司购进 A 电子零部件，进价 250 元，生产出成品后，售价 580 元。生产周期 13 天，库存 1 天，然后进行销售，实际销售周期 14 天。

【解析】

根据协议，永欣电子配件公司为欣欣电子仪器总公司提供零部件，其购进原材料的价款由自己负担，不足或不够时由欣欣电子仪器总公司支付，平时所需日常管理费用也由欣欣电子仪器总公司暂借，年中和年末进行两次利润分配，实行"先分后税"办法，平时 A 电子零部件按出库移交办理。

从纳税情况来看，两个公司的增值税税额与企业所得税税额不会有什么变化，但都将推迟缴纳，缓解了企业资金周转的压力，实现了获得税收收益的目的。

3）合并和联合经营纳税筹划应注意的问题

从增值税筹划的角度分析，合并经营可以扩大企业规模，适用简易办法征税的小规模纳税人合并后可以适用一般纳税人计税的规定，对于增值率不高于无差别平衡点增值率的企业来说，可通过计税方法的改变减轻税负。但是应该注意，合并为一般纳税人，需要的管理人才、技术人才、资金、设备等也会相应增加，因此成本可能会很高，所以，企业应比较后作出选择。而税法变化快，联合本身又有名无实，所以，还应注意其是否合法。即使联合合法，且能享受税收优惠，但仍存在筹划成本高低的问题，企业应选择最有利的方案。

补充阅读材料 3-3

（1）公司分立与设立分公司：公司分立有新设分立和派生分立两种方式，它是把原来存在的一个公司变为两个或两个以上独立公司的法律行为。所以，公司分立是法人的分立。分公司是总公司设立的分支机构，不具有独立的法人资格，它直接受总公司管理，其业务的经营、资金的调度、人事的安排等均由总公司统一指挥决定。

（2）公司合并：公司合并有新设合并和吸收合并两种形式。

①新设合并，又称联合，是指两个或两个以上的公司合并成一个新公司，参与合并各方均归于消灭。在新设合并下，新设立的公司接受消失公司的全部资产和负债，消失公司的股份转化成新设立的公司的股份。

②吸收合并，是指一个或几个公司并入一个存续公司的行为。在吸收合并中，吸收方存续，而被吸收公司全部解散。吸收合并的基本方式主要有两种：

一是吸收方用现金购买被吸收方的全部资产或股份，被吸收方以所得现金付给公司原股东，即消失公司的股东以股份换取存续公司的现金，从而丧失股东资格；

二是吸收方发行股份以换取被吸收方的全部资产或股份，消失公司的股东获得存续公司的股份，从而成为存续公司的股东。

（3）公司联合：公司联合有紧密型联合与合同契约式联合两种形式。

①紧密型联合，是指参加联合的各方拿出一部分设备、厂房、人员、技术或资本等进行某一方面的合作，共同发起成立一个公司或联合体，但联营各方的法律地位不变；

②合同契约式联合，是联合各方为了建立比较紧密、可靠、稳定的经济技术方面的联系或协作关系而签署联合合同或协议书，确立联合关系。

3.4　企业销售过程中的纳税筹划

企业的销售过程是企业价值实现的过程。在这一过程中，纳税人缴纳税额的多少与缴纳时间的先后，取决于纳税人销售方式与销售收入实现时间。其纳税筹划的内容主要包括：折扣销售、销售折扣与销售折让的筹划，混合销售行为的筹划，销售结算方式的筹划等。

3.4.1　折扣销售、销售折扣与销售折让的纳税筹划

1）折扣销售、销售折扣与销售折让纳税筹划概述

折扣销售又称商业折扣，是指销货方在销售货物或应税劳务时，因购买方购买数量较大或购买行为频繁等而给予购买方价格方面的优惠。比如购买100件，销售价格折扣5%；购买200件，销售价格折扣10%等。这种行为在现实经济生活中很普遍，是企业销售策略的一部分。由于折扣是在销货方实现销售的同时发生的，因此，税法规定，如果销售额和折扣额在同一张发票上分别注明，可按折扣后的余额为计税依据计算增值税；如果将折扣额另开发票，不论在财务上如何处理，均不得从销售额中减除折扣额。因此，纳税筹划的思路是将销售额和折扣额在同一张发票上分别注明。

"买一赠一"是销售主货物的同时，附送货物的行为，是出于利润动机的交易行为，只有购买商家的主商品，才能领取相应的赠品，换言之，没有购买商家的主商品，就不能领取赠品。因此，附有财产义务前提的"买一赠一"与不附财产义务的纯粹无偿赠送之间，还是存在本质的差异。对于"买一赠一"所赠送的物品，在增值税上并不视同销售。但应当注意的是，"买一赠一"属于实物折扣性质，如果需要开具发票的，则必须将主货物和赠品在同一张发票上开具，并将总的销售金额按各项商品的公允价值的比例来分摊确认各项的销售收入。

销售折扣又称现金折扣，是指销货方在销售货物或应税劳务以后，为了鼓励购买方及早还款、缩短企业的平均收款期而协议许诺给予购买方企业的一种折扣优惠。它是一种时间上的优惠，即付款的时间越早，价格越低，购买方享受的优惠越多，通常表示为：2/10、1/20、N/30（即10天内付款折扣为2%，20天内付款折扣为1%，30天

内支付全部货款且不享受折扣）。销售折扣额是一种融资性质的费用，依法销售折扣不得从销售额中减除，即销售折扣应按全额计算增值税，不论发票如何开具，在计算增值税时均不得扣除折扣。因此，纳税筹划的基本思路是：尽可能少用这种方法，即使客观上需要使用，也应尽可能将其转换为折扣销售。

销售折让是指在货物售出后，由于品种、质量、性能等方面的原因，购货方虽未退货，但需要销货方在价格上给予一定的优惠。销售折让与销售折扣相比，虽然都是在货物销售后发生的，但因为销售折让的实质是原销售额的减少，因此，税法规定可以按照折让后的货款作为销售额计征增值税。因此，纳税筹划的基本思路是：规范操作，按折让后的销售额计税。

2）折扣销售、销售折扣与销售折让纳税筹划的具体应用

【案例3-12】某企业为了促销，2023年5月份销售货物涉及两笔折扣业务。其一是因甲企业购买数量较多，一次购买10 000件，给予价格15%的折扣。该产品不含增值税单价为100元/件，折扣后单价为85元/件；其二是与客户乙签订了总金额为200 000元的购销合同，合同约定：对方在20天内付款，给予5%的销售折扣，30天内付款则没有折扣。分析两笔业务的纳税情况并为该企业进行纳税筹划。

【解析】

（1）第一笔业务

若销售额与折扣额不在同一张发票上分别注明，则：

增值税销项税额=10 000×100×13%=130 000（元）

若销售额与折扣额在同一张发票上分别注明，则：

增值税销项税额=10 000×85×13%=110 500（元）

折扣后比折扣前少缴纳增值税=130 000-110 500=19 500（元）

就这笔业务而言，税法为纳税人提供了19 500元的增值税节税筹划空间。

（2）第二笔业务

①对方若超过20天付款，本企业收入200 000元，计税销售额为200 000元；对方若在20天内付款，本企业收入190 000元，计税销售额还是200 000元。因为企业采取的是销售折扣，折扣额不能从销售额中扣除，则企业增值税销项税额为：

200 000×13%=26 000（元）

②纳税筹划思路：将销售折扣转换为折扣销售，可达到节税的目的。

具体操作方法是：该企业主动压低销售货物的价格，将合同金额降低为190 000元，相当于给予对方5%折扣之后的金额，同时在合同中约定，对方企业如果超过20天付款加收10 000元延期付款违约金。这样，企业的收入并没有受到实质影响，如果对方在20天之内付款，企业收入190 000元，按照190 000元的价款开具发票，并以此计算增值税销项税额。

增值税销项税额为：190 000×13%=24 700（元）

筹划后该企业可节税的金额为：26 000-24 700=1 300（元）

如果对方没有在20天内付款，企业可向对方收取10 000元的延期付款违约金，并以"全部价款和价外费用"，按照200 000元的金额计算销项税额，也符合税法的

要求。

【案例3-13】A市某家电生产企业属增值税一般纳税人，以生产销售彩色电视机为主要业务，2023年6月份共销售彩色电视机1 000台，其记录如下：

（1）销售给某商场彩色电视机500台，每台不含增值税售价2 000元，对方在规定期限内付清货款，现金折扣2%，共取得不含增值税销售额980 000元。

（2）将积压在仓库中的300台旧型号电视机销售给某酒店，每台含增值税售价1 130元，折扣为10%，开出销售额和折扣额各一张发票，取得含增值税销售收入共计305 100元。

（3）将200台旧型号电视机销售给某宾馆，每台含增值税售价1 130元，售出后购买方发现有瑕疵，但没有提出退货，而是要求该企业给予一定的价格折让。经协商，该企业给予价格折让20%，取得含增值税销售收入共计180 800元。

同月，购进零部件若干件，取得增值税专用发票，发票上注明价款为1 000 000元，增值税税额为130 000元，取得的专用发票已登录增值税发票综合服务平台进行确认，准予抵扣进项税额。计算该企业应缴纳的增值税，并为该企业进行纳税筹划。

【解析】

①分析并计算该企业应缴纳的增值税税额。

业务（1）为销售折扣，是在销售货物之后发生的，其性质属于企业的融资行为，故折扣额不能从销售额中扣除；

业务（2）为折扣销售，但由于销售额和折扣额未在同一张发票上分别注明，所以折扣额不得从销售额中减除，应以全部销售额计征增值税；

业务（3）为销售折让，应以折让后的销售额为计税销售额。

故该企业应缴纳的增值税税额为：

[2 000×500×13%+1 130×300÷（1+13%）×13%+180 800÷（1+13%）×13%]−130 000=59 800（元）

②纳税筹划。

将业务（1）的销售折扣筹划为折扣销售。该家电生产企业与某商场签订不含增值税价款为980 000元的购销合同，相当于给予对方2%折扣之后的金额，同时在合同中约定，对方企业如果超过规定期限付款，加收20 000元延期付款违约金。这样就可以按照980 000元的销售额计算增值税销项税额。将业务（2）的销售额与折扣额开在同一张发票上，以便按含税销售额305 100元计算增值税销项税额。经过这样的筹划，企业的应纳增值税税额为：

[980 000×13%+305 100÷（1+13%）×13%+180 800÷（1+13%）×13%]−130 000=53 300（元）

③筹划后少缴纳的增值税税额为：59 800−53 300=6 500（元）

3）折扣销售、销售折扣、销售折让纳税筹划应注意的问题

①销售折扣纳税筹划应注意的问题。因税法规定销售折扣不得扣除折扣额计税，所以纳税人在商品促销时，应尽可能将其转换为折扣销售。

②折扣销售纳税筹划应注意的问题。准予扣除折扣额计税的折扣销售仅限于货物的价格折扣，如果销售者将自产、委托加工和购买的货物用于实物折扣，纳税筹划的

方法是将实物折扣转换为价格折扣，即按照销售货物的总价款除以货物的销售数量与赠送数量之和，确定销售单价，并在开具的发票上体现此单价。例如，某商品促销采取"买 10 送 1"的方式，销售单价为 99 元，每销售 10 件，其销售额为 990 元。按此方法计算的销售单价为 90 元（990÷11），即可按照 11 件的销售数量与 90 元的销售单价来开具发票，完成销售。这样做既不会影响购买者享受优惠待遇，而且本企业还不会增加税收负担。

另外，以旧换新销售也可以参照实物折扣，将其转换为折扣销售的形式进行筹划。

③销售折让纳税筹划应注意的问题。纳税人发生销售折让，只要按照税法规定的程序、要求提供的证据等完成操作，即可按照折让后的价格计税，就不会增加税收负担。

④在零售业市场竞争激烈、促销方式花样增多的情况下，为了招揽顾客、扩大销售量、提高竞争力，企业会选择一些税负较重，但消费者乐于接受的促销方式。即使这样，为了减轻税负，企业也应进行纳税筹划，如将赠送活动转换为捆绑降价销售，以折扣销售进行账务处理，这样可以实现既促销又减负的目的。

企业在日常经营中，应掌握折扣销售、销售折扣与销售折让及其税务处理方法，根据本企业的实际经营情况，选用适当的方式进行纳税筹划，以实现企业经济效益最大化。

3.4.2　混合销售行为的纳税筹划

1) 混合销售行为概述及纳税筹划

混合销售行为，是指一项销售行为既涉及货物，又涉及服务，而且销售服务是直接为了销售这批货物而作出的，或者销售货物是直接为了该次服务而作出的，二者间是紧密相连的从属关系。混合销售面向的是同一购买人，货物与服务是合并定价、合计核算的。比如，家具生产企业销售一批家具的同时，负责把这批家具运到客户指定的地点，就属于一项不可分割的交易。因为没有前面的家具买卖行为，就没有后面的家具运输行为。

对混合销售的税务处理办法是：从事货物的生产、批发或者零售的单位和个体工商户以及以从事货物的生产、批发或零售为主，并兼营服务的单位及个体工商户的混合销售行为，按照销售货物缴纳增值税；其他单位和个人的混合销售行为，按照销售服务缴纳增值税。这里所谓"以从事货物的生产、批发或零售为主，并兼营服务"，是指纳税人的年货物销售额与服务销售额的合计中，年货物销售额超过 50%，服务销售额不到 50%。

比如，某研究所在 2023 年 6 月转让一项新研制的技术，预计取得转让收入 300 万元。其中，技术转让费 200 万元，仪器设备费 100 万元。因为该研究所不是以从事货物生产、批发或零售为主的单位或个体工商户，所以，该研究所取得的 300 万元属混合销售收入，应按照技术转让适用的增值税税率 6% 计算增值税销项税额，并进行进项税额的抵扣；或者按照 3% 的征收率缴纳增值税。（这要看该研究所选择的是一般

纳税人身份，还是小规模纳税人身份）

混合销售行为的纳税筹划主要包括：通过改变混合销售行为的性质，使其变为兼营行为进行纳税筹划；通过判断主业适用税率的方法进行纳税筹划；通过调整销售额比率进行纳税筹划等。

2）混合销售行为纳税筹划方法及应用

（1）变混合销售为兼营行为的纳税筹划

根据相关规定，纳税人销售自产货物的同时提供建筑业劳务的，同时符合以下条件时，对销售自产货物与提供建筑业劳务分别按照各自适用税率征收增值税：

① 具备建设行政部门批准的建筑业施工安装资质；

② 签订的合同中单独注明建筑业劳务价款。

按照这一规定，设备生产安装企业只要具备安装资质，并在合同中单列安装工程价款，便可以使混合销售业务转变为兼营业务，并且在会计核算时分别进行核算，分别计算缴纳增值税。

现代生产企业中，生产大型设备的企业，在销售大型设备的同时负责设备的安装，形成混合销售业务。例如生产大型流水线设备的企业，要负责流水线的设计、安装、调试，往往流水线设计安装费用占销售收入的比例很大。再比如生产井架的企业要负责井架的安装工程，安装工程量大，工期长，费用大。如果生产企业与客户签订购销合同，在销售设备的同时提供安装服务，则该项业务属于典型的混合销售业务，安装费收入要并入销售收入计征增值税，加重企业的税收负担。这时，若企业能够最大限度地利用现有的税收政策，将安装工程从销售业务中独立出来，则可减轻企业的税收负担。

【案例3-14】 某医疗设备生产企业，属增值税一般纳税人，其生产经营活动集设备生产、安装、调试为一体。2023年8月，与客户签订的购销合同中载明销售医疗实验设备并负责安装调试，工程价税合计为2 260万元，其中，医疗实验设备总价款为1 469万元，安装调试费收入为791万元。当期购进材料、零部件取得增值税专用发票，进项税额共计156万元。该企业未取得建设行政部门批准的建筑业施工安装资质。试为该企业进行纳税筹划。

【解析】

①未筹划时，该企业业务属于混合销售行为，应计算缴纳增值税：

2 260÷（1+13%）×13%-156=104（万元）

②纳税筹划。该企业应想办法完善相关条件，取得安装资质，并在合同中单列安装工程价款，使混合销售业务转变为兼营业务，这样即可分别核算，分别计算缴纳增值税。

应缴纳的增值税为：

1 469÷（1+13%）×13%+791÷（1+9%）×9%-156

=169+65.31-156

=78.31（万元）

③筹划后少缴纳的增值税税额为：

104-78.31=25.69（万元）

综上，纳税人销售自产货物同时提供建筑业劳务时，只有同时符合相关条件才能够对销售自产货物与提供建筑业劳务分别按照各自适用税率征收增值税，以减轻企业税收负担。

（2）判断主业适用税率的纳税筹划

现行税法规定，混合销售行为按照主业确定适用税率。因此，可以根据混合销售行为当中货物与服务适用税率的高低分析判断是否保持原有混合销售的状态。若混合销售行为中货物所适用的税率低，而纳税人又是从事货物的生产、批发或者零售的单位和个体工商户，则保持这种销售方式，继续该类混合销售行为的生产经营活动；若混合销售行为当中服务业的适用税率低，而纳税人又是从事货物的生产、批发或者零售的单位和个体工商户，则可考虑将服务业部分分离出来，成立独立核算的公司，以适用较低的税率纳税。反之亦然。

【案例3-15】某家用电器生产企业系增值税一般纳税人，常态化的销售业务是销售电器并负责送货。2023年5月份销售各种家电取得含增值税的销售额为904万元，其中包括混合销售业务中送货运输收入109万元，当月准予扣除的进项税额是40万元。试为该企业进行纳税筹划。

【解析】

①该企业应缴纳的增值税税额为：

$904÷（1+13\%）×13\%-40=64$（万元）

②纳税筹划。该企业销售货物并负责送货的混合销售业务是长期进行的，也就是说，企业混合销售行为当中涉及的运输业务一直都将按照13%的税率缴纳增值税，加重了企业税负。筹划方法就是将运输业务独立出来，设立独立核算的专业运输公司，改变混合销售业务的性质。本企业采购、销售的运输业务交由运输公司承担，运输公司按9%的税率计征增值税，生产企业按照13%的税率缴纳增值税，企业运输业务部分节税率为4%（13%-9%），从而，减轻了税负。另外，运输公司还可以承担货物销售从属送货以外的业务，增加了业务量，增加了收益。筹划后该企业与运输企业应缴纳的增值税税额合计为：

$（904-109）÷（1+13\%）×13\%+109÷（1+9\%）×9\%-40$

$=91.46+9-40$

$=60.46$（万元）

③纳税筹划后少缴纳的增值税税额为：

$64-60.46=3.54$（万元）

（3）调整销售额比率的纳税筹划

在实际经营活动中，企业的兼营行为和混合销售往往同时进行，税法对混合销售行为的征税是按照"经营主业"来确定的。即混合销售行为中无论主业适用税率高低，均按照经营主业的适用税率征税。在纳税筹划时，企业可以通过控制应税货物和应税服务所占比例，来达到选择适用低税率的目的。

具体的纳税筹划方法就是对企业的兼营业务进行分析，分析销售货物的销售额与销售服务的销售额在企业生产经营活动当中所占的比率孰高孰低，如果两者所占的比率较接近，即均接近50%，这时就可以考虑调整销售额的比率，即将兼营行为当中适用税率低的业务的销售额调整至超过50%，也就是调整为主业，而将适用税率高的业务调整为辅业，这样，混合销售行为的销售额将全部适用较低的税率缴纳增值税，以降低增值税税负。

【案例3-16】 某建筑材料商店设在A市大型建材市场中，属增值税一般纳税人，在经营建筑材料批发和零售的同时，还兼营安装、装饰工程作业。该商店2022年全年含增值税的销售收入总额为4 068万元，其中，建筑材料销售收入为2 051万元，为客户安装、装修业务销售收入为2 017万元。2023年12月该商店发生多笔混合销售业务，销售建筑材料并代客户装修，含增值税收入共计339万元，这批建筑材料的购入价为120万元，增值税进项税额为15.6万元。试分析该商店应如何进行纳税筹划才会减轻增值税税收负担。

【解析】

①分析该商店的经营主业。

显然，销售建筑材料为主业。因为在年建筑材料销售额与安装、装饰工程作业销售额的合计中，年建筑材料销售额超过50%，安装、装饰工程作业销售额不到50%。年建筑材料销售额占比为：

[2 051÷（1+13%）]÷[4 068÷（1+13%）]×100%=50.42%

②该商店混合销售行为应按照销售建筑材料主业缴纳增值税。应缴纳的增值税税额为：

339÷（1+13%）×13%-15.6=23.4（万元）

③纳税筹划。因为在销售建筑材料与安装、装饰工程作业两项业务中，前者适用13%的税率，后者适用9%的税率，若将经营主业筹划为安装、装饰工程作业，则混合销售全部按照9%的适用税率缴纳增值税，税负将会减轻。而该商店销售建筑材料销售额在整个销售额中所占的比率超过50%的比率并不多，只有0.42%。所以，适当调整销售额，使其所占比率低于50%的难度并不是很大。该商店可以通过推迟实现建筑材料销售额，或者增加安装、装饰工程作业销售额，或者降低销售建筑材料销售额等方法，使销售建筑材料销售额所占的比率低于50%，这样混合销售业务便可全部按照9%的税率缴纳增值税了。

应缴纳的增值税税额为：

339÷（1+9%）×9%-15.6=12.39（万元）

④筹划后少缴纳增值税税额为：

23.4-12.39=11.01（万元）

3）混合销售行为纳税筹划应注意的问题

（1）根据税法的规定，一项销售行为中既涉及货物又涉及服务的行为属于混合销售行为，否则，应作为兼营而不作为混合销售。

（2）销售行为是否属于混合销售，需要国家税务总局所属的税务机关加以确定。所以，想要通过混合销售的纳税筹划来节税，首先要得到税务机关的确定，混合销售是否分别核算也要得到税务机关的认可。

（3）在实际业务中，有些企业变更经营主业可能会有困难，这就要根据企业的实际情况，采取灵活多样的方法来调整经营范围或核算方式，规避增值税的缴纳。

（4）用好与建筑服务有关的税收政策。与建筑服务有关的三种情形：

① 建筑企业销售活动板房、钢结构件等自产货物的同时提供建筑服务，不属于混合销售，而是属于兼营行为，应分别核算货物和建筑服务的销售额，分别适用不同的税率或者征收率。

② 一般纳税人销售自产机器设备的同时提供安装服务，应分别核算机器设备和安装服务的销售额，安装服务可以按照甲供工程选择适用简易计税方法计税。

③ 一般纳税人销售外购机器设备的同时提供安装服务，如果已经按照兼营的有关规定，分别核算机器设备和安装服务的销售额，安装服务可以按照甲供工程选择适用简易计税方法计税。

3.4.3　销售结算方式的纳税筹划

1）销售结算方式纳税筹划概述

纳税人销售货物、劳务、服务、无形资产、不动产以后，采取的销售结算方式不同，其纳税义务发生的时间也不相同。一般情况下，销售货物、劳务、服务、无形资产、不动产的纳税义务发生时间，为收讫销售款项或者取得索取销售款项凭据的当天；先开具发票的，为开具发票的当天。在不同的结算方式下，纳税人纳税义务发生时间分别为：采取直接收款方式销售货物的，不论货物是否发出，均为收到销售款或者取得索取销售款项凭据的当天；采取托收承付和委托银行收款方式销售货物的，为发出货物并办妥托收手续的当天；采取赊销和分期收款方式销售货物的，为书面合同约定的收款日期的当天，无书面合同或者书面合同没有约定收款日期的，为货物发出的当天；采取预收货款方式销售货物的，为货物发出的当天，但生产工期超过 12 个月的大型机械设备、船舶、飞机等货物，为收到预收款或者书面合同约定的收款日期的当天；委托其他纳税人代销货物的，为收到代销单位销售的代销清单或者收到全部或者部分货款的当天，未收到代销清单及货款的，为发出代销货物满 180 天的当天；销售应税劳务的，为提供劳务同时收讫销售款或者取得销售款凭据的当天；从事金融商品转让的，为金融商品所有权转移的当天；视同销售货物行为的，为货物移送的当天；视同提供应税服务、转让无形资产、销售不动产的，为服务、无形资产转让完成的当天或者不动产权属变更的当天；提供有形动产租赁服务采取预收款方式的，为收到预收款的当天；进口货物的，为进口报关的当天；提供租赁服务采取预收款方式的，为收到预收款的当天。

利用销售结算方式进行纳税筹划，关键是事先的策划与不同结算方式下收入确认时间及标准的确定。尽管销售结算方式的变化不能改变收入的大小，但是，可以提前或推迟纳税义务发生时间。例如，推迟销项税额的确定，加快进项税额的抵扣，使纳税期限递延，获取货币时间价值。

2）销售结算方式纳税筹划应用

【案例3-17】某企业是增值税一般纳税人，2023年12月发生5笔销售业务，含税销售收入共计2 260万元。其中有3笔业务货款已经收到，共1 660.5万元；一笔359.7万元的销售收入可以在1年后一次性收到；另一笔239.8万元的销售收入在未来的2年中每年可收取119.9万元。该企业采取直接收款方式，在对方提货时开具了全部的销售发票。为该企业进行纳税筹划。

【解析】

①该企业当月应确认含税销售收入2 260万元，计算增值税销项税额为：

2 260÷（1+13%）×13%=260（万元）

②纳税筹划。若企业对未收到的359.7万元和239.8万元销售收入分别采用赊销和分期收款结算方式，在书面合同上注明收款日期，当实际收到货款时再开具发票，则可以分期核算销售收入，延缓纳税时间。应缴纳增值税及延缓天数如下：

359.7÷（1+13%）×13%=41.38（万元），延期360天。

119.9÷（1+13%）×13%=13.79（万元），延期360天。

119.9÷（1+13%）×13%=13.79（万元），延期720天。

假定年利率为6%，可以产生的货币时间价值为：

$$（41.38+13.79+13.79）-[41.38×（1+6\%）^{-1}+13.79×（1+6\%）^{-1}+13.79×（1+6\%）^{-2}]$$

=4.64（万元）

通过上述计算可以看出，在采用直接收款结算方式不能及时收到货款的情况下，通过合同规定采用赊销和分期收款方式，可以节约流动资金，为纳税人赢得货币的时间价值。

3）销售结算方式纳税筹划应注意的问题

① 纳税人在没有收到货款的情况下，应慎开销售发票；

② 对发货后一时难以收回的货款，应采取赊销或分期收款的销售结算方式，待收到货款时开具发票，确认收入；

③ 对于可能发生拒付的销售业务，尽可能慎用托收承付和委托银行收款的销售结算方式；

④ 对于不能钱货同时两清的销售业务，应慎用直接收款销售结算方式，采取赊销或分期收款的结算方式比较有利。

3.5　利用税收优惠政策的纳税筹划

税收优惠政策是国家为了扶持某些特定地区、行业、企业和产品的发展，或者对某些有实际困难的纳税人给予照顾，在税法中作出的规定。利用优惠政策进行纳税筹划，符合立法意图，风险小，可获利。但是，优惠政策并非都是简单拿来即可，而是需要纳税人首先必须掌握现行优惠政策的详细规定，通过筹划、安排等方式方法才能享受。更高的利用境界是要求企业创造条件，满足享受优惠政策规定的条件，才能获得税收利益。

3.5.1　利用起征点进行纳税筹划

1）利用起征点进行纳税筹划概述

起征点是税法规定的征税对象达到一定数额开始征税的起点。因为征税对象的数额达到或超过起征点要全额征税，所以，计税依据超出起征点较少时，就有必要进行纳税筹划，以避免形成增值税及相关税费的增加超过销售额增加的"倒流现象"，影响企业利益。

2）利用起征点进行纳税筹划应用

【案例3-18】某小规模纳税人从事生活服务类业务，2023年10月份向主管税务机关申报含税销售额104 912元。根据《财政部 税务总局关于明确增值税小规模纳税人减免增值税等政策的公告》，月销售额10万元以下（含本数）的增值税小规模纳税人，至2027年12月31日免征增值税，超过10万元全额纳税，征收率减按1%，放弃减税时可以开具增值税专用发票。而该纳税人的销售额高于10万元，所以，应按照小规模纳税人缴纳增值税。为该纳税人进行纳税筹划，使其税负降低。

【解析】

①该纳税人应缴纳增值税计算如下：

不含增值税销售额= 104 912÷（1+1%）=103 873.27（元）

应缴纳的增值税税额=103 873.27×1%=1 038.73（元）

应纳城市维护建设税=1 038.73×7%=72.71（元）

应纳教育费附加=1 038.73×3%=31.16（元）

税后收益=104 912−1 038.73−72.71−31.16=103 769.40（元）

也就是说，该小规模纳税人月销售额超过起征临界点100 000元，需要缴纳1 038.73元的增值税。同时，还要缴纳城市维护建设税72.71元（1 038.73×7%）和教育费附加31.16元（1 038.73×3%）。

②纳税筹划。该纳税人可以通过赊销、分期收款、推迟实现收入等方法，使其不含税销售额降到100 000元以下，以享受免增值税待遇。

③起征点加价平衡点的计算。

设起征点销售额为Y，在此基础上价格提高的百分比是X。假设城市维护建设税税率为7%，教育费附加征收率为3%，则：

$$Y=Y\times（1+X）−Y\times（1+X）÷（1+1\%）\times1\%\times（1+7\%+3\%）$$

解得：

X=1.10%

当销售货物、劳务、服务、无形资产、不动产等的销售额大于起征点销售额的（1+1.10%）时，增值税税后收益才会大于按起征点出售的销售额。

3）利用起征点进行纳税筹划应注意的问题

起征点的纳税筹划仅适用于纳税人销售额刚刚达到或超过起征点，处于起征临界点附近的情况。现阶段适用的是月销售额在10万元以下免税的政策。若销售额高出起征点许多，或者说超过起征点的部分占到起征点的1.1%，纳税筹划的意义就不是太大了。

3.5.2 放弃增值税免税权的纳税筹划

1）放弃增值税免税权纳税筹划概述

在纳税筹划中，有时打破常规的思维定式，另辟蹊径，也不失为一种好的纳税筹划方法。如增值税纳税人采取主动放弃免税权的筹划思路，同样也能带来收益。

我国现行增值税计税方法采用的是购进扣税法，属于间接计税法。纳税人应缴纳的增值税税额等于销项税额减进项税额。而用于免征增值税项目的购进货物、劳务、服务、无形资产和不动产，其进项税额不得从销项税额中抵扣，销售时也不得开具增值税专用发票。因此，一是享受增值税免税待遇，增值税进项税额不予抵扣，若进项税额较大时，相应的成本加大，利润将会降低；二是如果销售给客户的产品并非最终产品，而是下一环节纳税人的生产用原材料，对方拿不到增值税专用发票，可能会选择离去，或者要求价格折扣，这样本企业或者减少客户数量，或者减少收入，影响企业利润或限制企业发展。

2）放弃增值税免税权纳税筹划应用

【案例3-19】某有机化肥生产企业为增值税一般纳税人，其生产的有机肥符合免征增值税有机肥国家标准，一直享受增值税免税优惠。该企业所生产的有机肥既作为最终消费品直接销售给农业生产者，又作为原材料销售给其他化工企业（增值税一般纳税人）。2024年预计销售给农业生产者和其他化工企业的比例为3:7，每吨有机肥的不含增值税售价为3 000元，成本为1 980元（含从"进项税额转出"转入的180元）。该企业生产有机肥的原材料均从一般纳税人处采购并取得增值税专用发票。试分析该企业享受免税权好，还是放弃免税权好？

【解析】

（1）计算增值税

①享受免税权，每吨有机肥应缴纳的增值税税额=0；

②放弃免税权，每吨有机肥应缴纳的增值税税额为90元（3 000×9%-180）。

单从增值税应纳税额来看，因每吨需要多缴纳90元的增值税，放弃免税权并非明智之举。但这只是分析了有机肥生产企业的增值税应纳税额，而没有考量企业的最终利润。

（2）计算企业毛利

当城市维护建设税税率为7%，教育费附加征收率为3%时：

每吨有机肥应缴纳的城市维护建设税和教育费附加=90×（7%+3%）=9（元）

①放弃免税权时，每吨有机肥的毛利为：

3 000-（1 980-180）-9=1 191（元）

②享受免税权时，企业每吨有机肥的毛利为：

3 000-1 980=1 020（元）

③放弃免税权，每吨有机肥可以多获得的毛利为：

1 191-1 020=171（元）

所以，放弃免税权更为有利。

（3）点评

放弃免税权，从企业的角度来看，如果进项税额较为可观，可换来进项税额的扣减，使得生产成本明显下降。从客户的角度来看，由于销售给化工企业的有机肥并非最终产品，而是下一环节纳税人的生产原材料。因此，一旦有机肥享受了免税优惠，反而会导致其包含的以前环节已经缴纳的增值税不能向以后的环节转移，而是沉淀为产品成本的一部分。这势必使得下一环节的纳税人要么压低进价，要么提高产品的销售价格，以维持原有的利润水平。所以，在同等条件下，此时下一环节的纳税人显然会更偏好于放弃免税优惠的原材料，以获得可以抵扣的增值税专用发票。

【案例3-20】某矿业有限公司主要购进铜毛矿、锌毛矿生产铜精矿、锌精矿。2023年5月销售产品取得的销售额为 7 702 107.47 元，其中伴生金矿收入 304 878.38 元，铜精矿收入 7 397 229.09 元，进项税额 1 043 679.32 元。根据《财政部 国家税务总局关于黄金税收政策问题的通知》（财税〔2002〕142号）的规定，黄金生产和经营单位销售黄金和黄金矿砂（含伴生金）免征增值税。试分析该公司享受免税权好，还是放弃免税权好？

【解析】

（1）方案一，企业对伴生金矿收入作免税处理，免税部分作增值税进项税额转出。

①免税项目应转出的增值税进项税额$=1\,043\,679.32\times\dfrac{304\,878.38}{7\,702\,107.47}=41\,312.75$（元）

②该公司应缴纳的增值税税额$=7\,397\,229.09\times13\%-（1\,043\,679.32-41\,312.75）$
$=-40\,726.79$（元）

（2）方案二，放弃免税权。若企业放弃免税权，其销售伴生金矿部分可开具增值税专用发票，其进项税额也可按规定进行抵扣。

①伴生金矿应计提的增值税税额$=304\,878.38\times13\%=39\,634.19$（元）

②该公司应缴纳的增值税税额$=7\,397\,229.09\times13\%+39\,634.19-1\,043\,679.32$
$=-42\,405.35$（元）

（3）分析：在方案一中，5月份留抵税额为 40 726.79 元，方案二为 42 405.35 元，两者相差 1 678.56 元。同时在方案二中，因购买方可抵扣增值税进项税额 39 634.19 元，故销售方可与之协商提高售价。这部分利润因市场价格波动难以测算，但显然销售方可获取更多的利润，这样，销售方可提高利润，购买方在同等条件下可增加增值税进项税额进行抵扣。因此，伴生金矿生产企业采用方案二划算。

若市场发生变化，则满36个月后企业可选择按免税处理，在纳税筹划中可灵活处理。不同行业应结合实际经营状况，将纳税筹划、财务管理与股东财富最大化三者结合起来通盘考虑，并选择对自身最有利的方案进行筹划，同时尽力达到使购销双方共赢。

3）放弃免税权还需注意的问题

（1）放弃免税权不能随意选择。要书面提交声明，由纳税人主动提出。不申请不放弃，税务机关不能主动要求纳税人放弃。

（2）要及时报税务机关备案。税务机关接受备案从形式上表明税务机关已认可纳税人的声明，从时间上已确认放弃免税权的起始时间。

（3）纳税人销售免税货物，不得开具增值税专用发票。但如果放弃了免税权，则使得免税货物变成了应税货物，可以开具增值税专用发票，这与增值税有关规定并不矛盾。

（4）放弃免税权的纳税人符合一般纳税人认定条件尚未认定为增值税一般纳税人的，应当按现行规定认定为增值税一般纳税人。其销售的货物、劳务、服务、无形资产可开具增值税专用发票。

（5）放弃免税权后，不能在限定期限和限定范围内随意变更。一是从时间上必须保证36个月不能变更，并且纳税人在免税期内购进用于免税项目的货物、劳务、服务、无形资产所取得的增值税扣税凭证，一律不得抵扣；二是不得根据不同的销售对象选择部分货物、劳务、服务、无形资产放弃免税权，不能因为部分销售对象不索取专用发票就按免税申报。

（6）企业如果有多种免税项目，有的免税项目能准确分开核算，有的不能准确分开核算，在计算免税还是应税划算时，不能只计算某一类免税项目放弃后的利润流入，而要计算所有的免税权都放弃的情况下是否划算，不能误以为放弃一部分免税权后可以继续享受其他免税项目的免税权。统筹考虑免税项目是选择可否放弃免税权的关键。

素养园地

纳税筹划要守住法律底线

某广告公司正处于业务扩展期，2021年广告公司业务量大增。但是，公司财务主管也发现，公司提供广告服务增值税税率是6%，但是，在日常经营活动中，公司外购的货物少、外购的服务也不是太多，大量的成本费用都集中在员工的工资、福利等方面。增值税可抵扣的进项税额偏少，增值税税负较高。公司财务处组织了几次税收筹划讨论会，会上有人提出，2021年小规模纳税人征收率能够继续享受1%的优惠，公司要是小规模纳税人就好了。这句话提醒了财务主管。他经过深思熟虑，向公司领导提出了通过成立分公司降低增值税税负的建议。

财务主管认为，可以在其他区成立一家分公司，业务量小，选择小规模纳税人身份，将一部分业务放在分公司处理，以分公司名义与客户签订广告合同，由分公司为客户开具增值税发票，考虑到接受服务方大部分需要增值税专用发票，分公司主要针对事业单位、社会团体、小规模纳税人、政府机关等客户。这样，这部分广告收入就可以按照1%的征收率计算增值税，甚至可以享受每月应税销售额不超过10万元，免纳增值税的优惠。

这个税收筹划确实可行吗？税收筹划一定要建立在守法的基础上，任何的筹划方案都不能以违法为代价。这个筹划方案是否可行的关键是成立的分公司是否有能够开展广告业务的场地、设备、管理人员和专业人员，假如，分公司只是名义上存在，这个筹划方案就是不可取的。

税收筹划是否成功，既要看能否给企业带来税负降低和增加利润，更要看是否在税收法律红线之内 。

基本训练

参考答案

◎ 课堂讨论

3.1　谈谈增值税税收优惠政策的筹划思路。

3.2　"分立与分散经营""合并与联合经营"有哪些区别与联系？

◎ 知识掌握

3.1　增值税一般纳税人与小规模纳税人身份选择的判定方法有哪些？

3.2　增值税纳税人兼营业务如何进行纳税筹划有利？

3.3　简述"折扣销售""销售折扣""销售折让"的纳税规定及筹划要点。

观念应用

参考答案

◎ 案例分析

案例 1　甲公司是增值税一般纳税人，2024 年 1 月拟选派 30 名员工外出学习，计划支出住宿费、餐饮费每人计 5 000 元，共计 150 000 元。其中餐饮预算支出 90 000 元，住宿预算支出 60 000 元。

问题：

（1）当餐饮服务与住宿服务都能拿到增值税专用发票时，计算可扣除的增值税进项税额。

（2）如何筹划可以扣除的增值税进项税额会比较多？

案例 2　夏华集团公司系增值税一般纳税人，是一家专门从事高科技电子产品研发与生产的企业集团。2024 年 1 月，该集团公司欲投资 6 000 万元研制生产某种型号的高科技电子产品。经研究，拟订两套方案：

第一套方案是设立甲、乙、丙三个独立核算的子公司，彼此间存在着购销关系。甲企业生产的产品可以作为乙企业的原材料，而乙企业生产的产品全部提供给丙企业。经调查测算，甲企业提供的原材料的市场价格为每单位不含增值税价 10 000 元（这里的每单位是指生产一件最终产成品所需原材料的数额），乙企业把产品以每件不含增值税价 15 000 元提供给丙企业，丙企业以每单位 20 000 元的不含增值税价格向市场出售。预计甲企业为乙企业生产的每单位原材料会涉及 800 元进项税额，并预计年销售量为 1 000 台。

第二套方案是设立一家综合性公司，在公司内设立甲、乙、丙三个部门（有关数据材料同上）。

假定第一套方案中甲、乙、丙三家企业分三年依次缴纳税款，第二套方案是第三年一次性缴纳税款，同期银行年利率是10%。

问题：

（1）计算两种方案下分别应缴纳的增值税（涉及购进货物的进项税额准予扣除）。

（2）在考虑货币时间价值的情况下，两种方案缴纳增值税的现值是否相等？若不相等，计算其差额。

（3）定性分析设立独立核算的子公司与设立内部核算部门的花费是否一样多。

（4）在考虑货币时间价值的情况下，该集团公司选择哪一种方案比较有利？

案例3　某大型商城系增值税一般纳税人，2023年5月份销售各种型号的空调2 000台，取得不含增值税的销售额500万元，取得安装调试费收入16万元；销售电热水器1 200台，取得不含增值税的销售额360万元，取得安装调试费收入12万元。企业准予扣除的进项税额是60万元。

问题：

（1）该商城销售业务若为混合销售行为，应缴纳多少增值税？

（2）该商城若分别核算，应缴纳多少增值税？

（3）该商城如何筹划税负会比较轻？

案例4　某商场系增值税一般纳税人，商品销售毛利率为40%，也就是说，售价为100元的商品其进价为60元。商场购货均取得增值税专用发票。2024年1月该商场拟采用以下三种促销方案：一是商品以八折销售，销售额与折扣额开在同一张发票上；二是购物满100元者赠送价值20元的商品（所赠商品的成本为12元）；三是购物满100元返还现金20元（以上均为含税价）。增值税税率为13%，城市维护建设税税率为7%，教育费附加征收率为3%，企业所得税税率为25%。

问题：

（1）计算企业三种方案下分别应缴纳的相关税费。

（2）计算并比较三种方案下的税后利润差异，选择最佳纳税筹划方案。

案例5　利达公司是增值税一般纳税人，2024年度预计会实现不含增值税销售额620万元，可以抵扣的年不含增值税购进额为372万元。增值税税率为13%，增值税征收率为3%时（拟开具增值税专用发票），增值税一般纳税人与小规模纳税人不含税销售额税负无差别平衡点增值率为23.08%。

问题：

（1）计算本公司不含税销售额增值率，判断其作为增值税一般纳税人税负轻，还是作为小规模纳税人税负轻。

（2）计算该公司作为增值税一般纳税人和作为小规模纳税人时的应纳增值税税额。

（3）分析该公司如果想成为小规模纳税人，可供选择的可行性筹划方案有哪些？

◎ 实践训练

实践1　全国每年有数以万计的企业诞生，而这些企业都是缴纳增值税的企业。如此众多的企业，并非每一家在成立之初都对自己经营的项目做过深入的调查。相反，绝大多数新成立的企业，对自己生产经营应该缴纳什么税、缴纳多少都不是很清楚，更别说区分一般纳税人与小规模纳税人的税负孰轻孰重了。因此，就需要有既懂税法又懂纳税筹划的专业人士给予企业更多的指导。学习本章内容后，学生应该能担当此任。

问题：学生可自选一家新成立的企业或者由教师模拟一家新成立的企业，根据企业预测的销售业绩，按照增值率判断法，判断企业是否应申请成为增值税一般纳税人以及应缴纳的相关税款的数额。

实践 2　某药业集团公司计划在一极具药材种植特色的县区投资兴办药品生产企业，就地取材生产中成药和免税药品。在原材料取得方面，药品生产企业自己租地种植一部分药材，同时向当地农民和农产品收购企业（增值税小规模纳税人）收购一部分药材，每年种植的药材成本约为 1 000 万元，向当地农民收购药材支付的金额约为 800 万元，向农产品收购企业收购药材支付的金额约为 900 万元。该企业生产的中成药和免税药品的销售以该县所在市为中心向全国辐射。每年可实现销售收入 8 000 万元，其中免税药品销售收入约 2 000 万元。企业自定的成本利润率为 10%。

问题：

（1）该药品生产企业收购药材和自己种植药材在抵扣进项税额方面有什么区别？若将药材种植部分独立出来是否有利？试定性、定量分析其进项税额的变化。

（2）该药品生产企业是否要分开核算中成药和免税药品？试定量分析两种情况下应纳增值税的变化。

（3）该药品生产企业在所在市各县应采取直销还是委托代销方式销售？试定性分析哪种方式更好。

第 3 章　扫码答题

第4章　消费税纳税筹划与案例

◆ 学习目标

1.了解消费税纳税筹划的基本思路，掌握消费税纳税筹划的基本方法。

2.掌握企业生产经营过程中的主要纳税筹划方法。

3.掌握企业销售过程中的几个重要纳税筹划内容。

4.掌握利用定价策略进行纳税筹划的方法。

5.熟悉进口环节消费税纳税筹划思路与方法。

6.体会消费税寓禁于征的政策导向，倡导学生树立健康、绿色的消费观。

7.领会消费税对不可再生资源征税的意义，引导学生树立环保意识，享受低碳生活。

8.理解消费税对奢侈品征税的政策意义，提倡理性消费、发扬勤俭节约优良传统。

◆ 主要概念与原理

委托加工应税消费品　转让定价　定价盲区　包装物的纳税筹划　成套销售消费品的纳税筹划　定价策略的纳税筹划

消费税是对我国境内从事生产、委托加工和进口应税消费品的单位和个人，从事零售金银首饰的单位和个人，从事批发卷烟的单位，从事零售超豪华小汽车的单位和个人，就其销售额或销售数量，在特定环节征收的一种间接税。消费税属于价内税，除卷烟征收两道税，超豪华小汽车在零售环节加征一道消费税以外，其他应税消费品均为单环节征税。消费税在计税方法上采取从价计征、从量计征和复合计征三种形式。消费税是我国现行流转税中的一个重要税种，与增值税相互配合，在增值税普遍调节的基础上发挥特殊调节的功能。为了达到必要的调控力度，消费税的税负水平较高，税率档次较多，对企业的经营状况和利润水平影响较大。因此，对消费税进行纳税筹划是当前企业值得关注的一个重要问题。

4.1　消费税的优惠政策

消费税只对税法列举的几种特殊消费品征税，其目的在于调节收入分配、引导消费结构，因此税收优惠相对较少。

4.1.1　免税优惠

1）销售柴油免税

对炼油企业销售给外商投资企业、来料加工企业的柴油，免征消费税。

2）购进柴油免税

从事加工贸易的外商投资企业从核定炼油厂购进柴油，免征消费税。

3）汽油免税

对用外购或委托加工收回的已税汽油生产的乙醇汽油免税。从 2009 年 1 月 1 日起，对成品油生产企业在生产成品油过程中，作为燃料、动力及原料消耗掉的自产成品油，免征消费税。从 2010 年 10 月 1 日起，变压器油、导热类油等绝缘油类产品不属于《财政部 国家税务总局关于提高成品油消费税税率的通知》（财税〔2008〕167 号）规定的应征消费税的"润滑油"，不征收消费税。

4）乙醇汽油的变性燃料乙醇免税

对吉林燃料乙醇有限责任公司、河南天冠集团、安徽丰原生物化学股份有限公司和黑龙江华润酒精有限公司生产的，用于调配车用乙醇汽油的变性燃料乙醇免征消费税，以前年度已征的消费税退还给企业。

5）航空煤油暂缓征税

从 2006 年 4 月 1 日起，航空煤油暂缓征收消费税。

6）出口卷烟免税

卷烟出口企业经主管税务机关批准按国家批准的免税出口卷烟计划购进的卷烟免征消费税。

7）调味料酒不征消费税

按照国家标准，调味料酒属于调味品，不属于配置酒和泡制酒，不征收消费税。

8）以废矿物油为原料生产的工业油料免税

自 2013 年 11 月 1 日起至 2023 年 10 月 31 日止，对以回收的废矿物油为原料生产的润滑油基础油、汽油、柴油等工业油料免征消费税。

9）部分电池、涂料免税

对无汞原电池、金属氢化物镍蓄电池（又称"氢镍蓄电池"或"镍氢蓄电池"）、锂原电池、锂离子蓄电池、太阳能电池、燃料电池和全钒液流电池免征消费税。

对施工状态下挥发性有机物（volatile organic compounds，VOC）含量低于 420 克/升（含）的涂料免征消费税。

4.1.2　退税

①用石脑油、燃料油生产乙烯、芳烃类化工产品的企业，符合条件的，可申请消费税退税。

②内地销往横琴、平潭与生产有关的货物，视同出口，实行增值税和消费税退税政策。但下列货物不包括在内：

A.财政部和国家税务总局规定不适用增值税退（免）税和免税政策的出口货物。

B.横琴、平潭的商业性房地产开发项目采购的货物。

商业性房地产开发项目，是指兴建（包括改扩建）宾馆饭店、写字楼、别墅、公寓、住宅、商业购物场所、娱乐服务业场馆、餐饮业店馆以及其他商业性房地产项目。

C.内地销往横琴、平潭不予退税的其他货物。

D.被取消退税或免税资格的企业购进的货物。

4.1.3 进口免税

1）外交物品免税

驻华使（领）馆运进的公务用品，外交代表运进的自用物品，使（领）馆行政技术人员到任半年内运进的安家物品，免征进口消费税。

2）边贸商品免税

边境地区的边民通过互市贸易进口的商品，每人每日价值在人民币1 000元以下的，免征进口消费税。

3）赠送物资免税

外国政府、国际组织无偿赠送及履行国际条约规定进口的物资，免征进口消费税。

4）残疾人物品免税

进口的供残疾人专用的物品，免征进口消费税。

5）科研教学用品免税

科研机构和学校进口的合理数量的科研、教学用品，免征进口消费税。

6）接受捐赠免税

接受捐赠的进口科研、教学用品和残疾人专用品，免征进口消费税。

7）捐赠救灾物资免税

外国团体、企业、个人向中国境内捐赠的食品、药品、生活必需品和抢救工具等救灾物资，免征进口消费税。

8）保税区进口自用货物免税

保税区、洋浦开发区内的企业进口的自用货物，免征进口消费税。

9）转口贸易免税

转口贸易项下的进口货物，存入保税仓库的，免征进口消费税。

10）进口文物免税

从2002年6月25日起，由国务院文物管理部门和国有文物收藏单位，以接管境外机构、个人捐赠、归还和从境外追索方式获得的中国文物进口，免征进口消费税、增值税和关税。

4.1.4 出口退（免）税

1）出口免税

对纳税人出口的应税消费品，除另有规定外，免征消费税。

2) 特定出口货物免税

下列出口消费品免征消费税:

① 来料加工复出口的应税消费品;

② 卷烟;

③ 军品以及军队系统企业出口军需工厂生产或军需部门调拨的消费品;

④ 经国家批准属于进料加工复出口的消费品。

3) 特殊纳税人退免税

下列企业的货物特准退免消费税:

① 对外承包工程公司运出境外,用于对外承包项目的应税消费品;

② 对外承接修理修配业务的企业,用于对外修理修配的应税消费品;

③ 外轮供应公司、远洋运输供应公司销售给外轮、远洋国轮而收取外汇的应税消费品;

④ 企业在国内采购并运往境外,作为在国外投资的应税消费品。

4) 高税率货物和贵重物品退税

对指定企业出口的部分高税率应税消费品和贵重消费品,准予退还消费税。

5) 自营或委托出口免税

各类生产企业自营出口或委托出口的应税消费品,除规定若干种货物和禁止出口货物外,免征消费税。

6) 收购国产货物出口免税

有进出口经营权的商业连锁企业和中外合资商业企业,收购自营出口的国产应税消费品,可免征消费税。

7) 免税店销售国产货物退免税

对中国免税品公司统一管理的出境口岸免税店销售的卷烟、酒、工艺品、保健品等国产应税消费品,可退免消费税。

8) 出口机电产品退免税

利用外国政府贷款和国际金融组织贷款,通过国际招标,由国内企业和外商投资企业中标的出口机电产品(运输工具),可退免消费税。

9) 保税区出口货物退免税

保税区内企业从区外国内购进货物,用于出口或加工之后出口的应税消费品,可退免消费税。

10) 外贸企业委托加工出口产品退税

外贸企业委托加工出口的产品,应按原料的退税率和加工费的退税率分别计算退税款;加工费的退税率按出口产品的退税率确定。

11) 运入出口加工区内货物退税

有进出口经营权的企业从出口加工区区外运入出口加工区内的货物,视同出口,由海关办理出口报关手续,税务机关办理出口退税。

12) 出口加工区内货物免税

对出口加工区内企业在区内加工、生产的应税消费品,属于货物直接出口和销售给区内企业的，免征消费税。

13）出口企业退税

保税区外的出口企业销售给外商的出口货物，如外商将货物存放在保税区的仓储企业，离境时由仓储企业办理报关手续的，保税区外的出口企业可凭货物进入保税区的出口货物报关单、仓储企业的出口备案清单及其他规定的凭证，向税务机关办理出口退税。

14）加工贸易出口退税

保税区外的出口企业从事加工贸易，若进口料件是从保税区内企业购进的，可按现行的进料加工和来料加工税收政策办理退税。

15）外贸企业出口退税

外贸企业从事进料加工复出口货物，在计算抵扣进料加工料件税额时，凡进口料件征税税率小于或等于复出口货物退税税率的，按进口料件的征税税率计算抵扣；凡进口料件征税税率大于复出口货物退税税率的，按复出口货物的退税税率计算抵扣。

16）样品、展品出口退税

出口企业报关出口的样品、展品，如在境外将其销售并收汇的，准予凭其出口货物报关单、出口收汇核销单及其他规定的退税凭证办理退税。

17）视同自产货物退税

生产企业（包括外商投资企业）自营或委托出口的下列产品，可视同自产产品给予退（免）税：外购的与本企业所生产的产品名称、性能相同，且使用本企业注册商标的产品；外购的与本企业所生产的产品配套出口的产品；收购经主管出口退税的税务机关认可的集团公司（或总厂）成员企业（或分厂）的产品；委托加工收回的产品。

18）使（领）馆购买中国物品退免税

从2004年1月1日起，外国驻华使（领）馆及其外交代表购买中国产物品，继续按原政策规定办理退税或免抵退税。

4.1.5 先征后返

进料加工出口货物先征后返。对有进出口经营权的生产企业，以境外带料加工装配业务方式出口的货物，消费税实行先征后返。

4.2   企业生产经营过程中的纳税筹划

消费税在生产经营过程中的纳税筹划主要涉及原料取得方式的选择，自产自用成本核定方法的确定，兼营业务核算方式的选择等方面。

4.2.1   连续生产应税消费品的纳税筹划

消费税实行特定消费品总额课征制的原则，税率档次多，税负水平重。纳税人在销售自己生产的应税消费品时，需要缴纳一道消费税，如果购买方购买该项应税消费品是用于连续生产应税消费品的，还需再缴纳一道消费税。为了避免重复征税，现行税法规定：对外购、进口和委托加工收回的部分应税消费品用于连续生产应税消费品，在计算应纳税额时准予抵扣已缴纳的消费税，对税法没有列举可以抵扣的消费品，则不得抵扣外购或委托加工应税消费品已缴纳的消费税。

从纳税筹划的角度看，首先，纳税人应了解准予扣税的应税消费品的范围；其次，要将销售中可扣除的尽可能予以扣除，从而降低计税依据；最后，对从不同渠道取得的属于应税消费品的原材料在连续加工应税消费品时，应进行税负比较，尽可能选择税负轻的方式。

1）外购和委托加工收回的已税消费品的扣税范围

① 以外购或委托加工收回的已税烟丝为原料生产的卷烟。

② 以外购或委托加工收回的已税高档化妆品为原料生产的高档化妆品。

③ 以外购或委托加工收回的已税珠宝玉石为原料生产的贵重首饰及珠宝玉石（在零售环节纳税的金银首饰除外）。

④ 以外购或委托加工收回的已税鞭炮焰火为原料生产的鞭炮焰火。

⑤ 以外购或委托加工收回的已税杆头、杆身和握把为原料生产的高尔夫球杆。

⑥ 以外购或委托加工收回的已税木制一次性筷子为原料生产的木制一次性筷子。

⑦ 以外购或委托加工收回的已税实木地板为原料生产的实木地板。

⑧ 以外购、进口和委托加工收回的汽油、柴油、石脑油、燃料油、润滑油用于连续生产应税成品油。

⑨ 以外购、进口的葡萄酒连续生产的应税葡萄酒。

勤学善思

A 日化厂的甲系列化妆品属于应征消费税的高档化妆品，为了降低消费税税负，企业财务人员向厂负责人提出如下建议，由 A 日化厂注册成立两家分公司，即 B 销售公司和 C 高档化妆品生产企业。A 负责生产化妆品生产原料（不属于高档化妆品），将原料售与 B，开具化妆品原料增值税专用发票，B 将所购原料售与 C，开具品名为高档化妆品的增值税专用发票。C 生产销售高档化妆品，应交纳消费税，因为取得购进高档化妆品的增值税专用发票，属于用外购高档化妆品继续生产高档化妆品，可以按照生产领用的外购高档化妆品数量计算允许抵扣的已纳消费税税额，从而降低消费税税负。财务人员的这个建议能为企业带来节税收益吗？存在哪些税收风险？

2）外购或委托加工收回的已税消费品的纳税筹划

（1）应税消费品原料取得方式的纳税筹划

对于外购或委托加工收回的已税消费品继续生产应税消费品的产品来说，用自产的应税消费品连续生产应税消费品不用缴纳消费税，用外购或委托加工收回的已税消费品连续生产应税消费品可以扣除生产领用部分已纳的消费税税额。所以，两种连续生产的方式，只要最终消费品的售价相同，其消费税税负就相同，可以不用筹划。但对于不得扣除外购或委托加工已税消费品消费税的消费品（如酒类产品），用已税消费品连续生产应税消费品，由于不得抵扣已纳消费税，这部分消费税应转为原材料成本，从而减少了企业利润。因此，不得扣除外购或委托加工已税消费品消费税的消费品（如酒类产品），宜采用自产应税消费品连续生产应税消费品的加工方式，以消除重复课税的弊端，降低生产成本。

【案例4-1】2024年1月，某酒业集团公司需要2.5吨白酒作原料加工生产曲香白酒，现有三种方案可供选择：方案一，外购，即从本市A酒厂购进白酒，需支付购买价款50 000元；方案二，委托加工，即委托B酒厂加工，需支付原料粮食价款27 500元，加工费10 000元，B酒厂没有同类白酒的销售价格；方案三，自行加工，即本公司自行加工白酒，需要原料粮食价款27 500元，加工费用10 000元。试分析该酒业集团公司应选择哪种方案。（以上价格均为不含增值税价）

【解析】

方案一：外购白酒的买价50 000元由销售方加工生产白酒的成本、利润及销售方缴纳的消费税三部分构成。其中已由销售方缴纳的消费税为：

50 000×20%+2.5×2 000×0.5=12 500（元）

方案二：委托B酒厂加工白酒，应由其代收代缴的消费税为：

（27 500+10 000+2.5×2 000×0.5）÷（1-20%）×20%+2.5×2 000×0.5=12 500（元）

由材料成本、加工费及消费税构成的白酒的委托加工成本是：

27 500+10 000+12 500=50 000（元）

方案三：自行加工白酒用于继续加工曲香白酒，其中间产品白酒不需要缴纳消费税。因此作为生产曲香白酒原料的白酒加工成本为37 500元（27 500+10 000）。

比较三种方案得知，由于外购白酒与委托加工白酒中都包含12 500元的消费税，而自行加工的白酒用于生产曲香白酒时不需缴纳消费税，因此，自行加工白酒的成本低于外购与委托加工白酒的成本，故选择方案三。

（2）外购已税消费品继续生产应税消费品其他因素的纳税筹划

纳税人外购应税消费品已纳消费税税款允许扣除的规定：

① 购货渠道。从工业企业购进的应税消费品和进口环节已缴纳消费税的应税消费品，以及从境内商品流通企业购进符合条件的应税消费品的已纳税款均可扣除。

② 抵扣凭证。从增值税一般纳税人购进应税消费品的，抵扣凭证为增值税专用发票和销货清单；从增值税小规模纳税人购进应税消费品的，抵扣凭证为主管税务机关代开（主管税务机关在为纳税人代开增值税专用发票时，应同时征收消费税）或者小规模纳税人使用增值税发票管理新系统自行开具的增值税专用发票；进口应税消费品的抵扣凭证为《海关进口消费税专用缴款书》。

纳税筹划的思路与方法：

① 从购货渠道来看，宜选择工业企业。原因之一是从工业企业购进的已税消费品可以扣除已缴纳的消费税税款，而从商品流通企业购进的已税消费品需要满足相应

的条件方可扣除已缴纳的消费税税款；原因之二是同品种的消费品，在同一时期，商品流通企业的价格往往高于工业企业。

② 从索取发票种类来看，在境内购进货物宜选择取得增值税专用发票。因为，按照现行政策的规定，纳税人只有取得增值税专用发票，才能扣除外购消费品已缴纳的消费税税额。而且，一般纳税人取得增值税专用发票还可以扣除增值税进项税额。

【案例4-2】 古城香水生产企业是增值税一般纳税人，主要业务是购进香水精、酒精等原料加工生产香水。2024年4月1日库存外购香水精的进价为48 600元。4月8日从佳佳日化厂购入香水精一批，增值税专用发票上注明价款20 000元、增值税税额2 600元；4月13日从好利香水厂（增值税一般纳税人）购进香水精一批，取得普通发票，价税合计为36 160元；4月15日从新迪商贸城（小规模纳税人）购进香水精一批，取得由税务机关代开的增值税专用发票，注明价款15 000元、增值税450元（已知该批香水精是由新迪商贸城购进的）。4月末企业库存外购香水精的进价为49 200元。4月销售香水取得不含增值税销售额120 000元，增值税税额为15 600元。期初、期末库存均有增值税专用发票。试分析该企业如何进行纳税筹划税负会降低。（注：该企业销售的香水与购进的香水精均符合高档化妆品的条件，属于高档化妆品）

【解析】

① 按照现行业务，该香水生产企业应缴纳的消费税为：

当期准予扣除外购应税消费品消费税的买价=48 600+20 000+15 000−49 200=34 400（元）

当期准予扣除外购应税消费品已纳消费税税额=34 400×15%=5 160（元）

按当期销售额计算的应纳消费税税额=120 000×15%=18 000（元）

当期实际应缴纳消费税税额=按当期销售额计算的应纳税额−当期准予扣除外购应税消费品已纳税额
=18 000−5 160=12 840（元）

② 纳税筹划。

企业应考虑从好利香水厂购进的香水精拿到增值税专用发票，这样：

可以抵扣的已缴纳消费税税额=5 160+36 160÷（1+13%）×15%=9 960（元）

当期应缴纳的消费税=120 000×15%−9 960=8 040（元）

③ 筹划后可节税的金额为：

12 840−8 040=4 800（元）

3) 外购或委托加工收回的已税消费品连续生产应税消费品应注意的问题

① 当纳税人的生产能力不足，自产过程消耗成本过大或者质量无法保证时，还是应考虑采用外购或者委托加工原料的方式。

② 随时关注税法的变化，掌握现行准予扣除外购已税消费品用于生产应税消费品的扣除范围。

③ 纳税人用外购的已税珠宝玉石生产的改在零售环节征收消费税的金银首饰（镶嵌首饰），在计税时一律不准扣除外购珠宝玉石的已纳税款。

④ 注意高档化妆品与普通化妆品的区别。

🔊 **指点迷津**

　　企业财务人员的建议存在两个问题：首先，B将所购原料售与C，开具品名为高档化妆品的增值税专用发票，开具发票的商品名称不符合产品实际，属于开具与实际经营业务情况不符的发票，按照《中华人民共和国发票管理办法》的规定，对于违反规定虚开发票的，可由税务机关没收违法所得；虚开金额在1万元以下的，可以并处5万元以下的罚款；虚开金额超过1万元的，并处1万元以上50万元以下的罚款；构成犯罪的，依法追究刑事责任。其次，根据《国家税务总局关于消费税有关政策问题的公告》国家税务总局公告2012年第47号，工业企业以外的单位和个人将外购的消费税非应税产品以消费税应税产品对外销售的行为视为应税消费品的生产行为，按规定征收消费税。B公司以高档化妆品名义销售原料，应缴纳消费税，从企业整体来看，并不能为企业起到节税的目的，反而带来极大的税收风险。

4.2.2　自制应税消费品"用于其他方面"的纳税筹划

1）自制应税消费品"用于其他方面"的纳税规定

　　纳税人自己生产的应税消费品，用于连续生产应税消费品的，不纳税；用于其他方面的，在移送使用时纳税。所谓"用于其他方面"，是指纳税人用于生产非应税消费品和在建工程、管理部门、非生产机构、提供劳务以及用于馈赠、赞助、集资、广告、样品、职工福利、职工奖励等方面的应税消费品。

　　在正常销售情况下，从价计征的销售额等于销售数量乘以销售单价。而在自己生产的应税消费品用于其他方面的情况下，因为没有发生实际的销售，所以没有实际的销售价格，其计税依据为同类消费品的销售价格，没有同类消费品销售价格的，按照组成计税价格计算纳税。组成计税价格的计算公式是由成本、利润、消费税三个部分构成的。

　　实行从价定率办法计算纳税的组成计税价格计算公式为：

　　组成计税价格=（成本+利润）÷（1-比例税率）

　　实行复合计税办法计算纳税的组成计税价格计算公式为：

　　组成计税价格=（成本+利润+自产自用数量×定额税率）÷（1-比例税率）

　　公式中的"成本"，是指应税消费品的产品生产成本；"利润"是指根据应税消费品全国平均成本利润率计算的利润。应税消费品全国平均成本利润率由国家税务总局确定。

2）自制应税消费品"用于其他方面"的纳税筹划

　　当纳税人的计税依据没有同类消费品的销售价格可选择时，需采用组成计税价格，而其"成本"便成为纳税筹划之首选。企业的产品成本是通过企业自身的会计核算计算出来的。按照会计制度的核算要求，很多间接费用等均要通过一定的分配方法在各步骤的在产品、半成品、产成品之间进行分配。因此，当企业当期预计有应税消费品要用于非应税项目，而且本企业也没有同类型的应税消费品时，即可通过分配方法的选择，降低成本，达到少缴纳税款的目的。具体做法就是将自用产品应负担的间接费用少留一部分，而将更多的费用分配给其他可供销售的产品，以降低用来计算组成计税价格的成本，从而降低组成计税价格，减轻消费税税负。

【案例4-3】 2023年8月，某摩托车生产企业引进两条摩托车生产线，10月份投产，分别生产气缸容量为250毫升的A型摩托车和气缸容量为300毫升的B型摩托车。其中，A型摩托车预计10月份可生产完成1 000辆，B型摩托车还处在试生产阶段，预计可生产完成50辆。该企业拟将B型摩托车中的10辆作为奖励奖给企业职工，其余40辆送给各地经销商作为样品。生产A型摩托车的直接材料成本为3 000元/辆，生产B型摩托车的直接材料成本为6 000元/辆。A、B两种摩托车的直接人工成本均为每辆600元。当间接费用按生产产品的工时分摊时，A型摩托车应分摊的费用为每辆800元，B型摩托车应分摊的费用为每辆1 600元。A型摩托车的每辆不含增值税售价为5 000元，B型摩托车的生产成本为8 200元。A型摩托车消费税的适用税率为3%，B型摩托车消费税的适用税率为10%，摩托车的成本利润率为6%。

【解析】

①该项业务中，企业应缴纳的消费税为：

A型摩托车应纳的消费税税额=5 000×1 000×3%=150 000（元）

B型摩托车应纳的消费税税额=8 200×（1+6%）÷（1-10%）×50×10%=48 288.89（元）

合计应缴纳的消费税=150 000+48 288.89=198 288.89（元）

②纳税筹划。若间接费用采用产量平均摊销法，A型摩托车与B型摩托车每辆应分摊的间接费用为：

（800×1 000+1 600×50）÷（1 000+50）=838.10（元）

则，B型摩托车的生产成本为：

6 000+600+838.10=7 438.10（元）

当A型摩托车的售价不变时，其应缴纳的消费税税额为：

A型摩托车应纳的消费税税额=5 000×1 000×3%=150 000（元）

B型摩托车应纳的消费税税额=7 438.10×（1+6%）÷（1-10%）×50×10%=43 802.14（元）

合计应缴纳的消费税=150 000+43 802.14=193 802.14（元）

③筹划后比筹划前少缴纳的消费税为：198 288.89-193 802.14=4 486.75（元）

这说明采用不同的费用分摊方法，会使企业承担不同的税收负担，企业可以根据实际情况选择对自己更为有利的费用分摊方法。

3）自制应税消费品"用于其他方面"的纳税筹划应注意的问题

① 利用组成计税价格进行纳税筹划时，关键是选择费用分摊方法，需要注意的是费用分摊方法是在企业开始生产经营时或者年初确定的，确定后一般一个会计年度内不得变动。

② 间接费用分摊方法的选择筹划之所以可行，一是因为企业可自行选择分摊方法；二是无论选择哪种分摊方法，总费用不变，总成本就不会增加。相反，由于消费税降低，城市维护建设税和教育费附加也降低，企业利润会增加。

拓展阅读1

筹划不是罪，蹩脚的筹划就要补税——7 000万元消费税入库

4.2.3 兼营不同税率应税消费品的纳税筹划

1）兼营不同税率应税消费品征税的规定

纳税人从事生产、进口、委托加工应税消费品的，根据消费品对应的税目，按照消费税税目税率表所规定的税率（税额）纳税。对纳税人兼营不同税率应税消费品的，应当分别核算不同税率应税消费品的销售额、销售数量，按不同税率分别征税；未分别核算销售额、销售数量的，从高适用税率。可见，纳税人兼营不同税率的应税消费品时，分别核算、分别纳税既是消费税税法的基本要求，也是纳税人通过筹划选择降低税负的途径。

2）兼营不同税率应税消费品的纳税筹划应用

【案例4-4】某酒业集团股份有限公司既生产粮食白酒，又生产滋补药酒。2024年3月，销售粮食白酒1万斤，取得不含增值税销售额10万元；销售滋补药酒3万斤，取得不含增值税销售额15万元。已知粮食白酒适用比例税率20%、定额税率0.5元/斤；滋补药酒适用税率10%。试分析该公司如何核算税负轻。

【解析】

①该集团公司未分别核算粮食白酒与滋补药酒的销售额时：

应缴纳的消费税=（10+15）×20%+（1+3）×0.5=7（万元）

②纳税筹划。该公司将粮食白酒与滋补药酒分设两个明细账户分别核算时：

应缴纳的消费税=10×20%+1×0.5+15×10%=4（万元）

③筹划后：

少缴纳的消费税税额=7-4=3（万元）

从以上案例可知，不分别核算，从高适用税率纳税会增加企业的税收负担。所以，企业在进行纳税筹划时，应充分考虑各方面的因素，尽量将不同税率的产品分别核算，以便合法纳税，合理节税。

3）兼营不同税率应税消费品筹划应注意的问题

从理论上讲，"分别核算"似乎是一件很简单的事，但在实际操作中并非如此。它要求企业在合同文本设计、存货管理、财务核算等过程中，都做到严格管理。

① 合同文本设计与签订。涉及缴纳消费税的企业可以从两方面加强管理：一是加强对供销部门人员的业务培训，使其了解分别核算对企业的意义；二是设计出标准、规范的合同范本，并且在签订合同时，分别列示所销售的不同产品的数量和金额，要求供销人员遵照执行。

② 财务核算。如果说合同文本设计是企业"分别核算"的基础环节，那么财务核算就可以说是企业"分别核算"的核心环节。首先，企业应加强存货管理，尤其是对各类产品的出库数量应有准确、清晰的记录，并以此作为企业分别核算"主营业务成本"的依据。其次，企业应加强对"主营业务收入""主营业务成本""税金及附加"等科目下二级甚至三级科目的核算，尤其是在企业基础管理较好，已经在销售合同中分别核算不同产品的销售数量和销售金额，以及存货管理也比较完善的情况下，按产品的种类核算以上科目，可以最终实现税法中对"分别核算"的基本要求。

补充阅读材料 4-1

《关于继续对废矿物油再生油品免征消费税的公告》（财政部 税务总局公告 2023年第 69 号）规定，为促进资源综合利用和环境保护，经国务院批准，至 2027 年 12 月 31 日止，对以回收的废矿物油为原料生产的润滑油基础油、汽油、柴油等工业油料免征消费税。这一政策深刻体现了国家的以绿色转型为驱动。助力全球可持续发展的理念，符合坚定不移走生产发展、生活富裕、生态良好的文明发展道路的思路，促使全社会尽快建立绿色低碳循环经济体系，是在加快建设资源节约型、环境友好型社会，推动形成绿色发展方式和生活方式方面的一项激励措施，旨在推进美丽中国建设，实现中华民族永续发展。

4.3　企业销售过程中的纳税筹划

企业在销售过程中的纳税筹划主要包括关联企业转让定价的纳税筹划、包装物的纳税筹划、成套销售消费品的纳税筹划、避免采用最高销售价格的纳税筹划等内容。

4.3.1　利用关联企业转让定价进行纳税筹划

1）利用关联企业转让定价进行纳税筹划概述

转让定价又称转移价格，是指有经济联系的企业各方为均摊利润或转移利润而在产品交换或买卖过程中，不依照市场买卖规则和市场价格进行交易，而是根据它们之间的共同利益或为了最大限度地维护它们之间的收入而进行的产品或非产品转让。在这种转让中，根据双方的意愿，产品的转让价格可高于或低于市场上由供求关系决定的价格，以达到少纳税甚至不纳税的目的。例如，在生产企业和商品流通企业承担的纳税负担不一致的情况下，若商品流通企业适用的税率高于生产企业或生产企业所适用的税率高于商品流通企业，那么，有联系的商品流通企业和生产企业就可以通过某种契约的形式，增加低税率一方的利润，使两者共同承担的税负最小化。

消费税的纳税行为发生在生产领域而非流通领域或终极的消费环节（金银首饰销售、卷烟批发、超豪华小汽车零售等除外），因而，关联企业中生产（委托加工、进口）应税消费品的企业，如果以较低的价格将应税消费品销售给其独立核算的销售部门，则可以降低销售额，从而减少应纳税销售额。而独立核算的销售部门，由于处在销售环节上，只缴纳增值税，不缴纳消费税。这样做可以使集团的整体消费税税负下降，但增值税税负不变。

2）关联企业转让定价的纳税筹划应用

【案例 4-5】大华酒业有限公司是一家大型酒类生产企业，系增值税一般纳税人。在本省省会城市设有一独立核算的总经销公司，其一般业务流程是：公司将生产的品牌白酒先销售给总经销公司，总经销公司再向全国分销。2024 年 3 月公司以每吨 13.5万元的价格销售 45 度白酒 30 吨，以每吨 18.5 万元的价格销售 52 度白酒 50 吨给总经销公司，总经销公司分别以每吨20万元的价格和每吨25万元的价格当月全部售出。试分析计算该公司应缴纳的消费税，并为该公司进行纳税筹划。

【解析】

白酒生产企业销售给销售单位的白酒，生产企业消费税计税价格低于销售单位对外销售价格（不含增值税，下同）70%以下的；纳税人将委托加工收回的白酒销售给销售单位，消费税计税价格低于销售单位对外销售价格（不含增值税）70%以下的，税务机关应核定消费税最低计税价格。根据《国家税务总局关于进一步加强白酒消费税征收管理工作的通知》（税总函〔2017〕144号），自2017年5月1日起，白酒消费税最低计税价格核定比例统一调整为60%。对白酒生产企业设立多级销售单位销售的白酒，税务机关应按照最终一级销售单位对外销售价格核定生产企业消费税最低计税价格。已核定最低计税价格的白酒，生产企业实际售价高于消费税最低计税价格的，按实际售价申报纳税；实际售价低于消费税最低计税价格的，按最低计税价格申报纳税。

（1）筹划前，该公司以每吨13.5万元的价格将45度的白酒销售给本集团公司的关联公司，低于经销公司对外销售价格20万元的70%（20×70%=14），假定税务机关按最终一级销售单位对外销售价格60%核定的最低销售价格为13万元，则：

$$该公司应缴纳的消费税税额=13.5×30×20\%+18.5×50×20\%+（30+50）×2\,000×0.5÷10\,000$$
$$=274（万元）$$

（2）纳税筹划。对于45度的白酒出厂销售价格可以定为13万元，对于52度的白酒出厂销售价格可以按照经销公司对外销售价格25万元的70%定价，即每吨17.5万元，这样即可通过转让定价的方法降低税负。（若预计税务机关核定的最低计税价格低于17.5万元，企业可以进一步将价格降至最低计税价格）

$$应缴纳的消费税税额=13×30×20\%+17.5×50×20\%+（30+50）×2\,000×0.5÷10\,000=261（万元）$$

（3）筹划后比筹划前少缴纳的消费税税额=274−261=13（万元）

3）关联企业转让定价纳税筹划应注意的问题

（1）关联企业通过避开生产销售环节达到少纳税的目的，只限于以较低的价格将应税消费品销售给其独立核算的销售部门。如果纳税人通过自设非独立核算门市部销售自产应税消费品，应当按照经销部对外销售额或者销售数量计算缴纳消费税。

（2）由于独立核算的经销部与生产企业之间存在关联关系，按照税法规定，企业或者外国企业在中国境内设立的从事生产经营的机构、场所与其关联企业之间的业务往来，应当按照独立企业之间的业务往来收取或者支付价款、费用；不按照独立企业之间的业务往来收取或者支付价款、费用而减少其应纳税的收入或者所得额的，税务机关有权进行合理调整。因此，企业销售给下属经销部的应税消费品价格应当参照销售给其他商家当期的平均价格确定，如果销售价格"明显偏低"，主管税务机关将会对价格重新进行调整。

（3）根据《国家税务总局关于进一步加强白酒消费税征收管理工作的通知》（税总函〔2017〕144号），自2017年5月1日起，白酒生产企业销售给销售单位的白酒，生产企业消费税计税价格低于销售单位对外销售价格70%以下的，消费税最低计税价格由税务机关根据生产规模、白酒品牌、利润水平等情况在销售单位对外销售价格60%范围内自行核定。

4.3.2 包装物的纳税筹划

💡 **勤学善思**

葡萄美酒夜光杯，欲饮琵琶马上催。醉卧沙场君莫笑，古来征战几人回？酒的甘醇使人迷醉，酒的容器也给人无限的遐想，精美的包装是中国酒文化博大精深的重要体现，是吸引消费者的重要因素，其在一定程度上提升了酒的价值。酒的价值提高也意味着需要缴纳的消费税会增加，如何能实现美的包装只带来利润，不增加税负呢？

1) 包装物征税的规定及纳税筹划思路

纳税人在实际生产经营过程中，对于包装物的处理，可以采取三种方式：一是包装物作价随同消费品一起出售；二是包装物出租收取租金；三是包装物出租、出借收取押金。税法对从价计税的包装物征税作了如下规定：

（1）应税消费品连同包装物销售的，无论包装物是否单独计价，也不论在会计上如何核算，均应并入应税消费品的销售额中，按其所包装消费品的适用税率征收消费税。

（2）包装物租金属于价外费用，凡随同销售应税消费品向购买方收取的价外费用，无论其会计上如何核算，均应并入销售额计算应纳税额。对增值税一般纳税人向购买方收取的价外费用，视为含增值税收入，纳税时换算为不含税收入，再并入销售额。

（3）包装物的押金应区分不同情况分别进行处理。如果包装物不作价随同产品销售，而是收取押金，押金单独记账核算，此项押金可以不并入应税消费品的销售额中征税；对因逾期未收回包装物而不再退还的或者已收取的时间超过 12 个月的押金，应并入应税消费品的销售额计征消费税；对包装物既作价随同应税消费品销售，又另外收取押金并在规定的期限内未予退还的押金，应并入应税消费品的销售额，按照其适用税率征收消费税。在将包装物押金并入销售额征税时，需要先将该押金换算为不含增值税的价格。

（4）酒类产品生产企业销售酒类产品而收取的包装物押金，无论押金是否返还以及会计上如何核算，均需并入酒类产品销售额中征收消费税（啤酒、黄酒除外）。

由此可知，只有押金可以不并入销售额计算消费税。因此，采取收取押金的方式有利于节税。纳税筹划的基本思路是：能周转使用的包装物，尽量不随同产品销售，以降低税负；预计不易收回的包装物，也可以收取押金，待到期收不回时再纳税，以推迟缴纳税款。

2) 包装物的纳税筹划应用

【案例 4-6】蓝天涂料有限公司生产销售各种涂料。2024 年 3 月份销售 1 000 箱普通涂料，每箱不含增值税售价 3 000 元，其中包含可供周转使用的包装物价值 200 元。已知涂料适用消费税税率 4%。为该公司进行纳税筹划。

【解析】

①筹划前，采用连同包装物一并销售的形式，其应缴纳的消费税税额为：

计税销售额=1 000×3 000=3 000 000（元）

应纳消费税税额=3 000 000×4%=120 000（元）

②纳税筹划。该公司与购买方协商改包装物作价销售为收取押金，且包装物单独开具发票并记账，则应缴纳的消费税税额为：

计税销售额=1 000×（3 000-200）=2 800 000（元）

应纳消费税税额=2 800 000×4%=112 000（元）

③筹划后，该公司少缴纳的消费税税额为：

120 000-112 000=8 000（元）

企业在包装物上进行筹划的做法是：包装物不作价随同产品一并销售，而是采取收取"押金"的形式，并且押金应单独开具发票和记账。这样，包装物就可以不并入销售额计征消费税了。

3）改包装物销售为周转使用收取押金的好处

（1）对于销售方来说，改为收取押金的好处有：一是收取押金可以促使购货方及早退回包装物，以便周转使用，从而在一定程度上节省生产包装物的人力、物力，降低产品成本；二是在产品售价中扣除原来包装物的价款，降低了产品售价，有利于增强产品的竞争能力；三是可以节约税收成本。

（2）对于购货方来说，改为收取押金的好处有：一是购货方购进货物是为了使用货物，而不是为了使用包装物，因此拥有包装物对购货方意义不大，当包装物使用完毕及时归还时，即可收回包装物的价款，减少支出；二是包装物不作价，可以降低货物的采购成本。

4）改包装物销售为收取押金应注意的问题

（1）改包装物销售为收取押金的包装物应确实能够用于周转使用。

（2）扣除包装物押金后，所售产品的价格不能明显偏低，以防被税务机关调整而失去筹划的效果。

（3）销售方的筹划应在不影响购货方利益的前提下进行。

【素质拓展4-1】

为了限制对白酒的消费，消费税通过几方面政策加重白酒的消费税负担，如对白酒适用比例税率和定额税率两种征收方式；对销售除啤酒、黄酒外的酒收取的包装物押金，无论是否退回均在收到时计算缴纳消费税；对外购或者委托加工收回白酒继续生产白酒不允许抵扣耗用部分已纳消费税。严厉的消费税政策有助于引导社会成员养成健康的、积极向上的消费理念，也在一定程度上维护了消费者的合法权益，杜绝了不法经营者利用劣质酒简单加工、包装后高价出售损害消费者身体健康现象的发生。

4.3.3 成套销售消费品的纳税筹划

1）成套销售消费品征税的规定及纳税筹划思路

纳税人将应税消费品与非应税消费品，以及适用税率不同的应税消费品组成成套消费品出售的，无论是否分别核算，均应根据组合产制品的销售金额按应税消费品中适用最高税率的消费品税率征税。显然，"成套"销售将会加重纳税人的税收负担。

因此，纳税人在纳税环节应慎重选择成套销售的方式，如果确实需要"成套"销售，可以通过改变包装方式、包装地点、包装环节等纳税筹划的方法，寻求节税的途径，减轻税收负担。对于一些市场需求具有一定刚性的消费品，还可以通过适当提高销售价格的方法弥补企业增加的税收负担，实现税负转嫁筹划。

2）成套销售消费品的纳税筹划应用

（1）慎重选择成套销售方式的纳税筹划

既然"成套"销售应税消费品税负重，从纳税筹划的角度考虑，纳税人应尽量避免将不同税率的应税消费品，或者非应税消费品组成成套消费品销售，以免加重税收负担。

【案例 4-7】新星酒业有限公司是一家酿酒企业，所产酒的品类较多。2023 年中秋节期间，公司拟推出"组合装礼品酒"的促销活动，将粮食白酒、薯类白酒和果木酒各一瓶组成价值 100 元的成套礼品酒对外销售。这三种酒的出厂价分别为 50 元/瓶、30 元/瓶、20 元/瓶，三种酒每瓶均为 0.5 千克包装。该公司共售出 4 500 套，取得不含增值税的销售额 45 万元。已知白酒适用比例税率为 20%，定额税率为 0.5 元/500 克，果木酒适用税率为 10%。为该公司进行纳税筹划。

【解析】

①筹划前，该公司将这些适用不同税率的应税消费品组成成套消费品销售，不能分别核算销售额、销售数量，应从高适用税率，即按白酒适用的税率来征收。

应缴纳的消费税税额=450 000×20%+4 500×3×0.5=96 750（元）

②纳税筹划。该公司将三种酒分别销售，分别核算销售额与销售数量，则：

应缴纳的消费税税额=（50×4 500+30×4 500）×20%+4 500×2×0.5+20×4 500×10%=85 500（元）

③筹划后，少缴纳的消费税税额为：

96 750-85 500=11 250（元）

（2）改变包装地点、包装环节的纳税筹划

当市场对成套消费品的需求量较大时，销售套装消费品无疑会给企业带来较大的利益，这时，企业就不能只考虑分别销售业务，而放弃"成套"销售消费品，失去获利的机会。销售成套消费品并非在任何情况下都会加重税收负担，经过仔细研究、精心策划，可以找到既能获得较多的利益，又不会有较重税收负担的途径。具体筹划方法是：

①改变包装地点。将包装地点改在批发或零售企业所在地。对于能够在批发或零售环节进行包装的套装消费品来说，生产企业将构成套装的消费品销售给批发或零售企业时，开具分别注明消费品名称的发票，分别核算销售额与销售数量，同时向批发或零售企业提供相应的礼盒包装物，批发与零售企业根据购买者的需要决定是否使用礼盒包装物。这样做既降低了税负，又增加了消费者的消费选择，可谓"一举两得"。

【案例 4-8】承【案例 4-7】新星酒业有限公司将 4 500 瓶粮食白酒（每瓶 0.5 千克、售价 50 元）、4 500 瓶薯类白酒（每瓶 0.5 千克、售价 30 元）、4 500 瓶果木酒（每瓶 0.5 千克、售价 20 元）销售给商场，并免费提供包装礼盒，开具分别注明产品名称的增值税专用发票，由商场包装后进行销售。

【解析】

应缴纳的消费税税额=（50×4 500+30×4 500）×20%+4 500×2×0.5+20×4 500×10%=85 500（元）

经过筹划，该公司既实现了套装酒的销售，其应缴纳的消费税税额还不会增加。

②改变包装环节。对于一些不适宜在批发、零售企业所在地组合成套的消费品，企业可以通过独立核算的销售公司进行消费品的组合销售。生产企业先将消费品销售给独立核算的关联销售公司，以避开生产领域（进口应税消费品可选择在进口后组装成套装的形式销售），再由销售公司将适用不同税率的消费品，或是应税消费品与非应税消费品包装组成套装消费品后对外销售，这样既不影响成套消费品销售，又达到了分别核算、分别纳税、不加重税负的目的。

📢 **指点迷津**

消费税规定，酒的纳税环节是生产、委托加工和进口环节，在酒从生产到消费的历程中，只缴纳一次消费税。生产、委托加工和进口酒的单位和个人是消费税的纳税人，纳税人的职责在于保证酒的美味。通过精美的构思给酒穿上盛装，进一步提升酒的价值应该由销售公司负责，销售公司再售精美包装后的酒不再缴纳消费税。从而实现美的包装只带来利润，不增加税负。

【案例4-9】宏达珠宝股份有限公司是国内珠宝首饰行业集黄金、铂金、珠宝首饰研发设计、生产加工、进出口业务为一体的大型中外合资企业，为增值税一般纳税人。2023年9月份拟将生产的镀金项链、金镶玉手镯和纯金耳环组成套装产品销往商场（商场为经过中国人民银行批准从事金银首饰经销的单位），其中每套消费品由一条项链、一对手镯、一对耳环、一个包装盒组成。项链一条不含增值税单价3 200元，手镯一对不含增值税单价8 800元，耳环一对不含增值税单价3 800元，包装盒单价80元。为该公司进行纳税筹划。

【解析】

①如果该公司将商品先包装后销售，则每套应缴纳的消费税为：

（3 200+8 800+3 800+80）×10%=1 588（元）

②纳税筹划。将上述商品先分别销售给集团内部独立核算的销售公司，由销售公司包装后销售。这样，本公司只需要就镀金项链缴纳消费税。应缴纳的消费税税额为：

3 200×10%=320（元）

③每套少缴纳的消费税：1 588-320=1 268（元）

当然，销售给集团内部销售公司的价格还可以低于对外销售的价格，只要不低于市场最低价格，筹划就有效。

（3）提高销售价格的纳税筹划

对于一些市场需求具有一定刚性的消费品，还可以通过适当提高销售价格的方法弥补企业增加的税收负担，实现税负转嫁筹划。

【案例4-10】某增值税一般纳税人企业主要生产两种应税消费品甲和乙，甲消费品适用10%的消费税税率，乙消费品适用20%的消费税税率，甲消费品不含增值税单位售价100元，乙消费品不含增值税单位售价80元，两种消费品的单位成本（不含各种费用）分别为50元和40元。该企业考虑在2024年元旦期间将甲消费品与乙消费品组合成套装销售。试分析该套装消费品不含增值税定价为多少企业销售套装消费品才能保持其分别销售时的获利水平。（城市维护建设税税率7%，教育费附加征收率3%）

【解析】

①分别销售甲应税消费品和乙应税消费品时，企业毛利的计算：

销售一件甲消费品需缴纳的消费税=100×10%=10（元）

销售一件乙消费品需缴纳的消费税=80×20%=16（元）

销售甲消费品和乙消费品需缴纳的城市维护建设税与教育费附加为：

（10+16）×（7%+3%）+180×13%×（7%+3%）=2.60+2.34=4.94（元）

销售一件甲消费品和一件乙消费品的生产成本合计=50+40=90（元）

销售一件甲消费品和一件乙消费品的毛利=（100+80）-10-16-4.94-90=59.06（元）

②将甲消费品与乙消费品组成成套消费品销售时，企业应适当提高总售价，才会使增加的税收负担转嫁出去，从而获得不低于分别销售时的利润。

假设提高售价后的总售价为X，则：

销售一套消费品需缴纳的消费税=20%X

销售一套消费品需缴纳的城市维护建设税与教育费附加=20%X×（7%+3%）+13%X×（7%+3%）

$$=3.3\%X$$

销售一套消费品的成本仍为90元。

销售一套消费品的毛利=X-20%X-3.3%X-90

企业要想保持毛利不变，则应有：

X-20%X-3.3%X-90≥59.06

解得：

X≥194.34

因此，企业只有将甲消费品与乙消费品组成的套装消费品的价格提高到194.34元以上，成套销售才能保持企业分别销售时的利润水平，同时也才能将增加的税收负担转嫁出去。

3）成套销售消费品纳税筹划应注意的问题

①改变包装地点的纳税筹划。注意增加的包装手续费，销售方应考虑由自己来负担，或者以价格折扣的方式弥补给购货方，以不增加购货方的负担为原则。

②改变包装环节的纳税筹划。新设独立核算的销售公司，需要从成本、费用、税金等各方面进行综合考量，以筹划所增加的成本费用不高于少缴纳的消费税税额为原则。

③提高销售价格的纳税筹划。对于不同的产品和不同的组合方式，成套销售时的最低售价也是不相同的。套装产品中不同产品适用税率的差别越大，或套中低税率产品所占的比例越高，成套销售增加的额外税收负担越多，企业因此需要更多地提高销售价格。产品成本占销售收入的比例对企业采取成套销售时利润率的影响是不确定的，在企业的有关营销方案中也是必须考虑的因素。

4.3.4 避免采用最高销售价格的纳税筹划

1）避免采用最高销售价格的纳税筹划思路

纳税人用自产的应税消费品换取生产资料和消费资料、投资入股以及抵偿债务，虽然没有直接发生销售行为，但仍是一种有偿转让应税消费品所有权的行为，应当视同销售应税消费品计算缴纳消费税。其从价计征的计税依据为纳税人同类应税消费品的最高销售价格。在实际操作中，当纳税人用应税消费品换取货物或者投资入股时，一般是按照双方的协议价或评估价确定的，而协议价往往是市场的平均价。如果按照同类应税消费品的最高销售价格作为计税依据，显然会加重纳税人的负担。所以，纳税筹划的思路就是采取先销售后入股、换货、抵债，达到少缴纳消费税、减轻税负的目的。

2）避免采用最高销售价格的纳税筹划应用

【案例4-11】某摩托车生产企业，2023年10月在对外销售气缸容量为300毫升的同型号的摩托车时共有三种价格，以4 000元的不含增值税单价销售50辆，以4 500元的不含增值税单价销售10辆，以4 800元的不含增值税单价销售5辆。同月该企业预计用20辆同型号的摩托车对甲企业进行投资，双方按当月的加权平均销售价格确定摩托车的价格（气缸容量在250毫升以上的摩托车适用的消费税税率为10%）。为该企业进行纳税筹划。

【解析】

①筹划前，该摩托车生产企业对甲企业投资应缴纳的消费税为：

应缴纳的消费税税额=4 800×20×10%=9 600（元）

②纳税筹划。如果该企业按照当月的加权平均单价将这20辆摩托车销售后，用销售款项来投资，则应缴纳的消费税为：

当月销售摩托车的加权平均单价=（4 000×50+4 500×10+4 800×5）÷（50+10+5）

$$=4 138.46（元）$$

应缴纳消费税税额=4 138.46×20×10%=8 276.92（元）

③筹划后，少缴纳的消费税税额为：

9 600−8 276.92=1 323.08（元）

不难看出，采取先销售后入股、换货或抵债方式，会避免出现采用最高销售价格计算缴纳消费税的情况，达到少缴税款的目的。

3）避免采用最高销售价格纳税筹划应注意的问题

在现实生活中，由于这种方式手续简便，还是会受到不少纳税人的青睐。在发生这种经济事项时，交易双方可以通过货币资金的适当转移，实现先销售后购货、投资或抵债，以减轻企业税负。

【素质拓展4-2】

除卷烟和超豪华小汽车以外，应纳消费税的货物只征一次消费税，或者在生产、委托加工和进口环节，或者在零售环节。纳税人必须遵循真实交易定价原则，在消费税纳税环节确定实际交易价格。纳税人将自产应税消费品通过抵债、对外投资和换取其他物资等方式实现销售，趁着双方不通过货币结算销售款的便利，故意压低价格，也无法达到少缴纳消费税的目的，反倒是必须按照最高销售价格计算缴纳消费税。纳税人必须端正企业利益与国家利益之间的关系，不能片面追求消费税负担最小化，应该将取得较高经济利益建立在加强经营管理和搞好创新发展之上。

补充阅读材料 4-2

世界各国的"烟草消费税"

世界各国普遍对烟草及其制品征收"烟草消费税"或类似性质的烟草特别税。根据 128 个有关国家或地区的烟草统计资料，目前，开征烟草消费税或特别税的国家或地区有 124 个，仅利比里亚、阿曼、沙特阿拉伯、阿拉伯联合酋长国等少数几个国家没有开征烟草消费税。各国烟草消费税的征收范围大体包括卷烟、雪茄烟、嚼烟、鼻烟、烟斗丝、板烟、手卷烟，以及用于消费的烟丝等烟草制品。计征方法大体分为从量计征、从价计征、从量与从价相结合计征三种。财政分配类型有将其全部作为中央政府收入和作为中央与地方共享或类似于共享的税种。关于征收环节，属于中央税或者属于中央政府收入的部分，一般都是在卷烟生产环节和海关进口环节或某种特定的"配送中心"发货环节征收；属于地方税或者地方收入的部分，一般是在卷烟到该地区的批发销售环节征收。

4.4　利用定价策略进行纳税筹划

我国现行消费税属于特定消费税，其调节的范围仅限于五大类 15 个税目的消费品，并且在应税消费品中又按照价格的高低、档次的类别、容量的大小等标准划分了征税与免税、征多征少的界限，这就为纳税人利用临界点筹划法进行纳税筹划提供了可能。

4.4.1　卷烟、啤酒类消费品的纳税筹划

1）卷烟消费品的纳税筹划

（1）卷烟消费品纳税筹划概述

勤学善思

利润管理是企业管理的重要组成部分，利润是企业生存发展的核心指标，不论投资人还是企业管理者都非常关心企业的盈利能力。在成本相同的情况下，高价格一定会带来高利润吗？

现行消费税将卷烟按照调拨价格的高低分为甲类卷烟和乙类卷烟。甲类卷烟是指每标准条（200 支）调拨价格在 70 元（含 70 元，不含增值税）以上的卷烟；乙类卷烟是指每标准条（200 支）调拨价格低于 70 元（不含增值税）的卷烟。卷烟在生产销售环节和批发环节两个环节征收。在生产环节征税时，甲类卷烟适用 56% 的比例税率和 0.003 元/支的定额税率，乙类卷烟适用 36% 的比例税率和 0.003 元/支的定额税率；在批发环节征税时，比例税率为 11%，定额税率为 0.005 元/支。对于卷烟的筹划主要从生产环节来分析。一般来说，产品的售价越高，利润越大，但是，因为卷烟按照调拨价格来确定其适用税率，而且在 70 元的分界线上下税率差异很大，即从 36%

直接跃升为56%，这样定价在刚刚超过调拨价格70元时必然出现税负的增加超过销售额的增加，甚至利润减少的不合理现象，因此，如何确定这一区间的调拨价格，对企业来说，是有一定策略性的。

📢 指点迷津

影响利润的因素不仅包括收入、成本，还包括消费税。对于卷烟和啤酒来说价格提高会引起税率的提高，当价格提高导致消费税大幅增加时，经营者既不能享受到提高价格带来的高额利润，还会因为价格提高抑制商品的销量，降低商品的竞争力。利用专业知识精心设计价格区间，能为企业带来丰厚的回报。

（2）卷烟消费品纳税筹划应用

【案例4-12】某中烟工业集团公司为增值税一般纳税人，生产销售卷烟的调拨价格为每标准条75元。2024年3月销售卷烟10大箱（标准箱，每箱50 000支烟），其生产成本为30元/条，当月分摊在这批卷烟上的期间费用为10 000元，准予扣除的增值税进项税额为4 800元。城市维护建设税税率为7%，教育费附加征收率为3%。为该公司进行纳税筹划。（以上价格均为不含增值税价）

【解析】

①卷烟每标准条75元为甲类卷烟，其应缴纳的相关税费及利润为：

应缴纳的消费税=75 × 10×250 ×56%+ 10×150 =106 500（元）

应缴纳的增值税=75 × 10×250 × 13%-4 800=19 575（元）

应缴纳的城市维护建设税和教育费附加=（106 500+19 575）×（7%+3%）=12 607.5（元）

税前利润=75×10×250 −30×10×250−10 000−106 500−12 607.5= −16 607.5（元）

②纳税筹划。将每条卷烟的调拨价格降到68元，则为乙类卷烟。其应缴纳的相关税费及利润为：

应缴纳的消费税=68×10×250 ×36%+ 10×150 =62 700（元）

应缴纳的增值税=68×10×250 × 13%-4 800=17 300（元）

应缴纳的城市维护建设税和教育费附加=（62 700+17 300）×（7%+3%）=8 000（元）

税前利润=68×10×250 −30×10×250−10 000−62 700−8 000= 14 300（元）

③纳税筹划以后各种税费及利润的差异为：

少缴纳的消费税=106 500−62 700=43 800 （元）

少缴纳的增值税=19 575−17 300=2 275（元）

少缴纳的城市维护建设税和教育费附加=12 607.5−8 000=4 607.5 （元）

增加的税前利润=14 300−（−16 607.5）=30 907.5 （元）

通过以上分析可以看出，虽然该企业卷烟的调拨价格由75元降为68元，单位调拨价格降低了7元，但是相应的消费税减少了43 800元，增值税减少了2 275元，城市维护建设税和教育费附加减少了4 607.5元，企业利润由亏损转为盈利，而且大幅增加了30 907.5元，增幅达186.11%。其重要原因是消费税比例税率降低了20%，从而使消费税负担减轻。

所以，当纳税人卷烟的调拨价格在70元以上时，就有一个定价盲区，盲区内缴纳的税费将会高于增加的销售额。

（3）卷烟调拨价格定价盲区的计算

设生产企业每条卷烟在 70 元以上的临界点调拨价格为 X，税前收益为 Y_1；调拨价格为 69.99 元的税前收益为 Y_2。

则：

卷烟出厂环节应缴纳的消费税 = 56%X + 从量税

卷烟出厂环节应缴纳的增值税 = 13%X - 进项税额

卷烟出厂环节应缴纳的城市维护建设税和教育费附加 = [（56%X + 从量税）+（13%X - 进项税额）] ×（7% + 3%）

企业利润：Y_1 = X - 成本 -（56%X + 从量税）- [（56%X + 从量税）+（13%X - 进项税额）] ×（7% + 3%）

同理，销售每条卷烟价格为 69.99 元时：

企业利润：Y_2 = 69.99 - 成本 -（69.99 × 36% + 从量税）- [（69.99 × 36% + 从量税）+（69.99 × 13% - 进项税额）] ×（7% + 3%）

当卷烟定价在 70 元以上的税前收益等于卷烟定价为 69.99 元的税前收益时，即令 $Y_1 = Y_2$

解得：

X = 111.49（元）

即临界点的价格为 111.49 元（不含增值税价格）。

（4）筹划结论

① 当卷烟调拨价格（不含增值税价）在 0 ≤ X < 70 元时，其税前利润随着卷烟价格的提高而增加。

② 当卷烟调拨价格（不含增值税价）在 70 元 ≤ X ≤ 111.49 元时，其税前利润小于定价为 69.99 元的利润，因为税率的跳档引起消费税税额的增加大于提价带来的利润。因此，此时企业应将调拨价格降低至 70 元以下，以消费税税率降低带给企业的利润增加来弥补价格降低造成的损失。区间 70 元 ≤ X ≤ 111.49 元就为卷烟定价的盲区。

③ 当卷烟调拨价格（不含增值税价）大于 111.49 元时，虽然消费税也会增加，但卷烟价格的提升会弥补增加的消费税，因此其税前利润随着卷烟价格的提高而增加。

所以，卷烟定价的最优区间为：0 ≤ X < 70 元和超过 111.49 元，此时的定价都能带来企业利润最大化；相反，若卷烟定价在 70 元 ≤ X ≤ 111.49 元，则会给企业带来负面影响，不仅降低企业利润，还可能因价格的提高而影响卷烟的销售量，所以企业定价应当回避该区间。

2）啤酒消费品的纳税筹划

（1）啤酒消费品纳税筹划概述

啤酒实行从量计征消费税的计税方法。啤酒分为甲类啤酒和乙类啤酒两类，其每吨啤酒出厂价（含包装物及包装物押金，不含增值税）在 3 000 元（含 3 000 元）以上的为甲类啤酒，适用定额税率 250 元/吨；每吨出厂价在 3 000 元（含包装物及包装物押金，不含增值税）以下的为乙类啤酒，适用定额税率 220 元/吨。因此，可以利用对啤酒出厂价格的确定来进行纳税筹划。尤其是采取实物折扣的情况之下，出厂价接近 3 000 元时，可以通过将实物折扣转化为价格折扣的方法进行纳税筹划。具体方法是：在同一张发票上开具销售啤酒的数量与赠送啤酒的数量，按销售啤酒的价款除以总数量，用于确定销售单价。这样做，既不会影响购买者享受优惠待遇，本企业还不会增加税收负担。而且，将出厂价格筹划到 3 000 元以下将会适用 220 元/吨的定额税率。

（2）啤酒消费品纳税筹划应用

【案例 4-13】某啤酒厂为增值税一般纳税人，适逢盛夏，为了促销，企业决定 2023 年 7 月 1 日至 2023 年 8 月 31 日给予购买方以"买即送"的活动，购买 10 吨送 1 吨，多购多送。啤酒厂共售出啤酒 1 000 吨，每吨不含增值税售价为 3 200 元，赠送啤酒 100 吨。为该企业进行纳税筹划。

【解析】

①筹划之前，该啤酒厂应缴纳的消费税为：

（1 000+100）×250=275 000（元）

②纳税筹划。该啤酒厂采取价格折扣的方式，名义上为实物折扣，开具发票时，在同一张发票上以折价后的形式体现，即

每吨啤酒销售价=3 200×1 000÷（1 000+100）=2 909.09（元）

这样每吨 2 909.09 元的出厂价格低于 3 000 元，即适用 220 元/吨的定额税率，则当期售出 1 100 吨啤酒应缴纳的消费税为：

1 100×220=242 000（元）

③筹划前后比较，销售与赠送的数量不变，购买者享受的优惠待遇不变，但本厂应缴纳的消费税税额降低了 33 000 元（275 000-242 000）。

（3）啤酒消费品纳税筹划需要注意的问题

① 以销售货物的总价款除以销售数量与赠送数量之和计算的单价不能低于市场价，否则会被税务机关重新核定，加重税负。实际应用当中，折扣额和销售额需在同一张发票金额栏上分别注明。

② 啤酒消费税单位税额按照出厂价格（含包装物及包装物押金）划分档次，如果纳税人收取了啤酒包装物押金，须计入出厂价格用以判断适用税率，而其他从量计征的应税消费品，包装物押金不适用该规定。

4.4.2 高档次、超豪华应税消费品的纳税筹划

1）高档次、超豪华应税消费品纳税筹划概述

消费税对部分消费品，按照其价格的高低，划分了征税与免税的界限。具体有：①高档手表，不含增值税的销售价格每只在 1 万元（含）以上的征税，低于 1 万元的不征税；②高档化妆品，只对高档美容、修饰类化妆品、高档护肤类化妆品和成套化妆品（高档美容、修饰类化妆品、高档护肤类化妆品是指生产（进口）环节不含增值税销售（完税）价格在 10 元/毫升（克）或 15 元/片（张）及以上的美容、修饰类化妆品和护肤类化妆品）征税，普通化妆品不征税；③超豪华小汽车，130 万元及以上的在零售环节加征一道消费税，130 万元以下的不加征。对于这种情形，可以通过确

定起征点最低定价的方法进行筹划。

2）高档次、超豪华应税消费品纳税筹划应用

【案例 4-14】维纳化妆品有限公司是增值税一般纳税人，从事护肤品的生产销售，2023 年 8 月份生产销售 A 类护肤品 1 200 瓶，每瓶 150 毫升，每毫升 11 元（不含增值税）；生产销售 B 类护肤品 1 200 瓶，每瓶 150 毫升，每毫升 9.5 元（不含增值税）。试分析该企业销售两种护肤品的消费税税负。

【解析】

（1）该企业销售 A 类护肤品的销售额及应缴纳的消费税为：

A 类护肤品销售额 $=11×1\ 200×150=1\ 980\ 000$（元）

A 类护肤品应缴纳的消费税 $=1\ 980\ 000×15\%=297\ 000$（元）

（2）该企业销售 B 类护肤品的销售额为：

B 类护肤品销售额 $=9.5×1\ 200×150=1\ 710\ 000$（元）

B 类护肤品不缴纳消费税。

（3）两类护肤品的销售额差异为：

$1\ 980\ 000-1\ 710\ 000=270\ 000$（元）

两种护肤品销售数量相同，销售单价每毫升相差 1.5 元，销售额相差 270 000 元，但消费税税负相差 297 000 元。因此，从减轻企业税负的角度分析，企业宜选择生产销售 9.5 元/毫升的护肤品。

【素质拓展 4-3】

消费税中有些应税消费品根据销售价格的不同规定了不同的消费税税率，如卷烟按照每条调拨价格低于 70 元或者等于大于 70 元，分别规定了 36% 或 56% 的比例税率；啤酒对每吨售价 3 000 元以下的规定每吨 220 元的消费税，对每吨售价达到 3 000 元的，规定每吨 250 元的消费税。有些货物是以单位售价作为是否属于消费税征税范围的标准，如高档化妆品、高档手表、超豪华小汽车等。这些规定均体现出售价高的消费品需要负担消费税，售价越高负担的消费税越多的特点。消费税的这一特点意味着高价消费品要多负担消费税，从而限制社会成员追求高价消费品，引导消费者树立正确的消费观。

3）高档次、超豪华应税消费品定价盲区的计算

对于化妆品税目来说，高于 10 元/毫升（克），或者高于 15 元/片（张）要缴纳消费税及附加，所以，在纳税人确定化妆品销售价格时，就有一个定价盲区，盲区内税费后的金额将低于征税起点的金额。

设高于 10 元/毫升（克）的化妆品最低不含增值税的售价为 X。由于增值税为价外税，定价不考虑，城市维护建设税税率为 7%，教育费附加征收率为 3%，则有：

$$X-[X×15\%+X×15\%×（7\%+3\%）]≥10$$

解得：$X≥11.98$

就是说，如果企业化妆品的销售价格高于 10 元/毫升（克）销售，应缴纳消费

税，但定价不应低于11.98元/毫升（克）。即要么定价低于10元，获得免税待遇，可增强市场竞争力；要么定价高于11.98元，以增加的收入来弥补多缴的税费，获得更多的收益。定价盲区为：10元≤X≤11.98元。

4）高档次、超豪华应税消费品纳税筹划需要注意的问题

对于以价格的高低来确定征免消费税的应税消费品，避免在定价盲区中确定价格，以免出现消费税税额的增加超过销售额增加的"倒流现象"，影响企业利益。

【素质拓展4-4】

我们党作为百年大党，要始终得到人民的拥护和支持，书写中华民族千秋伟业，必须始终牢记初心和使命。在消费税税率适用方面根据货物价格规定不同税率的政策，形成了纳税人通过降低售价获得税收利益的筹划空间，降低价格使纳税人的税负降低，获得更高的利润，同时，消费者也因此获得了更好的购买体验，得到了更高层次的满足。税收政策有助于全面建成小康社会，也有助于不断提高人民生活水平。这正是中国共产党人矢志践行的初心使命。

4.5 进口应税消费品的纳税筹划

4.5.1 进口应税消费品征税规定及筹划思路

申报进入我国境内的应税消费品（改在零售环节征税的除外），应于报关进口时缴纳消费税，税款由海关代征。其课税对象为进口商品总值，包括关税完税价格、关税和消费税三部分内容。总额课征的方式，加上最高可达56%的分类分项差别税率，决定了其在企业纳税筹划中占有重要的地位。

进口应税消费品消费税的税目、税率（税额），依据《消费税税目、税率（税额）表》执行。实行从价定率办法计算应纳税额的，按照组成计税价格计算纳税；实行从量定额办法计算应纳税额的，按照海关核定的应税消费品进口数量计算纳税，实行从价定率和从量定额复合计税办法计算应纳税额的，按照组成计税价格与海关核定的应税消费品进口数量计算纳税。

（1）实行从价定率办法计算纳税的组成计税价格计算公式：

组成计税价格=（关税完税价格+关税）÷（1-消费税比例税率）

应纳税额=组成计税价格×消费税比例税率

（2）应纳税额=应税消费品数量×消费税定额税率

（3）实行复合计税办法计算纳税的组成计税价格计算公式：

组成计税价格=（关税完税价格+关税+进口数量×消费税定额税率）÷（1-消费税比例税率）

应纳税额=组成计税价格×消费税比例税率+应税消费品进口数量×消费税定额税率

可见，对完税价格进行纳税筹划，是进口环节纳税筹划的重要内容之一。此外，还有兼营筹划、成套消费品筹划、购买进口小汽车筹划等。

4.5.2　进口应税消费品的纳税筹划

1）完税价格的纳税筹划

进口货物以海关审定的正常成交价格为基础的到岸价格作为完税价格。到岸价格包括货价加上货物运抵中华人民共和国关境内输入地点起卸前的包装费、运费、保险费和其他劳务费等费用。要达到少纳税的目的，就应尽可能地降低完税价格，想办法缩小进口货物的报关价格而又能被海关认可为"正常成交价格"。其方法主要是：选择同类产品中成交价格较低的商品进口；降低进口商品的运费和杂费；在报关时，列明另行付给卖方的佣金并相应减除。

2）报关进口适用不同税率应税消费品和成套消费品的纳税筹划

税法规定，纳税人对于应税消费品与非应税消费品、适用不同税率的应税消费品未分开报关进口，以及适用不同税率的应税消费品组成成套消费品报关进口的，应根据组合产品的销售金额按应税消费品的最高税率征税。因此，进口应征消费税的消费品时，税率不同的项目应分别申报，否则按高税率计算征税。例如，进口高档化妆品的同时也进口普通化妆品的，应分别报关，这是因为高档化妆品适用15%的消费税税率，而普通化妆品不征消费税，如果不分别报关，全部按15%的税率征税则会加重进口企业的税负。此外，高档化妆品与普通化妆品作为成套消费品进口时，也适用15%的消费税税率，所以在进口报关时应尽可能不要按成套消费品报送进口。

3）购买进口小汽车的纳税筹划

纳税人进口应征消费税的小汽车属于应税消费品，应按照规定缴纳消费税，但纳税人进口的汽车零部件、工具件，却不属于应税消费品。因此，纳税人将汽车工具件、零部件与应征消费税的小汽车合并一起报关进口，应按全部进口额缴纳消费税，如果单独报关，汽车工具件、零部件等则不需要缴纳消费税。

【案例4-15】某进出口公司2023年11月进口某品牌小轿车2辆，5.5升排量。报关进口时，海关审定的完税价格为175万元/辆（含随同报关的工具件和零部件15万元/辆）。进口小轿车关税税率为25%，进口零部件关税税率为10%，消费税税率为40%。为该公司进行纳税筹划。

【解析】

①筹划前，该项业务的应纳税额为：

海关课征关税=175×2×25%=87.5（万元）

海关代征消费税=（175×2+87.5）÷（1-40%）×40%=291.67（万元）

海关代征增值税=（175×2+87.5+291.67）×13%=94.79（万元）

合计应纳税额=87.5+291.67+94.79=473.96（万元）

②纳税筹划。该公司进口报关时，将每部车的工具件和零部件15万元单独报关进口。

海关课征关税=160×2×25%+15×2×10%=83（万元）

海关代征消费税=（160×2+160×2×25%）÷（1-40%）×40%=266.67（万元）

海关代征增值税=［（160+15）×2+83+266.67］×13%=90.96（万元）

合计应缴纳税款=83+266.67+90.96=440.63（万元）

③筹划后，少缴纳的税款为：

少纳关税税额=87.5-83=4.5（万元）

少纳消费税税额=291.67-266.67=25（万元）

少纳增值税税额=94.79-90.96=3.83（万元）

筹划后合计少缴纳税款=4.5+25+3.83=33.33（万元）

因此，在法律许可的范围内，对进口消费品进行筹划，可以使纳税人少缴纳消费税及其他税种，从而获得较多的利益。

素养园地

消费税是马克思主义税收思想的具体体现

马克思主义税收思想以哲学、经济学以及社会主义理论为基础，体现了国家的阶级性、革命性以及科学性的统一。消费税的存在为政府组织税收收入作出了贡献，也有利于辅助政府有效控制市场机制中的负外部效应，如对烟、酒、鞭炮和木制品课税就属于通过征税，限制消费、引导形成绿色消费观念；消费税对贵重首饰、珠宝玉石、高尔夫球及球具、高档手表和游艇则属于对奢侈品征收消费税，目的在于调节社会贫富差距，构建和谐社会关系；对成品油、小汽车、摩托车等征税，是通过消费税征收促进纳税人节能减排，实现社会的可持续发展。通过消费税构建的绿色消费习惯、和谐社会关系和可持续发展模式，就是政府提供的非常重要的外部效益。

基本训练

参考答案

◎ 课堂讨论

4.1 关联企业如何筹划会降低消费税税收负担？

4.2 谈一谈利用包装方式筹划的基本思路。

4.3 不同产品的套装组合方式是如何影响其定价的？

◎ 知识掌握

4.1 简述自制应税消费品用于"其他方面"的内容及纳税筹划方法。

4.2 简述成套消费品纳税筹划的思路与方法。

4.3 有哪些应税消费品具有明确的征免税界限？

4.4 如何利用定价策略筹划消费税？

观念应用

参考答案

◎ 案例分析

案例1 某酒厂是增值税一般纳税人，其生产的酒类有粮食白酒和其他酒，还生产上述两类酒的小瓶装礼品套装酒。2024年1月，该厂对外销售粮食白酒12 000瓶，不含增值税价格为 28 元/瓶，每瓶 0.5 千克包装；销售果木酒 8 000 瓶，不含增值税价格为 58 元/瓶，每瓶 0.5 千克包装；销售套装酒 700 套，不含增值税价格为 130 元/套，其中白酒 3 瓶、果木酒 3 瓶，均为 0.25 千克包装。

问题：

（1）计算三类酒单独核算与不单独核算情况下应缴纳的消费税。

（2）为套装酒进行纳税筹划，使其税负降低。

（3）选择最优方案并简述筹划依据。

案例 2　某啤酒集团公司是增值税一般纳税人，生产某品牌啤酒。啤酒不含增值税出厂价为 2 660 元/吨。2024 年 1 月该公司准备为批量销售啤酒提供包装物服务，有两种方案可供选择：方案一，包装物随同产品出售，单独计价，含增值税售价为 395.5 元；方案二，包装物出租，收取租金 33.9 元（含增值税价），押金 361.6 元（含增值税价）。已知每吨啤酒包装物成本为 280 元，每吨啤酒成本为 1 500 元，假定未来押金不退。（城市维护建设税税率 7%，教育费附加征收率 3%）

问题：

（1）分析两种方案下的消费税适用税率，比较税负。

（2）计算两种方案下每吨啤酒的利润，选择最优方案。

（3）阐述包装物纳税筹划对购销双方的好处。

案例 3　某汽车商贸有限公司为增值税一般纳税人，从事各种小汽车的零售业务。2024 年 2 月销售气缸容量为 4.1 升的 A 款小汽车 12 辆，每辆不含增值税售价 129 万元；销售气缸容量为 4.5 升的 B 款小汽车 10 辆，每辆不含增值税售价 140 万元。（超豪华小汽车为零售单价在 130 万元及以上的小汽车。消费税税率为 10%，城市维护建设税税率为 7%，教育费附加征收率为 3%）

问题：

（1）试分析该企业销售两款小汽车的销售额差异和消费税税负差异。

（2）计算超豪华小汽车的定价盲区。（考虑城市维护建设税、教育费附加，不考虑增值税）

案例 4　某筷业有限公司是增值税一般纳税人，主要生产木制一次性筷子。正常情况下以每箱 100 元的价格销售给经销商，经销商再以 140～160 元的价格对外销售。本地有许多饭店、酒馆习惯直接来公司购买。为了保证该产品的市场零售价，该公司一般以每箱 120～150 元的价格销售给这些饭店、酒馆。为了满足当地饭店、酒馆的需求，该公司经研究，决定 2024 年在当地成立一销售门市部，由门市部专营销售。（以上价格均为不含增值税价）

问题：

（1）分析该公司应设独立核算的门市部还是非独立核算的门市部。阐述理由。

（2）该公司发往门市部的木制一次性筷子应如何定价？

（3）经过纳税筹划，该公司每箱木制一次性筷子可以少缴纳多少消费税？

◎ **实践训练**

实践 1　2024 年 1 月 20 日，春和酒业有限责任公司（以下简称春和公司）承接明珍公司白酒订单一份。合同约定，春和公司为明珍公司生产白酒20万千克，要求1千克装一瓶，共销售20万瓶，销售金额1 400万元。春和公司当即购进原材料高粱60万千克，金额为150万元，准备加工成白酒20万千克，现制订出四种加工方案：

方案一：春和公司自行加工白酒，发生加工费用50万元。

方案二：委托金口子酒厂将60万千克高粱加工成散装白酒20万千克，需要支付加工费45万元，散装白酒运回本厂后再装瓶，需要支付装瓶费3万元。

方案三：委托金口子酒厂将60万千克高粱加工成散装白酒20万千克并装瓶，需要支付加工费50万元。

方案四：委托金口子酒厂将60万千克高粱加工成高纯度白酒10万千克，需要支付加工费30万元，然后由本公司继续加工生产成20万千克白酒装瓶并销售，需要加工费15万元。

已知春和公司适用的城市维护建设税税率为7%，教育费附加征收率为3%，企业所得税税率为25%，增值税以及由此计算的城市维护建设税和教育费附加不考虑。

问题：

（1）走进企业，了解酒类生产企业的生产加工方式。

（2）请计算四种方案的消费税和城市维护建设税、教育费附加及税后利润。

（3）根据上述四种方案测算结果，编制"春和酒业有限责任公司经营方式比较表"，见表4-1。

表4-1　　　　　　　　　春和酒业有限责任公司经营方式比较表

操作思路		代扣代缴消费税	本企业缴纳消费税	消费税合计	税后利润
方案一	自己生产				
方案二	委托加工散装白酒				
方案三	委托加工成可直接出售的瓶装白酒				
方案四	委托加工成高纯度白酒后由本厂生产成白酒装瓶销售				

（4）分析四种方案哪种方案最好，哪种方案最差，并说明理由。

实践2　妮亚化妆品集团公司属于增值税一般纳税人，主要生产销售的产品有：香水、香粉、润肤霜等高档化妆品；洗发水、沐浴液等普通护肤护发品。2024年1月，妮亚化妆品集团公司销售情况如下：

①将15元/毫升规格的香水和20元/克规格的香粉连同大型外包装物一起销售，取得销售收入50万元，其中外包装物价值1万元，外包装物根据性能特点可以随同产品一起销售，也可以出租出借，进行周转使用。

②将20元/克规格的香粉和12元/克规格的润肤霜销售给其集团内部独立核算的门市部，取得销售额8万元，同样的香粉、润肤霜市场价格一般为7万~8万元。

③销售套装消费品500套，每套由一瓶15元/毫升的香水（450元）、一瓶12元/克的润肤霜（360元）、一瓶5元/毫升的洗面奶（200元）、一件小工艺品（25元）和包装盒（30元）组成。（上述价格均为不含增值税价）

问题：

（1）选择至少两个知名化妆品企业进行市场调查，了解当前化妆品企业消费税税负，并为企业进行纳税筹划指导。

（2）按照包装物纳税筹划方法，对业务①的包装物进行纳税筹划，并作简要分析。

（3）利用转让定价纳税筹划法，对该公司销售给其集团内部的消费品进行纳税筹划，并为其确定恰当的价格。

（4）对该公司销售套装消费品进行纳税筹划分析。

第4章　扫码答题

第5章 企业所得税纳税筹划与案例

◆ 学习目标

1.了解企业所得税的优惠政策，充分运用优惠政策。

2.理解纳税人、税率的税收规定，能够运用相关规定进行纳税筹划。

3.理解应税收入的确定，能够运用相关规定进行纳税筹划。

4.理解企业所得税成本费用税前扣除的规定，能够运用相关规定进行纳税筹划。

5.理解企业所得税资本性支出税前扣除的规定，能够运用相关规定进行纳税筹划。

6.激励学生坚守道德准则，提高思想境界，积极践行社会主义核心价值观；引导学生树立创新学习的理念；培养学生助人为乐的社会责任感。

◆ 主要概念与原理

优惠政策　企业合并　企业分立　优惠税率　应税收入　成本费用的税前扣除资本性支出的税务处理

企业所得税是对我国境内的企业和其他取得收入的组织的生产经营所得和其他所得征收的一种税。现行企业所得税的法律规范，是2007年3月16日第十届全国人大五次会议通过、2017年2月24日第十二届全国人民代表大会常务委员会第二十六次会议修正的《中华人民共和国企业所得税法》（以下简称《企业所得税法》）和2007年12月6日国务院发布的《中华人民共和国企业所得税法实施条例》。

企业所得税的纳税筹划可以从税收优惠、纳税人、税率、税前扣除等方面进行，其中应税收入、成本费用、资本性支出的筹划又是重点。

5.1　企业所得税的优惠政策

企业所得税法实行以产业优惠为主、区域优惠为辅的所得税优惠政策，对现行税收优惠政策进行了整合，重点向高科技、环保、农林牧等基础产业及国家鼓励投资的项目或产业倾斜。

💡 **勤学善思**

　　某农场从事种植业，2021 年，该农场全部土地用来种植红薯和甘蔗，当年能实现所得额 600 万元。农场拟定扩大种植规模，但在种植油料作物（大豆）还是种植花卉上难以决断。假定，种植大豆或种植各种花卉均能实现所得额 200 万元。请问该农场该如何选择税负可以降低？

5.1.1　项目所得减免税

　　企业的下列所得可以免征、减征企业所得税：

　　（1）企业从事税法规定的农作物、中药材和林木种植，农作物新品种选育，牲畜和家禽饲养，林产品采集，远洋捕捞以及农、林、牧、渔业项目的所得，免征企业所得税；企业从事税法规定的花卉、茶以及其他饮料作物和香料作物的种植，海水和内陆养殖项目的所得，减半征收企业所得税。

📢 **指点迷津**

　　在筹划中要注意，对实现的不同种植项目作物的所得必须要独立计量和核算，不能把征税作物、减税作物和免税作物的所得混在一起，否则就要高征税。

　　（2）企业从事国家重点扶持的公共基础设施项目的投资经营所得，自项目取得第一笔生产经营收入所属的纳税年度起，第 1 年至第 3 年免征企业所得税，第 4 年至第 6 年减半征收企业所得税。国家重点扶持的公共基础设施项目，是指《公共基础设施项目企业所得税优惠目录》规定的港口码头、机场、铁路、公路、城市公共交通、电力、水利等项目。但是，企业承包经营、承包建设和内部自建自用上述项目的，不得享受上述企业所得税优惠。

　　（3）企业从事符合条件的环境保护、节能节水项目的所得，自项目取得第一笔生产经营收入所属的纳税年度起，第 1 年至第 3 年免征企业所得税，第 4 年至第 6 年减半征收企业所得税。符合条件的环境保护、节能节水项目包括公共污水处理、公共垃圾处理、沼气综合开发利用、节能减排技术改造、海水淡化等。

　　（4）在一个纳税年度内，居民企业技术转让所得不超过 500 万元的部分，免征企业所得税；超过 500 万元的部分，减半征收企业所得税。居民企业从直接或间接持有股权之和达到 100% 的关联方取得的技术转让所得，不享受技术转让减免企业所得税优惠政策。

　　（5）外国政府向中国政府提供贷款取得的利息所得，国际金融组织向中国政府和居民企业提供优惠贷款取得的利息所得，免征企业所得税。

　　（6）国家需要重点扶持的高新技术企业，减按 15% 的税率征收企业所得税。自2018 年 1 月 1 日起，对经认定的技术先进型服务企业（服务贸易类），减按 15% 的税率征收企业所得税。

（7）非营利组织的下列收入为免税收入：接受其他单位或者个人捐赠的收入；除《企业所得税法》第七条规定的财政拨款以外的其他政府补助收入，但不包括因政府购买服务取得的收入；按照省级以上民政、财政部门规定收取的会费；不征税收入和免税收入孳生的银行存款利息收入；财政部、国家税务总局规定的其他收入。

（8）对企业持有 2016 年至 2018 年发行的铁路债券取得的利息收入，减半征收企业所得税。

（9）"两免三减半"：国家鼓励的集成电路设计、装备、材料、封装、测试企业和软件企业，自获利年度起第 1 年至第 2 年免征企业所得税，第 3 年至第 5 年按照 25%的法定税率减半征收企业所得税。

（10）2019 年 1 月 1 日至 2027 年 12 月 31 日，经营性文化事业单位转制为企业，自转制注册之日起 5 年内免征企业所得税。2018 年 12 月 31 日之前已完成转制的企业，自 2019 年 1 月 1 日起可继续免征 5 年企业所得税。

（11）自 2021 年 1 月 1 日至 2027 年 12 月 31 日，对符合条件的生产和装配伤残人员专门用品，且在民政部发布的《中国伤残人员专门用品目录》范围之内的居民企业，免征企业所得税。

（12）海南自由贸易港企业所得税优惠：

① 自 2020 年 1 月 1 日至 2024 年 12 月 31 日，对注册在海南自由贸易港并实质性运营的鼓励类产业企业，减按 15%的税率征收企业所得税。

② 自 2020 年 1 月 1 日至 2024 年 12 月 31 日，对在海南自由贸易港设立的旅游业、现代服务业、高新技术产业企业新增境外直接投资取得的所得，免征企业所得税。

③ 对在海南自由贸易港设立的企业，新购置（含自建、自行开发）固定资产（房屋、建筑物除外）或无形资产，单位价值不超过 500 万元（含）的，允许一次性计入当期成本费用在计算应纳税所得额时扣除，不再分年度计算折旧和摊销；单位价值超过 500 万元的，可以缩短折旧、摊销年限或采取加速折旧、摊销的方法。

（13）小型微利企业：

① 小型微利企业是指从事国家非限制和禁止行业，且同时符合年度应纳税所得额不超过 300 万元、从业人数不超过 300 人、资产总额不超过 5 000 万元 3 个条件的企业。

② 2027 年 12 月 31 日前，年应纳税所得额不超过 100 万元的部分，减按 25%计入应纳税所得额；超过 100 万元但不超过 300 万元的部分，减按 25%计入应纳税所得额。

视频 6

企业成长这十年："小泡菜"成就地方经济发展"金产业"

5.1.2 民族自治地方企业减免税

民族自治地方的自治机关对本民族自治地方的企业应缴纳的企业所得税中属于地方分享的部分，可以决定减征或免征。自治州、自治县决定减征或免征的，需报省、自治区、直辖市人民政府批准。

自 2021 年 1 月 1 日至 2030 年 12 月 31 日，对设在西部地区的鼓励类产业企业减按 15%的税率征收企业所得税。

5.1.3　加计扣除

（1）企业为开发新技术、新产品、新工艺发生的研究开发费用，未形成无形资产计入当期损益的，在按照规定据实扣除的基础上，按照研究开发费用的50%加计扣除；形成无形资产的，按照无形资产成本的150%摊销。

视频 7

税收助力
"西港特区"
蓬勃发展

企业开展研发活动中实际发生的研发费用，未形成无形资产计入当期损益的，在按照规定据实扣除的基础上，自2023年1月1日起，再按照实际发生额的100%在税前加计扣除；形成无形资产的，在上述期间按照无形资产成本的200%在税前摊销。

符合条件的集成电路企业和工业母机企业开展研发活动中实际发生的研发费用，未形成无形资产计入当期损益的，在按规定据实扣除的基础上，在2023年1月1日至2027年12月31日期间，再按照实际发生额的120%在税前加计扣除；形成无形资产的，在上述期间，按照无形资产成本的220%在税前摊销。

但下列行业不适用税前加计扣除政策：烟草制造业；住宿和餐饮业；批发和零售业；房地产业；租赁和商务服务业；娱乐业；财政部和国家税务总局规定的其他行业。

【素质拓展5-1】

研发费用加计扣除优惠政策对促进企业科技创新，推动产业结构升级、建设创新型国家等方面发挥了积极引导作用。习近平总书记在长春召开部分省区党委主要负责同志座谈会上强调："抓创新就是抓发展，谋创新就是谋未来。"在全面深化改革，破解发展难题的今天，我党把创新摆在国家发展全局的核心位置。个人只有创新才能更好地在社会立足，不断地进步，才能应对各种困难和挑战。

（2）企业安置《中华人民共和国残疾人保障法》规定的残疾人员的，在按照支付给残疾职工工资据实扣除的基础上，按照支付给残疾职工工资的100%加计扣除。

5.1.4　创业投资企业投资抵免

创业投资企业采取股权投资方式投资未上市的中小高新技术企业2年以上的，可以按照其投资额的70%在股权持有满2年的当年抵扣该创业投资企业的应纳税所得额；当年不足抵扣的，可以在以后年度结转抵扣。

5.1.5　加速折旧

（1）企业的固定资产由于技术进步或处于强震动、高腐蚀状态，确需加速折旧的，可以缩短折旧年限或者采取加速折旧的方法。采取缩短折旧年限方法的，最低折旧年限不得低于税法规定最低折旧年限的60%；采取加速折旧方法的，可以采取双倍余额递减法或者年数总和法。

（2）《财政部　国家税务总局关于完善固定资产加速折旧企业所得税政策的通知》

（财税〔2014〕75号）规定：

对生物药品制造业，专用设备制造业，铁路、船舶、航空航天和其他运输设备制造业，计算机、通信和其他电子设备制造业，仪器仪表制造业，信息传输、软件和信息技术服务业等6个行业的企业2014年1月1日后新购进的固定资产，可缩短折旧年限或采取加速折旧的方法。

对符合条件的轻工、纺织、机械、汽车等4个领域重点行业的企业，2015年1月1日后新购进的固定资产，允许按不低于企业所得税规定折旧年限的60%缩短折旧年限或采取加速折旧的方法。

自2019年1月1日起，适用固定资产加速折旧优惠相关规定的行业范围，扩大至全部制造业领域。

企业在2018年1月1日至2027年12月31日期间新购进（包括自行建造）的设备、器具，单位价值不超过500万元的，允许一次性计入当期成本费用在计算应纳税所得额时扣除，不再分年度计算折旧。

5.1.6　减计收入

企业综合利用资源，生产符合国家产业政策规定的产品所取得的收入，可以在计算应纳税所得额时，减按90%计入收入总额。

自2019年6月1日起至2025年12月31日，社区提供养老、托育、家政等服务的机构，提供社区养老、托育、家政服务取得的收入，在计算应纳税所得额时，减按90%计入收入总额。

视频8

六税两费
政策解读

5.1.7　专用设备投资抵免

企业购置并实际使用税法规定的环境保护、节能节水、安全生产等专用设备的，该专用设备投资额的10%可以从企业当年的应纳税额中抵免；当年不足抵免的，可以在以后5个纳税年度内结转抵免。

5.2　企业所得税纳税人及税率的筹划

5.2.1　企业所得税纳税人的相关规定

在中华人民共和国境内，企业和其他取得收入的组织，包括依照中国法律、行政法规在中国境内成立的企事业单位、社会团体以及其他取得收入的组织（以下统称企业），为企业所得税的纳税人。企业所得税的纳税人不包括依照中国法律、行政法规成立的个人独资企业和合伙企业。

企业分为居民企业和非居民企业。居民企业，是指依法在中国境内成立，或者依照外国（地区）法律成立，但实际管理机构在中国境内的企业。非居民企业，是指依照外国（地区）法律成立且实际管理机构不在中国境内，但在中国境内设立机构、场所，或者在中国境内未设立机构、场所但有来源于中国境内所得的企业。

上述机构、场所是指在中国境内从事生产经营活动的机构、场所，包括：

① 管理机构、营业机构、办事机构。

② 工厂、农场、开采自然资源的场所。

③ 提供劳务的场所。

④ 从事建筑、安装、装配、修理、勘探等工程作业的场所。

⑤ 其他从事生产经营活动的机构、场所。

非居民企业委托营业代理人在中国境内从事生产经营活动的，包括委托单位或者个人经常代其签订合同，或者储存、交付货物等，该营业代理人视为非居民企业在中国境内设立的机构、场所。

居民企业应当就其来源于中国境内、境外的所得缴纳企业所得税。

非居民企业在中国境内设立机构、场所的，应当就其所设机构、场所取得的来源于中国境内的所得，以及发生在中国境外但与其所设机构、场所有实际联系的所得，缴纳企业所得税。非居民企业在中国境内未设立机构、场所的，或者虽设立机构、场所但取得的所得与其所设机构、场所没有实际联系的，应当就其来源于中国境内的所得缴纳企业所得税。

5.2.2　企业所得税的税率

1) 法定税率

居民企业适用的企业所得税法定税率为25%。

非居民企业在中国境内未设立机构、场所的，或者虽设立机构、场所但取得的所得与其所设机构、场所没有实际联系的，其来源于中国境内的所得，法定税率为20%。

2) 优惠税率

（1）从事国家非限制和禁止行业且符合以下条件的微利企业，减按20%的税率征收企业所得税。微利企业认定条件：自2019年1月1日起，从事国家非限制和禁止行业，且同时符合年度应纳税所得额不超过300万元、从业人数不超过300人、资产总额不超过5 000万元等三个条件的企业。

具体包括：农、林、牧、渔业，工业，建筑业，批发业，零售业，交通运输业（不含铁路运输业），仓储业，邮政业，住宿业，餐饮业，信息传输业，软件和信息技术服务业，房地产开发经营，物业管理，租赁和商务服务业，其他未列明行业。

（2）国家需要重点扶持的高新技术企业，减按15%的税率征收企业所得税。国家需要重点扶持的高新技术企业，是指拥有核心自主知识产权，并同时符合下列条件的企业：产品（服务）属于《国家重点支持的高新技术领域目录》规定的范围；研究开发费用占销售收入的比例不低于规定的比例；高新技术产品（服务）收入占企业总收入的比例不低于规定的比例；科技人员占企业职工总数的比例不低于规定的比例；高新技术企业认定管理办法规定的其他条件。

（3）非居民企业在中国境内未设立机构、场所的，或者虽设立机构、场所但取得的所得与其所设机构、场所没有实际联系的，其来源于中国境内的所得，减按 10% 的税率征收企业所得税。

（4）自 2021 年 1 月 1 日至 2030 年 12 月 31 日，对设在西部地区的鼓励类产业企业减按 15% 的税率征收企业所得税。

5.2.3　纳税人与税率的筹划

企业所得税纳税人、税率的筹划主要是通过不同纳税人之间的合并、分立，在集团公司内部设立子公司或是分公司，以达到规避高税率、享受税收优惠的目的。

1）企业合并的纳税筹划

企业合并包括新设合并和吸收合并，是指被合并企业（指一家或多家不需要经过法律清算程序而解散的企业）将其全部资产和负债转让给另一家现存或新设企业（以下简称合并企业），为其股东换取合并企业的股权或其他资产，实现两个或两个以上企业的依法合并。

当企业合并时，可以利用税法中的具体规定，结合合并时企业的具体情况进行纳税筹划。如税法规定合并企业支付给被合并企业或其股东的收购价款中，除合并企业股权以外的现金、有价证券和其他资产（简称为非股权资产），不高于所支付的股权票面价值 20% 的，经税务机关审核确认，当事各方可选择按下列规定进行所得税处理：被合并企业不确认全部资产的转让所得或损失，不计算缴纳所得税。被合并企业合并以前的全部企业所得税纳税事项由合并企业承担，以前年度的亏损，如果未超过法定弥补期限，可由合并企业继续按规定用以后年度实现的与被合并企业资产相关的所得弥补。其计算公式为：

$$\text{某一纳税年度可弥补被合并企业亏损的所得额} = \text{合并企业某一纳税年度弥补亏损前的所得额} \times \frac{\text{被合并企业净资产公允价值}}{\text{合并后合并企业全部净资产公允价值}}$$

根据该规定，有两条优惠政策可利用：一是被合并企业不确认全部资产的转让所得或损失，不计算缴纳所得税；二是满足条件的被合并企业的亏损可继续由合并企业于税前弥补。

【案例 5-1】A 公司持有 C 公司 15% 的股权，且 A 公司资产中非股权资产的比重小于 20%。2019 年以来，A 公司生产经营状况欠佳，一直亏损，处于破产的边缘，急于寻找生机。而同市 B 公司为了取得对 C 公司的绝对控股权（合并前对 C 公司的持股比例为 45%），意欲购进 C 公司发行在外的股份，于是 A、B 两公司达成了一项合并协议。A 公司于 2021 年 12 月被 B 公司吸收合并，B 公司支付给 A 公司的收购价款中包括：股权票面价值 1 000 万元、有价证券 70 万元、其他资产折价 120 万元。合并时，A 公司净资产公允价值为 1 100 万元，前五年内尚有 2019 年度及 2020 年度未弥补完的亏损额 100 万元。合并后，B 公司净资产的公允价值为 8 400 万元。2021 年度，B 公司经税务机关核定，应纳税所得额为 800 万元。试分析合并给 B 公司带来的利与弊。

【解析】

B 公司合并 A 公司时支付的非股权资产比例小于 20%，可采用上面所述的所得税处理方法。2021 年度 B 公司可弥补的被合并企业的亏损额为：

800×1 100÷8 400=104.76（万元）

而 A 公司前 5 年内未弥补的亏损额为 100 万元，小于 104.76 万元，因此可在 2021 年度全部弥补。2021 年度合并后 B 公司应纳的企业所得税为：

（800-100）×25%=175（万元）

合并给 B 公司带来的好处有两个方面：一是取得了对 C 公司的绝对控股权（控股比例由 45% 上升为 60%）；二是因为合并抵减了 2021 年度的应纳税所得额 100 万元，节税 25 万元。

当然，合并也常会给企业带来一些不利的方面。在具体筹划中，应考虑企业合并前后的整体税负，然后再进行决策。

另外，企业合并时不应仅从税收方面考虑，还应该结合企业合并的主要动因和合并的其他成本展开分析。企业合并的原因很多，如实现资源共享、共同管理、节约商品流通费用、获得规模效益、获得增值税一般纳税人资格等，节约税款只是其中很小的一部分。合并给企业带来的其他成本也较多，如债务的增加、并购机会成本的增加、整合营运成本的增加等。因此，合并时应结合各种影响因素，综合权衡，使合并后企业的整体净收益最大。

2）企业分立的纳税筹划

企业分立是指被分立企业将部分或全部资产分离转让给两个或两个以上现存或新设的企业，为其股东换取分立企业的股权或其他资产。

《企业所得税法》规定，从事国家非限制和禁止行业，并符合一定条件的小型微利企业，减按 20% 的低税率征收企业所得税。利用这条规定，可通过企业分立，分解所得额、从业人数、资产总额，以适用更低税率的方法来实现合理避税。

【案例 5-2】甲、乙两投资人于 2021 年设立了一个有限责任公司（为增值税一般纳税人），资产总额 3 500 万元，从业人数 120 人。其主营业务为建材、装饰材料的生产、销售，另外还承接居家装修、装饰工程业务。2021 年该公司销售建材收入为 2 000 万元（不含税），销售建材的同时向客户提供居家装修、装饰工程劳务取得收入 300 万元（不含税），全年应纳税所得额 120 万元。

【解析】

①分立前由于该公司的主营业务为应纳增值税的销售货物行为，因此混合销售收入应合并征收增值税。该公司 2021 年应纳增值税为 299 万元（（2 000＋300）×13%），应纳企业所得税 30 万元（120×25%）。

②将企业分立为两个企业，对其经营的业务也进行划分：A 企业从事建材的生产、销售（仍为增值税一般纳税人），从业人数 100 人，资产总额 3 000 万元，年销售额为 2 000 万元，应纳税所得额为 90 万元；B 企业从事装修、装饰工程，年装修、装饰劳务收入为 300 万元，从业人数 20 人，资产总额 500 万元，应纳税所得额 30 万元。

由于分立前装修、装饰劳务收入与销售建材的销售额一起合并征收 13% 的增值税，分立后装修、装饰劳务可单独缴纳 9% 的增值税，故企业分立使纳税人的流转税税负减轻，其应纳增值税合计为 287 万元（2 000×13%＋300×9%）。

另外，分立后应纳企业所得税为 6 万元（90×20%×25%＋30×20%×25%）。

③与分立前相比，分立后少缴纳流转税12万元，少缴纳所得税24万元。当然，该筹划中除了减轻企业所得税税负外，由于分立可能也会带来其他税负和经营成本的增加。另外，还应考虑投资人的经济实力，要符合《中华人民共和国公司法》的相关规定。只有当各种条件允许且总净收益最大时，才可以采纳此方法。

📢 指点迷津

> 应注意的问题：要权衡公司分立所花费的各种成本（如注册费、各种管理费用）与节税效益及公司未来的业务发展规划战略，慎重决策。
>
> 由于企业所得税按月（季）预缴，按年汇算清缴，预缴时并不能预知全年的实际情况，所以要根据上一年的情况确定是否认定为小型微利企业。尽管预缴时是小型微利企业，按20%税率预缴，但如果利润多了，或者员工多了，或者资产多了，就不是小型微利企业了，就要按25%税率汇算清缴。反之，如果预缴时不是小型微利企业，按25%税率预缴，但利润少了，同时员工少了，资产也少了，汇算清缴时也可以按20%优惠税率。
>
> 企业要安排好年应纳税所得额，不要超过小型微利企业的年应纳税所得额、职工人数和资产总额的临界点。

3）利用不同的组织形式进行筹划

子公司是以独立的法人身份出现的，因而可以享受子公司所在地提供的包括减免税在内的税收优惠。

但设立子公司手续繁杂，需要具备一定的条件；子公司必须独立开展经营，自负盈亏，独立纳税；在经营过程中还要接受当地政府部门的监督管理等。

分公司不具有独立的法人身份，因而不能享受当地的税收优惠。但设立分公司手续简单，有关财务资料也不必公开，分公司不需要独立缴纳企业所得税，并且分公司这种组织形式便于总公司管理控制。

设立子公司与设立分公司的税收利益孰高孰低并不是绝对的，它受到一国税收制度、经营状况及企业内部利润分配政策等多种因素的影响。

通常而言，在投资初期分支机构发生亏损的可能性比较大，宜采用分公司的组织形式，其亏损额可以和总公司的损益合并纳税。

当公司经营成熟后，宜采用子公司的组织形式，以便充分享受所在地的各项税收优惠政策。

【案例5-3】深圳新营养技术生产公司，为扩大生产经营范围，准备兴建一家芦笋种植加工企业，在选择芦笋加工企业组织形式时，该公司进行如下有关税收方面的分析：

芦笋是一种根茎植物，在新的种植区域播种，达到初次具有商品价值的收获期大约需要4～5年，这样使企业在开办初期面临着很大的亏损，但亏损会逐渐减少。经估计，此芦笋种植加工公司第一年的亏损额为200万元，第二年的亏损额为150万元，第三年的亏损额为100万元，第四年的亏损额为50万元，第五年开始盈利，盈利额为 300 万元。

深圳新营养技术生产公司总部设在深圳，属于国家重点扶持的高新技术公司，适用的企业所得税税率为 15%。该公司除在深圳设有总部外，还有 H 子公司（全资），适用的税率为 25%；经预测，未来五年内，深圳新营养技术生产公司总部的应税所得均为 1 000 万元，H 子公司的应税所得分别为 300 万元、200 万元、100 万元、0、-150 万元。

【解析】

经分析，现有三种组织形式方案可供选择：

方案一：将芦笋种植加工企业建成具有独立法人资格的 M 子公司（全资）。

因子公司具有独立法人资格，属于企业所得税的纳税人，故按其应纳税所得额独立计算缴纳企业所得税。

在前四年里，深圳新营养技术生产公司总部及其子公司的纳税总额分别为 225 万元（1 000×15%+300×25%）、200 万元（1 000×15%+200×25%）、175 万元（1 000×15%+100×25%）、150 万元（1 000×15%）。四年间缴纳的企业所得税总额为 750 万元。

方案二：将芦笋种植加工企业建成非独立核算的分公司。

分公司不同于子公司，它不具备独立法人资格，不独立建立账簿，只作为分支机构存在。按税法规定，分支机构利润与其总部实现的利润合并纳税。深圳新营养技术公司仅有两个独立的纳税主体：深圳新营养技术公司总部和 H 子公司。

在这种组织形式下，因芦笋种植企业作为非独立核算的分公司，其亏损可由深圳新营养技术公司用其利润弥补，不仅使深圳新营养技术公司应纳的所得税得以延缓，而且降低了深圳新营养技术公司第一年至第四年的应纳税所得额。

在前四年里，深圳新营养技术生产公司总部、子公司及分公司的纳税总额分别为 195 万元（1 000×15%-200×15%+300×25%）、177.5 万元（1 000×15%-150×15%+200×25%）、160 万元（1 000×15%-100×15%+100×25%）、142.5 万元（1 000×15%-50×15%），四年间缴纳的企业所得税总额为 675 万元。

方案三：将芦笋种植加工企业建成 H 子公司的分公司。

在这种情况下，芦笋种植加工企业和 H 子公司合并纳税。此时深圳新营养技术公司有两个独立的纳税主体：深圳新营养技术公司总部和 H 子公司。在这种组织形式下，因芦笋种植加工企业作为 H 子公司的分公司，与 H 子公司合并纳税，其前四年的亏损可由 H 子公司当年利润弥补，降低了 H 子公司第一年至第四年的应纳税所得额，不仅使 H 子公司应纳的所得税得以延缓，而且使得整体税负下降。

在前四年里，深圳新营养技术生产公司总部、子公司及分公司的纳税总额分别为 175 万元（1 000×15%+300×25%-200×25%）、162.5 万元（1 000×15%+200×25%-150×25%）、150 万元（1 000×15%+100×25%-100×25%）、150 万元（1 000×15%），四年间缴纳的企业所得税总额为 637.5 万元。

通过对上述三种方案的比较，应该选择第三种组织形式，将芦笋种植加工企业建成 H 子公司的分公司，可以使整体税负最低。

5.3　应税收入的确认及纳税筹划

5.3.1　企业所得税的收入确认

1）收入总额

企业以货币形式和非货币形式通过各种来源取得的收入，为收入总额。其构成包括：销售货物收入；提供劳务收入；转让财产收入；股息、红利等权益性投资收益；利息收入；租金收入；特许权使用费收入；接受捐赠收入；其他收入。

2）不征税收入

收入总额中的下列收入为不征税收入：

（1）财政拨款。它是指各级人民政府对纳入预算管理的事业单位、社会团体等组织拨付的财政资金，但国务院和国务院财政、税务主管部门另有规定的除外。

（2）依法收取并纳入财政管理的行政事业性收费。它是指依照法律、法规等有关规定，按照国务院规定的程序批准，在实施社会公共管理，以及在向公民、法人或者其他组织提供特定公共服务的过程中，向特定对象收取并纳入财政管理的费用。

（3）依法收取并纳入财政管理的政府性基金。它是指企业依照法律、行政法规等有关规定，代政府收取的具有专项用途的财政资金。

（4）国务院规定的其他不征税收入。它是指企业取得的，由国务院财政、税务主管部门规定专项用途并经国务院批准的财政性资金。

3）免税收入

企业的下列收入为免税收入：

（1）国债利息收入。

（2）符合条件的居民企业之间的股息、红利等权益性投资收益。

（3）在中国境内设立机构、场所的非居民企业从居民企业取得的与该机构、场所有实际联系的股息、红利等权益性投资收益，不包括连续持有居民企业公开发行并上市流通的股票不足12个月取得的投资收益。

（4）符合条件的非营利组织的收入。

4）收入的确认

企业一般收入项目的确认，采用权责发生制原则，但以下收入项目的确认除外：

（1）股息、红利等权益性投资收益，除国务院财政、税务主管部门另有规定外，按照被投资方作出利润分配决定的日期确认收入的实现。

（2）利息收入，按照合同约定的债务人应付利息的日期确认收入的实现。

（3）租金收入，按照合同约定的承租人应付租金的日期确认收入的实现。

（4）特许权使用费收入，按照合同约定的特许权使用人应付特许权使用费的日期确认收入的实现。

（5）接受捐赠收入，按照实际收到捐赠资产的日期确认收入的实现。

（6）以分期收款方式销售货物的，按照合同约定的收款日期确认收入的实现。

（7）企业受托加工制造大型机械设备、船舶、飞机，以及从事建筑、安装、装配工程业务或者提供其他劳务等，持续时间超过 12 个月的，按照纳税年度内完工进度或者完成的工作量确认收入的实现。

（8）采取产品分成方式取得收入的，按照企业分得产品的日期确认收入的实现。

5.3.2　应税收入确认的纳税筹划

1）充分利用税收优惠

如果收入总额中有免税收入的规定，企业在开展生产经营活动时应充分考虑，以作出对企业自身有利的决策。如购买国务院财政部门发行的国债所取得的利息收入免税，而购买其他部门、企业发行的债券所取得的利息收入则不属于免税收入。居民企业持有居民企业公开发行的股票达 12 个月以上的权益性投资收益属于免税收入，居民企业在持有和转让居民企业股票时，应考虑 12 个月的时间界限，只有持股超过 12 个月，才能享受免税的优惠。

2）应税收入确认金额的筹划

在收入计量中，还经常存在着各种收入抵免因素，这就给企业在保证收入总体不受大影响的前提下，提供了税收筹划的空间。

【案例 5-4】某大型商场，为增值税一般纳税人，企业所得税实行查账征收方式，适用税率为 25%。假定每销售 100 元商品，其平均商品成本为 60 元。2022 年年末商场决定开展促销活动，拟定"满 100 送 20"，即每销售 100 元商品，送出 20 元的商品。具体方案有如下几种选择：

（1）顾客购物满 100 元，商场送 8 折商业折扣的优惠。

（2）顾客购物满 100 元，商场赠送折扣券 20 元（不可兑换现金，下次购物可代币结算）。

（3）顾客购物满 100 元，商场另行赠送价值 20 元礼品。

（4）顾客购物满 100 元，商场返还现金"大礼"20 元。

（5）顾客购物满 100 元，商场送加量，顾客可再选购价值 20 元商品，实行捆绑式销售，总价格不变。

【解析】

（1）顾客购物满 100 元，商场送 8 折商业折扣的优惠。

这一方案企业销售 100 元商品收取 80 元，只需在销售票据上注明折扣额，销售收入可按折扣后的金额计算。假设商品增值税税率为 13%，企业所得税税率为 25%，则：

应纳增值税 $= 80 \div (1+13\%) \times 13\% - 60 \div (1+13\%) \times 13\% = 2.30$（元）

销售毛利润 $= 80 \div (1+13\%) - 60 \div (1+13\%) = 17.70$（元）

应纳企业所得税 $= 17.70 \times 25\% = 4.43$（元）

税后净收益 $= 17.70 - 4.43 = 13.27$（元）

（2）顾客购物满 100 元，商场赠送折扣券 20 元（不可兑换现金，下次购物可代币结算）。

按此方案企业销售100元商品，收取100元，但赠送折扣券20元。如果规定折扣券占销售商品总价值不高于40%（该商场销售毛利率为40%，规定折扣券占商品总价40%以下，可避免收取款项低于商品进价），则顾客相当于获得了下次购物的折扣期权，商场本笔业务应纳税及相关获利情况为：

应纳增值税=100÷（1+13%）×13%-60÷（1+13%）×13%=4.60（元）

销售毛利润=100÷（1+13%）-60÷（1+13%）=35.40（元）

应纳企业所得税=35.40×25%=8.85（元）

税后净收益=35.40-8.85=26.55（元）

但当顾客下次使用折扣券时，商场就会出现按方案一计算的纳税及获利情况，因此与方案一相比，方案二仅比方案一多了流入资金增量部分的时间价值而已，也可以说是"延期"折扣。

（3）顾客购物满100元，商场另行赠送价值20元礼品。

此方案下，企业的赠送礼品行为应视同销售行为，应计算销项税额；同时由于属非公益性捐赠，赠送的礼品成本不允许税前列支（假设礼品的进销差价率同商场其他商品）。相关计算如下：

应纳增值税=100÷（1+13%）×13%-60÷（1+13%）×13%+20÷（1+13%）×13%-12÷（1+13%）×13%

　　　　　=5.52（元）

销售毛利润=100÷（1+13%）-60÷（1+13%）-12÷（1+13%）-20÷（1+13%）×13%=22.48（元）

应纳企业所得税=［22.48+12÷（1+13%）+20÷（1+13%）×13%］×25%=8.85（元）

税后净收益=22.48-8.85=13.63（元）

（4）顾客购物满100元，商场返还现金"大礼"20元。

商场返还现金行为也属商业折扣，与方案一相比只是定率折扣与定额折扣的区别，相关计算同方案一。

（5）顾客购物满100元，商场送加量，顾客可再选购价值20元商品，实行捆绑式销售，总价格不变。

按此方案，商场为购物满100元的商品实行加量不加价的优惠。商场收取的销售收入没有变化，但由于实行捆绑式销售，避免了无偿赠送，因而加量部分成本可以正常列支，相关计算如下：

应纳增值税=100÷（1+13%）×13%-60÷（1+13%）×13%-12÷（1+13%）×13%=3.22（元）

销售毛利润=100÷（1+13%）-60÷（1+13%）-12÷（1+13%）=24.78（元）

应纳企业所得税=24.78×25%=6.20（元）

税后净收益=24.78-6.20=18.58（元）

在以上方案中，方案一与方案五相比，即再把20元商品作正常销售，试作相关计算如下：

应纳增值税=20÷（1+13%）×13%-12÷（1+13%）×13%=0.92（元）

销售毛利润=20÷（1+13%）-12÷（1+13%）=7.08（元）

应纳企业所得税=7.08×25%=1.77（元）

税后净收益=7.08-1.77=5.31（元）

按上面的计算方法，方案一最终可获税后净利为 18.58 元 (13.27+5.31)，与方案五相等。若仍作折扣销售，则税后净收益还是有一定差距，所以方案五优于方案一。

且方案一的再销售能否及时实现具有不确定性，因此还得考虑存货占用资金的成本。

3) 合理调整收入入账时间

税法规定，一般的收入采用权责发生制确认收入的实现，但对有些收入项目的确认，可不遵循此原则。无论哪类收入项目，企业均可以通过生产经营活动的巧妙安排，结合本企业各年度的实际情况来调整收入的确认时间，从而达到延期纳税或适用优惠税率的目的。

【案例 5-5】甲企业是一家小型生产企业，从业人数 80 人，资产总额 600 万元。在 2021 年年底，甲企业与乙企业签订了一份分期收款的购销合同，合同总价款为 20 万元。双方约定，在 2021 年 12 月份，乙企业向甲企业支付货款的 30%，2022 年 3 月份支付 30%，6 月份支付剩下的 40%。已知甲企业仍有在 2018 年的 5 万元亏损未弥补。2021 年弥补亏损前应纳税所得额为 30 万元，预计 2022 年可实现的应纳税所得额为 104 万元。试问，甲企业能否进行企业所得税的纳税筹划？

【解析】

与本案例相关的税法知识有：

①五年内的亏损可在税前弥补。

②小型微利企业适用 20% 的优惠税率[①]。

③以分期收款方式销售货物的，按照合同约定的收款日期确认收入的实现。

筹划前甲企业应纳企业所得税为：

2021 年应纳所得税税额 = (30−5)×20%×12.5%=5×12.5%=0.625（万元）

2022 年应纳所得税税额 =100×20%×12.5%+4×20%×50%=2.9（万元）

两年应纳所得税税额共计为 3.525 万元 (0.625+2.9)。

筹划方案：将购销合同中约定的收款日期稍作变动，变为 2021 年 12 月份，乙企业向甲企业支付货款的 50%，2022 年 3 月份支付 30%，6 月份支付剩下的 20%。这样 2021 年应税收入由 6 万元增加至 10 万元，应纳税所得额由 30 万元增加至 34 万元；2022 年应税收入由 14 万元减少至 10 万元，应纳税所得额由 104 万元减少至 100 万元。

筹划后甲企业应纳所得税为：

2021 年应纳所得税税额 = (34−5)×20%×12.5%=5.8×12.5%=0.725（万元）

2022 年应纳所得税税额 =100×20%×12.5%=20×12.5%=2.5（万元）

两年应纳所得税税额共计为 3.225 万元 (0.725+2.5)，筹划前后相比节税 0.3 万元 (3.525−3.225)。

---

① 国家为了进一步支持小型微利企业发展，经国务院批准，自 2019 年 1 月 1 日至 2020 年 12 月 31 日，对小型微利企业年应纳税所得额不超过 100 万元的部分，减按 25% 计入应纳税所得额，按 20% 的税率缴纳企业所得税；对年应纳税所得额超过 100 万元但不超过 300 万元的部分，减按 50% 计入应纳税所得额，按 20% 的税率缴纳企业所得税。

根据《财政部 税务总局关于小微企业和个体工商户所得税优惠政策的公告》(财政部 税务总局公告 2023 年第 6 号) 的规定，自 2023 年 1 月 1 日至 2024 年 12 月 31 日，对小型微利企业年应纳税所得额不超过 100 万元的部分，减按 25% 计入应纳税所得额，按 20% 的税率缴纳企业所得税；

《财政部、税务总局关于进一步实施小微企业所得税优惠政策的公告》(财政部 税务总局公告 2022 年第 13 号) 规定：自 2022 年 1 月 1 日至 2024 年 12 月 31 日，对小型微利企业年应纳税所得额超过 100 万元但不超过 300 万元的部分，减按 25% 计入应纳税所得额，按 20% 的税率缴纳企业所得税。

5.4　成本费用的税前扣除及纳税筹划

5.4.1　企业所得税扣除项目的规定

1）准予税前扣除的项目

（1）成本

成本是指企业在生产经营活动中发生的销售成本、销货成本、业务支出以及其他耗费。

（2）费用

费用是指企业生产经营活动中发生的销售费用、管理费用和财务费用。已计入成本的有关费用除外。

① 销售费用，是指应由纳税人负担的为销售商品而发生的费用。

② 管理费用，是指纳税人的行政管理部门为管理组织经营活动提供各项支援性服务而发生的费用。

③ 财务费用，是指纳税人为筹集资金而发生的利息净支出、汇兑净损失、与债券相关的折价或溢价的摊销、金融机构手续费以及其他非资本性支出。

（3）税金

税金是指企业发生的除企业所得税和允许抵扣的增值税以外的各项税金及附加。

（4）损失

损失是指企业在生产经营活动中发生的固定资产和存货的盘亏、毁损、报废损失，转让财产损失，呆账损失，坏账损失，由自然灾害等不可抗力因素造成的损失以及其他损失。企业发生的损失，减除责任人赔偿和保险赔款后的余额，依照国务院财政、税务主管部门的规定扣除。企业已作为损失处理的资产，在以后纳税年度又全部收回或者部分收回时，应当计入当期收入。

（5）其他支出

其他支出是指除成本、费用、税金、损失外，企业在生产经营活动中发生的与生产经营活动有关的合理支出。

2）限制税前扣除的项目

（1）补充保险

企业为投资者或者职工支付的补充养老保险费、补充医疗保险费，分别在不超过职工工资总额5%标准内的部分，准予扣除。

（2）利息

非金融企业向非金融企业借款的利息支出，不超过按照金融企业同期同类贷款利率计算的数额的部分，准予扣除。企业为购置、建造固定资产、无形资产和经过12个月以上的建造才能达到预定可销售状态的存货发生借款的，在有关资产购置、建造期间发生的合理的借款费用，应当作为资本性支出计入有关资产的成本，并按税法规定扣除。

（3）职工福利费

企业发生的职工福利费支出，不超过工资薪金总额14%的部分，准予扣除。

（4）工会经费

企业拨缴的工会经费，不超过工资薪金总额2%的部分，准予扣除。

（5）职工教育经费

企业发生的职工教育经费支出，不超过工资薪金总额8%的部分，准予扣除；超过部分，准予在以后纳税年度结转扣除。

软件生产企业发生的职工教育经费中的职工培训费用，根据《财政部 国家税务总局关于进一步鼓励软件产业和集成电路产业发展企业所得税政策的通知》（财税〔2012〕27号）的规定，可以全额在企业所得税前扣除。

（6）业务招待费

企业发生的与生产经营活动有关的业务招待费支出，按照发生额的60%扣除，但最高不得超过当年销售（营业）收入的5‰。

企业在筹建期间，发生的与筹办活动有关的业务招待费支出，可按实际发生额的60%计入企业筹办费，并按有关规定在税前扣除。

（7）广告费和业务宣传费

企业发生的符合条件的广告费和业务宣传费支出，除国务院财政、税务主管部门另有规定外，不超过当年销售（营业）收入15%的部分，准予扣除；超过部分，准予在以后纳税年度结转扣除。

自2016年1月1日起，对化妆品制造与销售、医药制造和饮料制造（不含酒类制造）企业发生的广告费和业务宣传费支出，不超过当年销售（营业）收入30%的部分，准予扣除；超过部分，准予在以后纳税年度结转扣除。

烟草企业的烟草广告费和业务宣传费，一律不得在计算应纳税所得额时扣除。

企业在筹建期间，发生的与筹办活动有关的广告和业务宣传费，可按实际发生额计入企业筹办费，并按有关规定在税前扣除。

（8）环境保护、生态恢复等方面的专项资金

企业依照法律、行政法规规定提取的用于环境保护、生态恢复等方面的专项资金，准予扣除。

（9）境内机构、场所分摊境外总机构费用

非居民企业在中国境内设立的机构、场所，就其中国境外总机构发生的与该机构、场所生产经营有关的费用，能够提供总机构出具的费用汇集范围、定额、分配依据和方法等证明文件，并合理分摊的，准予扣除。

（10）公益性捐赠支出

企业发生的公益性捐赠支出，不超过年度会计利润总额12%的部分，准予扣除；超过年度利润总额12%的部分，准予结转以后三年内在计算应纳税所得额时扣除。

自2021年1月1日起，企业或个人通过公益性群众团体用于符合法律规定的公益慈善事业捐赠支出，准予按税法规定在计算应纳税所得额时扣除。

自2019年1月1日至2025年12月31日，企业通过公益性社会组织或者县级（含县级）以上人民政府及其组成部门和直属机构，用于目标脱贫地区的扶贫捐赠支出，准予在计算应纳税所得额时据实扣除。在政策执行年限内，目标脱贫地区实现脱贫

的，可继续适用上述政策。

【素质拓展5-2】

《财政部 税务总局关于企业投入基础研究税收优惠政策的公告》（财政部 税务总局公告2022年第32号）中颁布科技创新税费优惠政策：对企业出资给非营利性科学技术研究开发机构（科学技术研究开发机构以下简称科研机构）、高等学校和政府性自然科学基金用于基础研究的支出，在计算应纳税所得额时可按实际发生额在税前扣除，并可按100%在税前加计扣除。

对非营利性科研机构、高等学校接收企业、个人和其他组织机构基础研究资金收入，免征企业所得税。

该政策充分体现了创新是引领发展的第一动力，是推动高质量发展、建设现代化经济体系的战略支撑。

3）禁止税前扣除的项目

① 向投资者支付的股息、红利等权益性投资收益款项。

② 企业所得税税款。

③ 税收滞纳金。

④ 罚金、罚款和被没收财物的损失。

⑤ 公益性捐赠支出超过企业年度会计利润总额12%的部分以及非公益性捐赠支出。

⑥ 赞助支出。

⑦ 未经核定的准备金支出。

⑧ 除企业依照国家有关规定为特殊工种职工支付的人身安全保险费、企业职工因公出差乘坐交通工具发生的人身意外保险费支出和国务院财政、税务主管部门规定可以扣除的其他商业保险费以外，企业为投资者或者职工支付的商业保险费。

⑨ 企业依照法律、行政法规有关规定提取的用于环境保护、生态恢复等方面的专项资金，提取后改变用途的。

⑩ 企业之间支付的管理费、企业内营业机构之间支付的租金和特许权使用费，以及非银行企业内营业机构之间支付的利息。

⑪ 企业对外投资期间持有的投资资产成本。

⑫ 企业与其关联方分摊成本时违反税法规定自行分摊的成本。

⑬ 企业从其关联方接受的债权性投资与权益性投资的比例超过规定标准而发生的利息支出。

⑭ 企业按特别纳税调整规定针对补缴税款向税务机关支付的利息。

⑮ 企业的不征税收入用于支出所形成的费用或财产。

⑯ 与取得收入无关的其他支出。

⑰ 国务院财政、税务主管部门规定不得扣除的其他项目。

5.4.2　成本费用税前扣除的纳税筹划

1）选择有利的成本费用会计核算方法

（1）存货计价方法的合理选择

根据税法规定，应纳税所得额的计算公式为：

应纳税所得额=收入总额-不征税收入-免税收入-各项扣除-允许弥补的以前年度亏损

从该公式可看出，应纳税所得额与各项扣除呈反向变动，即当扣除项目金额增大时，应纳税所得额减少，所得税税负减轻；当扣除项目金额减少时，应纳税所得额增大，所得税税负增加。因此，合理增加当期扣除项目金额，是减轻当期所得税税负的途径之一。

怎样增加当期扣除项目的金额呢？这应该从准予扣除项目的构成说起，准予扣除项目中成本占首要地位，而在成本中最重要的是存货成本。若企业能根据自己的需要事先调整存货成本，就可以此来调整当期所得税的税负。

企业能否根据自己的实际情况对存货成本进行调整呢？回答是肯定的。在财务会计核算中，不同的存货计价方法会使当期计入利润中的存货成本不同。因此，纳税人可通过对存货计价方法的选择，来调整当期应纳税所得额和所得税税负，进行纳税筹划。

税法规定，纳税人的商品、材料、产成品、半成品等存货的计价应当以实际成本为准，纳税人各项存货的发生和领用，其实际成本的计算可以在先进先出法、加权平均法、个别计价法等中任选一种。计价方法一经选用，不得随意变更。

一般来说，纳税人在选择存货计价方法时，应立足于使成本费用的抵税效应得到最充分或最快的发挥：盈利企业，应选择使本期成本最大化的计价方法，通货紧缩时，应选择先进先出法，通货膨胀时，加权平均法可使本期费用增高；亏损企业选择的计价方法，必须能使不能得到或不能完全得到税前弥补的亏损年度的成本费用降低，保证成本费用的抵税效应得到最大限度的发挥。企业享受税收优惠，意味着利润越多，减免税越多，应选择存货成本最小化的计价方法。

【案例5-6】某商业企业的"存货——库存商品"采用实际成本计价，且品种单一。2021年12月份扣除销售的库存商品成本前的账面利润为100万元，12月份存货收、发、存的数据资料见表5-1。

表5-1　　　　　　　　　　　　12月份库存商品收、发、存明细表

日期	摘要	单位成本（元/吨）	购入数量（吨）	发出数量（吨）	结存数量（吨）
12月1日	月初结存	1 000			250
12月3日	购入	1 100	200		450
12月8日	发出			300	150
12月12日	购入	1 200	400		550
12月22日	发出			400	150
12月30日	购入	1 300	150		300

【解析】

方案一：企业发出存货采用先进先出法计价，则：

利润中扣除的存货成本=（250×1 000+50×1 100+150×1 100+250×1 200）÷10 000=77（万元）

12月份应纳企业所得税=（100-77）×25%=5.75（万元）

方案二：企业发出存货采用加权平均法计价，则：

$$加权平均单价=\frac{期初成本+购入成本}{期初数量+购入数量}=\frac{250×1000+200×1100+400×1200+150×1300}{250+200+400+150}$$

$$=1\ 145（元/吨）$$

利润中扣除的存货成本=1 145×（300+400）÷10 000=80.15（万元）

12月份应纳企业所得税=（100-80.15）×25%=4.9625（万元）

从以上两种方案可以看出，在不同的存货计价方法下，存货成本对当期的利润影响不一样。在本案例中，当该企业存货采用加权平均法计价时，从利润中扣除的存货成本较大，应纳税所得额较小，税负较轻，对企业更有利。

当然，本案例中的企业为盈利状态，且存货品种单一，其成本价格处于上涨的趋势，这样我们才得出加权平均法对该企业最有利的结论，但并不是所有的企业在任何情况下都能得出相同的结论。在纳税筹划中，企业应根据自身的实际情况，以及存货的价格波动、存货的采购时间等来作出正确的决策。

有不同分摊方法的成本费用的选择：在盈利年度，应选择能使成本费用尽快得到分摊的分摊方法。其目的是使成本费用的抵税作用尽早发挥，推迟利润的实现，从而推迟所得税的纳税义务时间。

在亏损年度，分摊方法的选择应充分考虑亏损的税前弥补程度。应选择能使成本费用尽可能地摊入亏损且能全部得到税前弥补或盈利的年度，从而使成本费用的抵税作用得到最大限度的发挥。

在享受税收优惠政策的年度，应选择能避免成本费用的抵税作用被优惠政策抵消的分摊方法。在享受免税和正常纳税的交替年度，应选择能使减免税年度摊销额最小和正常纳税年度摊销额最大的分摊方法。

（2）坏账损失核算方法的选择

税法规定，纳税人发生的坏账损失原则上应按实际发生额据实扣除，也可提取坏账准备。坏账准备的提取比例一般不超过年末应收账款余额的5‰。也就是说，对于坏账损失，企业既可选择直接核销法，也可选择备抵法。那么，两种方法对企业应纳税所得额的影响是否一样呢？

在备抵法下，由于在坏账没有实际发生的情况下就可按不高于应收账款余额的5‰计提坏账准备，而坏账准备计提的同时增加了当期的管理费用，所以冲减了当期的所得额。这就是说，采用备抵法可使企业的应纳税款滞后，从而为企业减轻或推迟了当期的所得税税负。

【案例5-7】某公司2022年账面利润为80万元，年末应收账款余额为1 000万元，且在当年没有实际发生坏账，除坏账外无其他纳税调整事项。

【解析】

若公司对坏账的核算采用直接核销法，由于当年不需要确认坏账，则利润中不用列支坏账准备，2022 年该公司应纳所得税为 20 万元（80×25%）。

若公司对坏账的核算采用备抵法，且计提坏账的比例为 5‰，则 2022 年该公司应纳所得税为 18.75 万元（（80－1 000×5‰）×25%）。

可以看出，公司采用备抵法核算坏账损失时，可以少纳所得税 1.25 万元。这样，相当于公司取得了 1.25 万元税款推迟缴纳的优惠，即获得了 1.25 万元资金的使用价值。

（3）低值易耗品核算方法的选择

低值易耗品是存货的一种，其成本通过摊销的方法列支到当期损益中。根据税法的规定，低值易耗品的摊销可采用一次摊销法或"五五"摊销法。摊销方法不同，计入当期损益中的低值易耗品成本就会不一样。因此，企业也可利用低值易耗品摊销方法的选择来进行所得税的筹划。由于其筹划原理与存货计价方法类似，因此不再详述。

2）均衡、合理地分配不同年份间的成本费用额

在所得税税法中，准予扣除的成本、费用项目很多，但不是所有实际发生的成本、费用均能在税前扣除，有些成本、费用项目规定了税前扣除的标准和范围，对这些项目而言，当实际发生额超出税前列支标准时，不得在税前列支，因此不能抵减当期所得额，对纳税人不利。对于同一个成本、费用项目，可能有的年份超出了税前扣除标准，有的年份未达到税前扣除标准，此时纳税人应将这个成本、费用项目在不同年度间进行均衡、合理地分配，以便得到更多的税前扣除，减轻所得税税负。

【案例 5-8】红星塑料制品公司于 2021 年筹建，预计生产经营的前三年业务招待费发生额较大，由于市场稳定、技术成熟等原因，三年后业务招待费会逐步减少。2021 年销售收入为 1 000 万元，实际发生的与生产经营活动有关的业务招待费为 10 万元；2022 年预计销售收入增长 20%，与生产经营活动有关的业务招待费为 8 万元。

【解析】

根据税法的规定，企业发生的与生产经营活动有关的业务招待费支出，按照发生额的 60% 扣除，但最高不得超过当年销售（营业）收入的 5‰。

筹划前，红星公司近两年税前可扣除的业务招待费计算表见表 5-2。

表 5-2　　　　　红星公司近两年税前可扣除的业务招待费计算表　　　　　单位：万元

年份	年销售收入	年业务招待费	税前扣除的最高限额	年业务招待费的 60%	税前可扣除的业务招待费
2021	1 000	10	5	6	5
2022	1 200	8	6	4.8	4.8
合计	2 200	18	11	10.8	9.8

从表 5-2 可看出，红星公司这两年业务招待费占当年销售收入的比例是不一样的，2021 年为 1%，2022 年为 0.67%，虽然年份不同，但税前可扣除的业务招待费的规定相同，因此可以进行纳税筹划。

若这两年业务招待费总额不变，但对业务招待费在不同年份的发生额作调整，此时企业税前可抵扣的金额增加，所得税税负减轻，具体计算见表5-3。

表5-3　　　　调整后红星公司近两年税前可扣除的业务招待费计算表　　　　单位：万元

年份	年销售收入	年业务招待费	税前扣除的最高限额	年业务招待费的60%	税前可扣除的业务招待费
2021	1 000	8	5	4.8	4.8
2022	1 200	10	6	6	6
合计	2 200	18	11	10.8	10.8

筹划前后相比，税前可扣除的业务招待费增加了1万元（10.8-9.8），减轻所得税税负2 500元。

除业务招待费以外，其他限制税前扣除的项目，如公益救济性捐赠、广告费和业务宣传费等也可进行类似的纳税筹划。

3）充分利用税前扣除限额

根据相关规定，企业安置《中华人民共和国残疾人保障法》规定的残疾人员的，在按照支付给残疾职工工资据实扣除的基础上，按照支付给残疾职工工资的100%加计扣除。企业安置国家鼓励安置的其他就业人员所支付的工资的加计扣除办法，由国务院另行规定。

由此可见，企业职工的构成也会对所得税的税负产生影响。在不影响生产的情况下，企业可以考虑接纳残疾人员、国家鼓励安置的就业人员，以充分利用税前扣除限额。安置此类人员就业既是企业的善举，又为企业自身减轻了税负。

4）选择合理的筹资方式

企业的主要筹资方式有：吸收直接投资、银行借款、企业自身积累、企业间的商业信用和相互拆借、企业内部集资、发行债券、发行股票、融资租赁等。不同的筹资方式，给企业带来的筹资费用和用资费用不一样。有些筹资费用可在税前列支，如银行借款利息支出；有些筹资方式所带来的支出不能在税前列支，如发行股票时向股东支付的股息、红利。筹资方式不同，税前扣除项目的金额可能就不一样，它会直接导致应纳税所得额的不同。因此，企业也可以通过筹资方式的选择来进行纳税筹划。

【案例5-9】某上市公司由于业务发展，2022年计划筹资10 000万元。财务人员根据目前的情况及新年度发展计划提出了两种筹资方式，供公司领导选择：

（1）银行借款筹资。这种观点认为，企业发展急需资金，可同银行协商解决。2021年年底贷款利率为9%，筹资费率估计为1%，以后贷款利率可能会提高，本企业所得税税率为25%。

（2）股票筹资。这种观点认为，公司发展前景被投资者普遍看好，发行股票有良好的基础，因此，在新的一年里可申请增发股票筹集所需的全部资金，筹资费率为5%。公司目前普通股市价30元，每股股利2元，预计年股利增长率为10%。

【解析】

由于两种筹资方式都有其资金成本，因此，我们采取比较资金成本率的方法，则：

银行借款资金成本＝借款年利率×（1－企业所得税税率）÷（1－筹资费率）

$$=9\%×（1-25\%）÷（1-1\%）$$

$$=6.82\%$$

普通股资金成本＝预期年股利额÷［普通股市价×（1－普通股筹资费用率）］＋股利年增长率

$$=2×（1+10\%）÷［30×（1-5\%）］+10\%$$

$$=17.72\%$$

在这两种方案中，银行借款的资金成本更低。这是由于银行借款的利息支出可以在税前扣除，而发行股票所支付的股利只能在税后利润中分配，从而使得股票资金成本大大提高。但是，并不能据此认为负债筹资是最好的，因为企业的财务决策还需要考虑到风险问题，负债比率必须保持在适当的水平，以减少企业的财务风险。也就是说，企业筹资必须综合考虑各种筹资方式的成本以及最佳的资本结构。

【案例5-10】某企业从关联企业取得借款500万元对外投资，期限为1年，双方协议利率为6%，与同期商业银行的贷款利率相同。该企业注册资本为300万元，当年会计利润100万元，假定无其他调整事项。

【解析】

按协议利率计算的利息＝500×6%＝30（万元）

借款金额占注册资本的比例＝500÷300×100%＝166.67%＞50%

依据税法规定，纳税人从关联方取得的借款金额超过其注册资本50%的，超过部分的利息支出，不得在税前扣除。

允许扣除的利息＝300×50%×6%＝9（万元）

应调增应税所得额＝30－9＝21（万元）

应交企业所得税＝（100＋21）×25%＝30.25（万元）

那么该如何降低税负呢？企业应适当调整借款结构，例如将500万借款分为三部分，关联方借款150万元，向银行借款250万元，向社会其他单位或个人借款100万元，利率均为6%。

企业应交企业所得税＝100×25%＝25（万元）

通过借款的重新组合，实现了节税的目的，节税金额为5.25万元（30.25－25）。

5）广告费、业务宣传费和业务招待费的筹划

【案例5-11】维思集团2022年度实现产品销售收入8 000万元，"管理费用"中列支业务招待费150万元，"销售费用"中列支广告费、业务宣传费合计1 250万元，税前会计利润总额为100万元。试计算企业应纳所得税并进行纳税筹划。

【解析】

业务招待费若按发生额150万元的60%扣除，则超过了税法规定的销售收入的5‰，根据孰低原则，只能扣除40万元（8 000×5‰）。企业发生的广告费和业务宣传费合计1 250万元，超过当年销售收入的15%，两者取其低，故只能扣除1 200万元。该企业应纳税所得额总计为260万元（100＋110＋50）。企业应纳所得税为65万元

（260×25%）。

维思集团将其下设的销售部门注册成一个独立核算的销售公司。先将产品以7 500万元的价格销售给销售公司，销售公司再以8 000万元的价格对外销售，维思集团与销售公司发生的业务招待费分别为90万元和60万元，广告费和业务宣传费分别为900万元和350万元。假设维思集团的税前利润为40万元，销售公司的税前利润为60万元。两企业分别缴纳企业所得税。

维思集团当年业务招待费可扣除37.5万元（7 500×5‰）；广告费和业务宣传费合计发生900万元，未超过销售收入的15%。则维思集团合计应纳税所得额为92.5万元（40+90-37.5），应纳企业所得税23.125万元（92.5×25%）。

销售公司当年业务招待费可扣除36万元，未超过销售收入的5‰；广告费和业务宣传费合计发生350万元，未超过销售收入的15%。则销售公司应纳税所得额合计为84万元（60+24），应纳企业所得税21万元（84×25%）。

因此，整个利益集团总共应纳企业所得税为44.125万元（23.125+21），相较纳税筹划前节省所得税20.875万元（65-44.125）。

设立独立核算的销售公司除了可以获得节税收益外，对于扩大整个利益集团产品销售市场，规范销售管理均有重要意义，但也会因此增加一些管理成本。纳税人应根据企业规模的大小以及产品的具体特点，兼顾成本与效益原则，从长远利益考虑，决定是否设立独立纳税单位。

在核算业务招待费时，企业应将会务费（会议费）、差旅费等项目与业务招待费等严格区分，不能将会务费、差旅费等挤入业务招待费，否则对企业将产生不利影响。因为纳税人发生的与其经营活动有关的合理的差旅费、会务费、董事费等，只要能够提供证明其真实性的合法凭证，均可获得税前全额扣除，不受比例的限制。例如发生会务费时，按照规定应该有详细的会议签到簿、召开会议的文件，否则不能证实会议费的真实性，仍然不得税前扣除。同时，不能故意将业务招待费混入会务费、差旅费中核算，否则属于逃避缴纳税款。

6）资产损失税前扣除的纳税筹划

《企业资产损失税前扣除管理办法》第三条规定：企业发生的上述资产损失，应在按税收规定实际确认或者实际发生的当年申报扣除，不得提前或延后扣除。

因各类原因导致资产损失未能在发生当年准确计算并按期扣除的，经税务机关批准后，可追补确认在损失发生的年度税前扣除，并相应调整该资产损失发生年度的应纳所得税额。调整后计算的多缴税额，应按照有关规定予以退税，或者抵顶企业当期应纳税款。

依照此条款的规定，纳税人存在财产损失时，应及时进行处置，就可以获得较多的资金时间价值。

【案例5-12】某企业于2021年12月4日发生一起较为严重的事故，价值18万元的生产用锅炉发生爆炸，所幸未发生人员伤亡事故。该锅炉已计提折旧6万元，即企业实际发生固定资产损失12万元。对此财产损失，鉴于多方面的原因，企业当时并未进行处置，直到2022年2月初，才请有关税务师事务所对此损失进行鉴定和审核，并报主管税务机关确认和审批。

【解析】

从此案例看来，纳税人的处理明显是欠妥的。纳税人应于发生锅炉爆炸事故时，在会计上及时确认财产损失，并请有关税务师事务所在 2021 年 12 月底之前作出鉴定和审核，这样该财产损失在税收上也就可以确认为 2021 年度的损失，并在所得税税前进行扣除，如此企业 2021 年的应纳税所得额将减少 12 万元，企业也将为此少缴纳企业所得税 3 万元（12×25%）。但由于纳税人实际上将该项损失确认为 2022 年度的财产损失，因而只能减少 2022 年的应纳税所得额。也就是说，由于处置滞后，纳税人将为之损失相当数额的资金时间价值。

7）适时利用对外捐赠进行纳税筹划。

企业捐赠是一种支出，但有时候捐赠时机选择得好，相当于一种广告，并且这种广告效益比一般的广告要好得多，特别有利于树立企业良好的社会形象。因此，大企业往往利用捐赠获得节税和做广告的双重利益。但税法对捐赠在税前扣除有相应规定，企业在捐赠时应加以注意。

《企业所得税法》第九条规定："企业发生的公益性捐赠支出，在年度利润总额 12% 以内的部分，准予在计算应纳税所得额时扣除。"这里的公益性捐赠，是指企业通过公益性社会团体或者县级以上人民政府及其部门，用于《中华人民共和国公益事业捐赠法》规定的公益事业的捐赠。对于企业自行直接发生的捐赠以及非公益性捐赠不得在税前扣除。此外，企业在对外捐赠时还应注意时机。

【案例 5-13】某企业 2021 年和 2022 年预计会计利润分别为 100 万元和 100 万元，企业所得税税率为 25%，该企业为提高其产品知名度及竞争力，树立良好的社会形象，决定向贫困地区捐赠 20 万元。现提出三套方案：

第一套方案是 2021 年年底直接捐给某贫困地区；

第二套方案是 2021 年年底通过省级民政部门捐赠给贫困地区；

第三套方案是 2021 年年底通过省级民政部门捐赠 10 万元，2022 年年初通过省级民政部门捐赠 10 万元。

【解析】

从纳税筹划角度来分析，其区别如下：

方案一：该企业 2021 年直接向贫困地区捐赠 20 万元不得在税前扣除，当年应纳企业所得税为 25 万元（100×25%）。

方案二：该企业 2021 年通过省级民政部门向贫困地区捐赠 20 万元，只能在税前扣除 12 万元（100×12%），超过 12 万元的部分不得在税前扣除，当年应纳企业所得税为 22 万元（（100-100×12%）×25%）。

方案三：该企业分两年进行捐赠，由于 2021 年和 2022 年的会计利润均为 100 万元，因此每年捐赠的 10 万元均没有超过扣除限额 12 万元，均可在税前扣除。2021 年和 2022 年每年应纳企业所得税均为 22.5 万元（（100-10）×25%）。

拓展阅读2

筹划小案例

通过比较，该企业采取第三种方案最好，尽管都是对外捐赠 20 万元，但方案三与方案二相比可以节税2万元（8×25%），与方案一比较可节税5万元（20×25%）。

5.5 资本性支出的税前扣除及纳税筹划

5.5.1 固定资产的税务处理

纳税人的固定资产，是指企业为生产产品、提供劳务、出租或者经营管理而持有的、使用时间超过12个月的非货币性资产，包括房屋、建筑物、机器、机械、运输工具以及其他与生产经营相关的设备、器具、工具等。

1）固定资产计价

固定资产按照以下方法确定计税基础：

① 外购的固定资产，以购买价款和支付的相关税费以及直接归属于使该资产达到预定用途发生的其他支出为计税基础。

② 自行建造的固定资产，以竣工结算前发生的支出为计税基础。

③ 融资租入的固定资产，以租赁合同约定的付款总额和承租人在签订租赁合同过程中发生的相关费用为计税基础，租赁合同未约定付款总额的，以该资产的公允价值和承租人在签订租赁合同过程中发生的相关费用为计税基础。

④ 盘盈的固定资产，以同类固定资产重置完全价值为计税基础。

⑤ 通过捐赠、投资、非货币性资产交换、债务重组等方式取得的固定资产，以该资产的公允价值和支付的相关税费为计税基础。

⑥ 改建的固定资产，除已足额提取折旧和租入的固定资产以外，以改建过程中发生的改建支出增加计税基础。

固定资产的价值确定后，除下列特殊情况外，一般不得调整：

① 国家统一规定的清产核资。

② 将固定资产的一部分拆除。

③ 固定资产发生永久性损害，经主管税务机关审核，可调整至该固定资产可收回金额，并确认损失。

④ 根据实际价值调整原暂估价值或发现原计价有错误。

2）固定资产折旧的范围

（1）应当提取折旧的固定资产

① 房屋、建筑物。

② 在用的机器设备、运输车辆、器具、工具。

③ 季节性停用和修理停用的机器设备。

④ 以经营租赁方式租出的固定资产。

⑤ 以融资租赁方式租入的固定资产。

⑥ 财政部规定的其他应当提取折旧的固定资产。

（2）不得提取折旧的固定资产

① 房屋、建筑物以外的，未投入使用的固定资产。

② 以经营租赁方式租入的固定资产。

③ 以融资租赁方式租出的固定资产。

④ 已提足折旧继续使用的固定资产。

⑤ 与经营活动无关的固定资产。

⑥ 单独估价作为固定资产入账的土地。

⑦ 其他不得计算折旧扣除的固定资产。

3）固定资产的折旧方法

固定资产按照直线法计算的折旧，准予扣除。企业应当从投入使用月份的次月起计提折旧，停止使用的固定资产应当从停止使用月份的次月起停止计提折旧。企业应当根据固定资产的性质和使用情况，合理确定固定资产的预计残值，固定资产的预计残值一经确定，不得更改。

4）固定资产计提折旧的年限

除国务院财政、税务部门另有规定外，固定资产计提折旧的最低年限如下：

① 房屋、建筑物为 20 年。

② 飞机、火车、轮船、机器、机械和其他生产设备为 10 年。

③ 与生产经营有关的器具、工具、家具等为 5 年。

④ 飞机、火车、轮船以外的运输工具为 4 年。

⑤ 电子设备为 3 年。

从事开采石油、天然气等矿产资源的企业，在开始商业性生产前发生的费用和有关固定资产的折耗、折旧方法，由国务院财政、税务主管部门另行规定。

5）其他与固定资产相关的支出

在计算应纳税所得额时，企业发生的下列支出作为长期待摊费用，按照规定摊销的，准予扣除。

① 已足额提取折旧的固定资产的改建支出。

② 租入固定资产的改建支出。

③ 固定资产的大修理支出。

④ 其他应当作为长期待摊费用的支出。

5.5.2　固定资产折旧的纳税筹划

1）固定资产折旧方法的筹划

税法规定，固定资产按照直线法计算的折旧，准予扣除。企业的固定资产由于技术进步或处于强震动、高腐蚀状态下，确需加速折旧的，可以缩短折旧年限或者采取加速折旧的方法。采取加速折旧方法的，可以采取双倍余额递减法或者年数总和法。

从以上规定可看出，固定资产的折旧方法一般为直线法，但在特殊情况下，可采用加速折旧法。不同的折旧方法表现为在固定资产的使用年限内，折旧的计提总额相同，但计入各会计期或纳税期的折旧额会有差异，进而影响到各期的营业成本、利润和所得税税负。同时，差异的存在也为折旧的税收筹划提供了空间。

通过折旧方法的选择进行所得税筹划的关键是，怎样使折旧费用的抵税效应得到最大、最早地发挥。企业可通过选择不同的折旧方法,使自身的所得税纳税义务向后延迟,当期所得税税负更低。

（1）加速折旧法的选用

一般情况下,当企业处于持续盈利状况时,应尽可能地选择加速折旧法。因为加速折旧法可使企业前期的折旧费用加大,应税所得额减少,这样相当于企业从政府那里得到了一笔无息贷款,免费获得了延迟税款的使用权。

【案例5-14】某企业账面固定资产原值300 000元,预计残值率为5%,使用年限为5年。假设该企业近5年未扣除折旧前的预测利润见表5-4,且按规定该企业计提折旧时,既可采用直线折旧法又可采用加速折旧法;该企业适用的所得税税率为25%。试分析比较不同方法下折旧额对所得税的影响。

表5-4 企业近5年未扣除折旧前的利润表 单位:元

年 限	第1年	第2年	第3年	第4年	第5年	合 计
未扣除折旧前的利润	140 000	110 000	120 000	150 000	130 000	650 000

【解析】

先计算近5年不同折旧方法下每年计提的折旧额,见表5-5。

表5-5 企业近5年不同折旧方法下每年计提的折旧额 单位:元

年 限	直线法	双倍余额递减法	年数总和法
第1年	57 000	120 000	95 000
第2年	57 000	72 000	76 000
第3年	57 000	43 200	57 000
第4年	57 000	24 900	38 000
第5年	57 000	24 900	19 000
合 计	285 000	285 000	285 000

再计算近5年不同折旧方法下每年的应纳所得税税额,见表5-6。

表5-6 企业近5年不同折旧方法下的应纳所得税税额 单位:元

年 限	直线法	双倍余额递减法	年数总和法
第1年	20 750	5 000	11 250
第2年	13 250	9 500	8 500
第3年	15 750	19 200	15 750
第4年	23 250	31 275	28 000
第5年	18 250	26 275	27 750
合 计	91 250	91 250	91 250

由表5-6可以看出，用三种不同的折旧方法计算出来的累计应纳所得税税额是相等的，都是91 250元。然而从不同的纳税年度来看，第1年运用双倍余额递减法计算折旧时应纳税额最小，年数总和法次之，直线法最大。总之，运用加速折旧法计算折旧，开始的年份可以少纳税，把较多的税款推迟到以后年份缴纳，从而使企业获得了资金的时间价值。为了便于比较，可以把资金的时间价值考虑进来，假定当时银行利率为10%，其结果如下：

运用直线法计算折旧时，应纳税额的现值为（相当于5年的应纳所得税税额换算为现在时间点的价值）：

应纳税额的现值=20 750×（1+10%）$^{-1}$+13 250×（1+10%）$^{-2}$+15 750×（1+10%）$^{-3}$+23 250×

（1+10%）$^{-4}$+18 250×（1+10%）$^{-5}$

=68 859.13（元）

同样可计算出，运用双倍余额递减法时，应纳税额的现值为64 497.89元；运用年数总和法时，应纳税额的现值为62 195.9元。

从应纳税额的现值来看，运用年数总和法计算折旧时，将5年合计应纳的税款折合为现在的资金价值，其数额最小，双倍余额递减法次之，而运用直线法计算折旧时，税额的现值最大。因此，在条件允许的情况下，该企业选择年数总和法最为有利。

（2）税收减免优惠期间的折旧处理

当企业处于税收减免优惠期间，可尽量少提折旧，将折旧费推迟扣除，以便在后期得到更大的抵税效应。

【案例5-15】仍以【案例5-14】的资料为例，假设该企业为2021年年末新开设的高新技术企业，固定资产均是开业时购入的，则按税法规定可享受自投产年度起免征所得税2年，以后年份按15%的税率纳税的税收优惠。此时，根据【案例5-14】所计算的数据可以看出，不同折旧方法下，企业享受的免税额不同。

【解析】

若企业采用直线法计提折旧，可享受的免征所得税税额为34 000元（20 750+13 250）；若企业采用双倍余额递减法计提折旧，可享受的免征所得税税额为14 500元（5 000+9 500）；若企业采用年数总和法计提折旧，可享受的免征所得税税额为19 750元（11 250+8 500）。

经比较可以看出，企业采用直线法计提折旧时，前两年计提的折旧最少，应税所得额最大，可享受的减免税额最多。因此，此时应采用直线法计提折旧。也就是说，当企业处于减免税优惠期间时，应尽量少提折旧，而将折旧额推迟到非税收优惠期间扣除，这样可使折旧的抵税效应最大，享受的减免税优惠最多。

（3）企业处于法定弥补亏损年限时的折旧处理

当企业有尚未弥补亏损，且处在法定弥补亏损年限的最后年份时，应在当年少提折旧，增加税前利润，尽可能地弥补亏损，而将折旧费推迟扣除，以获得最大的抵税效应。

【案例5-16】仍以【案例5-14】的资料为例，假设上述固定资产为该企业在

2022年年末新增的固定资产，表5-4中的利润为2022年后5年未扣除新增固定资产折旧额的利润，同时，该企业在2022年账面上还有2017年尚未弥补的亏损额80 000元。那么，此时采用的折旧方法应怎样确定？（已知企业所得税税率为25%）

【解析】

根据税法规定，企业5年内的亏损可在税前弥补。本企业2017年的亏损额80 000元可在2022年进行弥补。我们再计算不同折旧方法下折旧额对企业所得税的影响。有关数据计算见表5-7。

表5-7　　　　　　　　　采用不同折旧法对企业所得税的影响　　　　　　　　单位：元

项　目	直线法	双倍余额递减法	年数总和法
2022年扣除折旧前的利润（见表5-4）	140 000	140 000	140 000
2022年扣除折旧后的利润	83 000 （140 000-57 000）	20 000 （140 000-120 000）	45 000 （140 000-95 000）
2022年可用于弥补亏损的利润	80 000	20 000	45 000
2022年应纳所得税税额	750 （（83 000-80 000）×25%）	0	0
2022年后5年合计应纳所得税额	71 250 （91 250-20 750+750）	86 250 （91 250-5 000+0）	80 000 （91 250-11 250+0）

从表5-7中可以看出，采用直线法时，前期计提的折旧额最小，因此，企业2022年用于弥补亏损的利润最多，不考虑资金时间价值，其5年合计应纳税额最低，抵减的税额最大，对企业最为有利。

2）固定资产折旧年限的筹划

税法按固定资产的种类规定最低折旧年限的，那么企业在不违反税法规定的前提下究竟按多长年限计提折旧呢？另外，税法中也提到，企业的固定资产由于技术进步或处于强震动、高腐蚀状态的，确需加速折旧的，可以缩短折旧年限或者采用加速折旧的方法。采取缩短折旧年限方法的，最低折旧年限不得低于税法规定最低年限的60%。

从以上规定可以看出，由于税法中只规定了折旧的最低年限，而具体的折旧年限一般取决于固定资产的使用年限，但使用年限本身就是一个主观预计的经验值，这使得折旧年限有了很多人为的成分，为我们进行纳税筹划提供了可能。另外，特殊情况下可缩短折旧年限，这也为纳税筹划提供了空间。站在筹划的角度，缩短折旧年限有利于加速成本收回，可以使后期成本费用前移，从而使前期会计利润后移，实现延迟纳税。

①在税率稳定的情况下，缩短折旧年限，使所得税递延缴纳，相当于向国家取得了一笔无息贷款。

【案例 5-17】某企业于年底购入价值为 100 万元的设备一台，估计净残值率为 5%，从次年起，采用直线法计提折旧。假设企业的所得税税率为 25%，银行利率为 10%。

税法规定最低折旧年限为 5 年，具体年限可根据其使用年限确定。

【解析】

方案一：估计使用年限为 10 年，则每年计提的等额折旧为 95 000 元（1 000 000×（1-5%）÷10）。

每年计提的折旧额即为影响应税所得额的金额，每年折旧额抵减的应纳税额为 23 750 元（95 000×25%）。

折旧额合计抵减的应纳税额现值为 145 934.25 元（23 750×（P/A，10%，10））。

注：（P/A，10%，10）是利率为 10%、期限为 10 年的年金现值系数，值为 6.1446。

方案二：将折旧年限缩短为 6 年，则每年计提的折旧额为 158 333.33 元（1 000 000×（1-5%）÷6）。

每年折旧额抵减的应纳税额为：

158 333.33×25%=39 583.33（元）

折旧额合计抵减的应纳税额现值为：

39 583.33×（P/A，10%，6）=39 583.33×4.3553=172 397.28（元）

从以上两方案可看出，折旧年限越短，每年计提的折旧额越大，抵减所得税的现值也就越大，对企业就越有利。因此，当税率不变时，应尽量缩短折旧年限，为企业争取更大的资金使用价值。

②在税率先低后高或有税收优惠的年份，可通过延长折旧年限来节税。

【案例 5-18】沿用【案例 5-17】的资料，假设该企业为设在西部开发区的一个交通企业，2021 年开业。根据税收优惠政策，其可享受开业之日起第 1、2 年免征所得税，第 3～5 年减半征收（即"两免三减半"）企业所得税的优惠。前两年免征，无抵减税额，第 3～5 年税额减半，第 6～10 年正常纳税。

【解析】

当折旧年限为 10 年时，该项设备的折旧额可抵减的所得税款为：

95 000×25%×50%×3+95 000×25%×5=154 375（元）

当折旧年限为 6 年时，折旧额可抵减的税款为：

158 333.33×25%×50%×3+158 333.33×25%×1=98 958.33（元）

经计算可以看出，折旧年限为 10 年与 6 年相比，可多抵减税款 55 416.67 元（98 958.33-154 375），说明折旧年限越长，抵减的税款越多，对企业越有利。

需要注意的是，2008 年起施行新企业所得税法后，《财政部 国家税务总局 海关总署关于西部大开发税收优惠政策问题的通知》（财税〔2001〕202 号）规定的西部大开发企业所得税优惠政策将继续执行。

3）固定资产预计净残值的筹划

税法规定，在计提折旧时，企业应当根据固定资产的性质和使用情况，合理确定固定资产的预计净残值，固定资产的预计净残值一经确定，不得变更。

由于不同折旧方法下，预计净残值是影响每期折旧额的因素之一，它也间接影响着当期所得额。由于预计净残值一经确定，不得变更，因此其筹划空间较小，一般要求在固定资产投入使用前作好安排。

5.5.3 其他资本性支出的税前扣除及纳税筹划

除固定资产外，其他的资本性支出还有生产性生物资产、无形资产、长期待摊费用等，在企业所得税法中，对这些资本性支出的税务处理也有相应的规定。

生产性生物资产、无形资产、长期待摊费用等也是通过计提折旧、分期摊销的方法在当期应纳税所得额中列支。不同的折旧方法、折旧摊销的年份都会影响当期的应纳税所得额。其他资本性支出的筹划与固定资产折旧费用的筹划思路相同，均是结合企业的具体情况，使折旧费、摊销费的抵税效应得到最充分、最快的发挥，从而降低所得税税负或延期纳税。由于固定资产折旧费用的纳税筹划已作分析，故其他资本性支出的纳税筹划不再赘述。

素养园地

我国不断完善研发费用加计扣除税收优惠政策

为激励企业加大研发投入，更好地支持科技创新，税法允许企业的研究开发费用（简称研发费用）在税前加计扣除，并为此出台了一系列规范企业研发费用加计扣除的政策文件。

近年来，我国对研发费用加计扣除这一税收优惠政策不断完善。从2017年开始，将科技型中小企业研发费用加计扣除的比例提高至75%，从2018年开始，将这一加计扣除比例扩围至全部行业企业；从2021年开始，将制造业企业加计扣除的比例从75%提高至100%，从2022年开始，将这一比例扩围至科技型中小企业；2022年第四季度，将适用研发费用加计扣除比例75%的企业，也就是制造业企业、科技型中小企业之外的其他企业加计扣除比例全部提高至100%。而根据最新政策，自2023年1月1日起，将符合条件行业企业研发费用税前加计扣除比例由75%统一提高至100%，且作为制度性安排长期实施，没有执行时间限制。

1.《关于提高科技型中小企业研究开发费用税前加计扣除比例的通知》（财税〔2017〕34号）规定，科技型中小企业开展研发活动中实际发生的研发费用，未形成无形资产计入当期损益的，在按规定据实扣除的基础上，在2017年1月1日至2019年12月31日期间，再按照实际发生额的75%在税前加计扣除；形成无形资产的，在上述期间按照无形资产成本的175%在税前摊销。

2.《关于提高研究开发费用税前加计扣除比例的通知》（财税〔2018〕99号）和《关于延长部分税收优惠政策执行期限的公告》（财政部 税务总局公告2021年第6号）

规定，企业开展研发活动中实际发生的研发费用，未形成无形资产计入当期损益的，在按规定据实扣除的基础上，在 2018 年 1 月 1 日至 2023 年 12 月 31 日期间，再按照实际发生额的 75% 在税前加计扣除；形成无形资产的，在上述期间按照无形资产成本的 175% 在税前摊销。

3.《关于进一步完善研发费用税前加计扣除政策的公告》（财政部 税务总局公告 2021 年第 13 号）规定，制造业企业开展研发活动中实际发生的研发费用，未形成无形资产计入当期损益的，在按规定据实扣除的基础上，自 2021 年 1 月 1 日起，再按照实际发生额的 100% 在税前加计扣除；形成无形资产的，自 2021 年 1 月 1 日起，按照无形资产成本的 200% 在税前摊销。

4.《关于进一步提高科技型中小企业研发费用税前加计扣除比例的公告》（财政部 税务总局 科技部公告 2022 年第 16 号）规定，科技型中小企业开展研发活动中实际发生的研发费用，未形成无形资产计入当期损益的，在按规定据实扣除的基础上，自 2022 年 1 月 1 日起，再按照实际发生额的 100% 在税前加计扣除；形成无形资产的，自 2022 年 1 月 1 日起，按照无形资产成本的 200% 在税前摊销。

5.《财政部 税务总局 科技部关于加大支持科技创新税前扣除力度的公告》（财政部 税务总局 科技部公告 2022 年第 28 号）规定，现行适用研发费用税前加计扣除比例 75% 的企业，在 2022 年 10 月 1 日至 2022 年 12 月 31 日期间，税前加计扣除比例提高至 100%。

6.《关于进一步完善研发费用税前加计扣除政策的公告》（财政部 税务总局公告 2023 年第 7 号）规定，企业开展研发活动中实际发生的研发费用，未形成无形资产计入当期损益的，在按规定据实扣除的基础上，自 2023 年 1 月 1 日起，再按照实际发生额的 100% 在税前加计扣除；形成无形资产的，自 2023 年 1 月 1 日起，按照无形资产成本的 200% 在税前摊销。

基本训练

参考答案

◎ 课堂讨论

5.1　企业所得税的纳税筹划应从哪些方面入手？

5.2　在企业所得税的纳税筹划中，哪些筹划方法是为了延期纳税？试举例说明。

5.3　研发支出加计扣除的意义？

5.4　为什么依法申报企业所得税是社会责任感的一种体现？

5.5　观看汶川地震企业捐赠视频，谈谈自己的感受。

◎ 知识掌握

5.1　怎样通过纳税人的合并与分立来达到减轻所得税税负的目的？

5.2　如何通过应税收入的确认时间进行所得税的纳税筹划？

5.3　税前限制扣除和不允许扣除的成本费用有哪些？怎样进行纳税筹划？

5.4　固定资产折旧的纳税筹划方法有哪些？

观念应用

参考答案

◎ 案例分析

案例1 某工业企业2021年度实现产品销售收入6 000万元，企业当年账面列支广告费1 000万元，业务宣传费100万元，税前会计利润总额为200万元（假设无其他纳税调整项）。

问题：请为企业进行所得税的税收筹划。

案例2 某企业2021年年底购入了一台新设备，成本为30万元，净残值率为5%。该设备从2022年起计提折旧。2022年扣除该设备折旧额前的应纳税所得额为15.5万元。

问题：

（1）若企业该项固定资产的使用年限为10年，且可采用加速折旧法计提折旧，试通过计算比较三种折旧方法（直线法、双倍余额递减法、年数总和法），为使2022年的应税所得额最低，企业应选择哪种折旧方法？

（2）若企业采用直线法计提折旧，将折旧年限由10年缩短为8年会给企业带来多大的减税效应？

◎ 实践训练

实践1 某小型工业企业资产总额为500万元，从业人数为80人。2021年1月，该企业与一合伙企业签订了一份特许权使用合同，合同上约定合伙企业应于2021年12月底向本企业支付特许权使用费5万元。该企业2021年自行申报的应纳税所得额为25万元。假设该企业2021年适用的所得税优惠税率为20%。

问题：该企业可通过什么方法进行纳税筹划？能节约多少所得税税额？

实践2 大山设备制造公司属于增值税一般纳税人，生产A设备，其他企业购买A设备后作为固定资产管理。A设备每台售价100万元，缴纳增值税13万元，每台设备消耗材料60万元，进项税额7.8万元，工资及其他费用20万元。该企业适用的城市维护建设税税率为7%，教育费附加征收率为3%。该企业生产A设备的方式有三种方案：

方案一：自产自销。

方案二：先列为企业固定资产，再对外经营租赁。A设备使用年限10年，残值为0，按直线法提取折旧，每年租金11.3万元，租赁期10年。

方案三：先对外经营租赁，再寻机出售。A设备使用年限10年，残值为0，按直线法提取折旧，每年租金11.3万元，租赁期3年，租金收入35.1万元，第3年出售，售价为81.9万元。

问题：

（1）试计算三种方案应纳的增值税、城市维护建设税和教育费附加、企业所得税及净收益。

（2）比较分析哪一种方案对大山设备制造公司最有利。

第 5 章　扫码答题

第6章 个人所得税纳税筹划与案例

◆ 学习目标

1.理解个人所得税的优惠政策，掌握运用优惠政策进行纳税筹划的方法。

2.理解居民纳税人综合所得的税收规定，掌握综合所得的纳税筹划方法。

3.理解非居民纳税人综合所得的税收规定，掌握综合所得的纳税筹划方法。

4.理解个体工商户生产经营所得的税收规定，掌握个体工商户生产、经营所得的纳税筹划方法。

5.理解股息、利息、红利所得的税收规定，掌握股息、利息、红利所得的纳税筹划方法。

6.理解居民纳税人与非居民纳税人、境内所得与境外所得的税收规定，掌握个人所得税纳税人的筹划方法。

7.通过学习我国个人所得税税制改革及创新历程，使学生能够切实理解优惠政策带来的实际利好，增强学生的制度自信和文化自信，培养学生崇高的爱国主义情怀，倡导学生承担起"和谐、友善、助人、奉献"等社会责任，使学生树立遵纪守法、依法纳税、依法节税的纳税理念。

◆ 主要概念与原理

起征点 工资 薪金福利化 "削山头"法 费用转移法 项目选择法 集体创作法 分次纳税法 境外所得 非居民纳税人

6.1 个人所得税的优惠政策及纳税筹划

勤学善思

很多企业都在想方设法"避税"，常见的方式有：买发票、虚增成本、虚增人头等。在营改增、金税三期的大背景之下，这种高风险的避税方式无疑成为企业随时可能爆炸的一个定时炸弹。在大众创业、万众创新的时代，国家为了鼓励创业、扶持中小微企业，相继推出了各种税收优惠政策。那么该如何顺应国家政策，协助高管、创业者、自由职业者等高收入人群进行合理纳税的税务筹划呢？

6.1.1　个人所得税的优惠政策

1）免税项目

根据《中华人民共和国个人所得税法》（2019年1月1日起施行）的规定，对下列各项个人所得，免征个人所得税：

① 省级人民政府、国务院部委和中国人民解放军军以上单位，以及外国组织、国际组织颁发的科学、教育、技术、文化、卫生、体育、环境保护等方面的奖金。

② 国债和国家发行的金融债券利息。其中，国债利息是指个人持有中华人民共和国财政部发行的债券而取得的利息；国家发行的金融债券利息是指个人持有经国务院批准发行的金融债券而取得的利息。

③ 按照国家统一规定发给的补贴、津贴。

④ 福利费、抚恤金、救济金。其中，福利费是指根据国家有关规定，从企事业单位、国家机关、社会团体提留的福利费，或工会经费中支付给个人的生活补助费；救济金是指国家民政部门支付给个人的生活困难补助费。

⑤ 保险赔款。

⑥ 军人的转业费、复员费、退役金。

⑦ 按照国家统一规定发给干部和职工的安家费、退职费、基本养老金或者退休费、离休费、离休生活补助费。其中，退职费是指符合《国务院关于工人退休、退职的暂行办法》规定的退职条件，并按该办法规定的退职费标准所领取的退职费。

⑧ 依照我国有关法律规定应予免税的各国驻华使馆、领事馆的外交代表、领事官员和其他人员的所得。

⑨ 中国政府参加的国际公约、签订的协议中规定免税的所得。

⑩ 国务院规定的其他免税所得。该项免税规定，由国务院报全国人民代表大会常务委员会备案。

对外籍个人取得的探亲费免征个人所得税。

按照国家规定，单位为个人缴付和个人缴付的住房公积金、基本医疗保险费、基本养老保险费、失业保险费，从纳税义务人的应纳税所得额中扣除。

个人取得的拆迁补偿款按有关规定免征个人所得税。

2）减税项目

（1）根据个人所得税税法相关规定，有下列情形之一的，经批准可以减征个人所得税：

① 残疾、孤老人员和烈属的所得。

② 因严重自然灾害造成重大损失的。

国务院可以规定其他减税情形，报全国人民代表大会常务委员会备案。上述减税项目的减征幅度和期限，由省、自治区、直辖市人民政府规定，并报同级人民代表大会常务委员会备案。

（2）对个人投资者持有2019—2023年发行的铁路债券取得的利息收入，减按50%计入应纳税所得额计算征收个人所得税。税款由兑付机构在向个人投资者兑付利息时代扣代缴。

（3）自2019年1月1日至2023年12月31日，一个纳税年度内在船航行时间累计满183天的远洋船员，其取得的工资薪金收入减按50%计入应纳税所得额，依法缴纳个人所得税。

3）暂免征税项目

根据《财政部 国家税务总局关于个人所得税若干政策问题的通知》和有关文件的规定，对下列所得暂免征收个人所得税：

① 外籍个人以非现金形式或实报实销形式取得的住房补贴、伙食补贴、搬迁费、洗衣费。

② 外籍个人按合理标准取得的境内、境外出差补贴。

③ 外籍个人取得的语言训练费、子女教育费等，经当地税务机关审核批准为合理的部分。

④ 外籍个人从外商投资企业取得的股息、红利所得。

⑤ 凡符合下列条件之一的外籍专家取得的工资、薪金所得：根据世界银行专项贷款协议，由世界银行直接派往我国工作的外国专家；联合国组织直接派往我国工作的专家；为联合国援助项目来华工作的专家；援助国派往我国专为该国援助项目工作的专家；根据两国政府签订的文化交流项目来华工作两年以内的文教专家，其工资、薪金所得由该国负担的；根据我国大专院校国际交流项目来华工作两年以内的文教专家，其工资、薪金所得由该国负担的；通过民间科研协定来华工作的专家，其工资、薪金所得由该国政府机构负担的。

⑥ 个人举报协查各种违法、犯罪行为而取得的奖金。

⑦ 个人办理代扣代缴手续，按规定取得的扣缴手续费。

⑧ 个人转让自用达5年以上并且是唯一家庭生活用房取得的所得。

⑨ 个人购买福利彩票、赈灾彩票、体育彩票，一次性中奖收入在1万元以下的（含1万元）暂免征收个人所得税，超过1万元的，全额征收个人所得税。

⑩ 达到离休、退休年龄，但确因工作需要，适当延长离休、退休年龄的高级专家，其在延长离休、退休期间的工资、薪金所得。

⑪国有企业职工因企业依照《中华人民共和国企业破产法》宣告破产，从破产企业取得的一次性安置费收入。

⑫职工与用人单位解除劳动关系取得的一次性补偿收入，在当地上年职工年平均工资3倍数额以内的部分，可免征个人所得税，超过该标准的一次性补偿收入，应按工资、薪金所得项目计征个人所得税。

⑬城镇企业事业单位及其职工个人按照规定比例实际缴付的失业保险费，均不计入职工个人当期的工资、薪金所得。

⑭企业和个人按照国家或地方政府规定的比例，提取并向指定金融机构实际缴付的住房公积金、医疗保险金、基本养老保险金免征个人所得税。

⑮对工伤职工及其近亲属按照《工伤保险条例》规定取得的工伤保险待遇，免征个人所得税免征个人所得税。

⑯个人领取原提存的住房公积金、医疗保险金、基本养老保险金，以及具备条件

的失业保险金免征个人所得税。

⑰下岗职工从事社区居民服务业取得的经营所得和劳务报酬所得,从事个体经营的自其领取税务登记证之日起,从事独立劳务服务的自其持下岗证明在当地主管税务机关备案之日起,3年内免征个人所得税;第1年免税期满后由县以上主管税务机关就免税主体及范围按规定逐年审核,符合条件的,可继续免征1~2年。

⑱个人取得的教育储蓄存款利息所得和按照国家或省级地方政府规定的比例缴付的住房公积金、医疗保险金、基本养老保险金、失业保险金存入银行个人账户所取得的利息所得免征个人所得税。

⑲个体工商户、个人独资企业和合伙企业或个人从事种植业、养殖业、饲养业、捕捞业收取的所得,暂不征收个人所得税。

企业在销售商品(产品)和提供服务过程中向个人赠送礼品,属于下列情形之一的,不征收个人所得税:

① 企业通过价格折扣、折让方式向个人销售商品(产品)和提供服务。

② 企业在向个人销售商品(产品)和提供服务的同时给予赠品,如通信企业对个人购买手机赠话费、入网费,或者购话费赠手机等。

③ 企业对累积消费达到一定额度的个人按消费积分反馈礼品。

自2020年1月1日起至2024年12月31日,对在海南自由贸易港工作的高端人才和紧缺人才,其个人所得税税负超过15%的部分予以免征。享受上述优惠政策的所得包括来源于海南自由贸易港的综合所得、经营所得以及经海南省认定的人才补贴性所得。

【素质拓展6-1】

2023年8月31日发布的《国务院关于提高个人所得税有关专项附加扣除标准的通知》(国发〔2023〕13号)规定,提高了赡养老人、子女教育、3岁以下婴幼儿照护三项专项附加扣除的标准。其中,赡养老人专项附加扣除标准,从每月2 000元提高至每月3 000元,子女教育、3岁以下婴幼儿照护专项附加扣除标准从每个子女、婴幼儿每月1 000元提高至每月2 000元,纳税人从9月申报期起即可享受。该通知进一步减轻了家庭生育养育和赡养老人的支出负担,不仅减轻了纳税人的负担,更是缓和民生焦虑的惠民之举,为进一步发挥税收职能作用,助力经济社会发展起到了重要作用。

4)捐赠的税前扣除

税法规定,个人将其所得对教育、扶贫、济困等公益慈善事业捐赠的部分,允许从应纳税所得额中扣除。上述捐赠是指个人将其所得通过中国境内的社会团体、国家机关向教育和其他社会公益事业以及遭受严重自然灾害地区和贫困地区的捐赠。

上述捐赠的扣除以不超过纳税人申报应纳税所得额的30%为限。其计算公式为:

捐赠扣除限额=申报的应纳税所得额×30%

允许扣除的捐赠额等于实际捐赠额小于或等于捐赠扣除限额的部分;当实际捐赠

额大于捐赠扣除限额时，只能按捐赠扣除限额扣除。

应纳税额=（应纳税所得额−允许扣除的捐赠额）×适用税率−速算扣除数

个人通过非营利的社会团体和国家机关向教育事业、红十字事业、农村义务教育、公益性青少年活动场所、福利性或非营利性的老年服务机构的捐赠，准予在缴纳个人所得税前的所得额中全额扣除。

根据政策规定，公益捐赠需取得省级以上（含省级）财政部门印制并加盖接受捐赠单位印章的公益性捐赠票据，方可按规定进行税前扣除。

9号公告规定，个人通过扣缴义务人享受公益捐赠扣除政策，应当告知扣缴义务人符合条件可扣除的公益捐赠支出金额，并提供捐赠票据的复印件，其中捐赠股权、房产的，还应出示财产原值证明。扣缴义务人应当按照规定在代扣代缴税款时进行扣除，并将公益捐赠扣除金额告知纳税人。

根据政策规定，非居民个人不需要办理综合所得年度汇算清缴，所以发生捐赠支出当月，可以在工资薪金所得、劳务报酬所得、稿酬所得、特许权使用费所得中扣除。而经营所得年度汇算不区分居民个人和非居民个人，非居民个人捐赠支出扣除不完的，可以在经营所得预缴时扣除，也可在年度汇算时扣除。不过需要注意的是，公益捐赠支出是不可以在非居民个人从境内取得的股息、红利、利息中扣除的。另外，如果非居民个人享受了税收协定优惠，相关的捐赠支出也无法扣除。

基于这些规定，非居民个人在进行捐赠扣除时，有必要对捐赠优惠、税收协定优惠等各项优惠，进行统筹考量，并在此基础上精准选择扣除项目。

例如，中国香港居民A在内地无住所，2020年2月取得来源于内地的特许权使用费所得100万元，稿酬所得100万元。除此之外无其他所得。为支持内地疫情防控工作，A在2月捐赠了70万元。

A设计了两个方案。方案一：在特许权使用费所得中扣除捐赠支出，稿酬所得享受税收协定优惠（根据内地与中国香港税收协定安排，可享受10%优惠税率）。那么，特许权使用费所得应纳税所得额为100×80%−70=10（万元），应纳税额为10×45%−1.516=2.984（万元）；稿酬所得应纳税所得100×10%=10（万元），合计应纳个人所得税12.984万元。

方案二：在稿酬所得中扣除捐赠支出，特许权使用费所得享受协定优惠（根据内地与中国香港税收协定安排，可享受10%优惠税率）。稿酬应纳税所得额100×80%×70%−70=−14（万元），小于0，应纳个税为0；特许权使用费所得应纳所得税为100×10%=10（万元），合计应纳所得税10万元。

可以看出，方案二比方案一更优。因此，对于非居民个人来说，在选择捐赠扣除项目时，应当对捐赠优惠、协定优惠等进行统筹考量和仔细计算，选择最佳方案。当然，非居民个人也可以向税务部门、涉税专业服务机构进行咨询，在其辅导帮助下充分享受减税红利。

5）境外所得已纳税款的抵扣

境外所得已纳税款的抵扣在"6.5 境外所得的纳税筹划"单独叙述，故此处省略。

6.1.2　利用优惠政策合理进行税收筹划

1）利用起征点进行税收筹划

我国现行的个人所得税法实行综合征收和分类征收相结合的制度，分类征收的所得是将纳税人不同来源、不同性质的所得项目，分项定率、分项扣除、分项计征，因此各个应税项目在计算应纳税所得额时，一般均有费用扣除额的规定。费用扣除额可以看作各个应税项目的起征点。按照税法的规定，纳税人的收入超过起征点的，应就全部金额征税，低于起征点的不征税。因此，纳税人可利用起征点的规定进行个人所得税的纳税筹划。

【案例6-1】某业主有一套面积为120平方米的闲置空房，该房屋地处一所重点高中附近。近几年，由于父母望子成龙心切，每年高考前房屋租赁市场都供不应求，导致房屋租金在每年的3—6月高涨，一般为月租金1 800元，而9—12月每月租金仅为600元，寒、暑假期因房屋空置则不向承租人收取租赁费。该业主每年实际收取租金9 600元，假设相关税费为零。

【解析】

按税法相关规定，在计算财产租赁所得时，可从月租金收入中扣除的项目有三项：一是定额或定率减除的费用。每次收入不超过4 000元，定额减除费用800元；每次收入在4 000元以上，定率减除20%的费用。二是出租财产过程中缴纳的相关税费。三是出租人发生的修缮费，若能提供有效、准确的凭证，证明纳税人负担了该出租财产实际开支的修缮费用，则允许扣除，但以每次800元为限，一次扣除不完的，准予在下一次继续扣除，直到扣完为止。

依据相关规定可知，财产租赁所得的起征点一般为每次收入800元；如果出租人实际发生了可扣除的相关税费、修缮费，且修缮费低于800元，则起征点为800元加上实际发生的相关税费和修缮费；如果修缮费高于或等于800元，则起征点为相关税费加上1 600元。

当月租金收入低于4 000元时，财产租赁所得应纳的个人所得税为：

应纳税额=（月租金收入–800–相关税费–修缮费（以800为限））×20%

筹划前该业主实际应纳个人所得税=（1 800–800）×20%×4=800（元）

利用财产租赁所得起征点的规定，我们可以为该业主提出以下几种筹划方案：

方案一：若3—6月与9—12月承租人不变，则在签订租赁合同时，可将租赁期从8个月延长为12个月，收取的房屋租金总额仍为9 600元，但每月的租金均为800元，没超出起征点，不用纳税，与筹划前相比可节税800元。

方案二：若3—6月与9—12月承租人不同，此时，由于9—12月每月租金为600元，低于起征点，不用纳税，也不用筹划；而3—6月租金超出起征点，应该纳税。但如果将3—6月的房屋租赁合同由4个月延长为8个月（1—8月），这样每月租金由1 800元降为900元，应纳税额为160元（（900–800）×20%×8），与筹划前相比可节税640元。

方案三：该业主如果在当年有对房屋进行修缮的必要，则应将修缮费在租金较高的月份列支，然后配合延长租期的方法，使3—6月的应税收入不超出起征点，从而达到节税的目的。

动手算一算 6-1

某业主有一套闲置的非经济适用房，该房屋1—6月每月租金为1 600元，7—12月每月租金为1 200元。若该业主在出租前需要对该出租房进行重新装修，总计发生装修费用4 800元，请你动手算一算：

1.该业主若在1月份装修，则全年财产租赁所得应纳个人所得税为多少？

2.该业主若在7月份装修，则全年财产租赁所得应纳个人所得税为多少？

3.哪个方案更优？为什么？

2）利用税收优惠中的时间规定来降低税负

税法中规定个人转让自用达5年以上，且是家庭唯一生活住房的房产所取得的所得，可免征个人所得税。若个人不急需资金，自用4年转让就不如自用满5年之后再转让。

3）利用税收优惠中的投资项目或择业项目来降低税负

当个人用闲置资金购买债券时，购买公司债券取得的利息应按规定纳税；购买国债或国家金融债券取得的利息所得可免征个人所得税。

另外，下岗失业人员在创业时也可事先进行纳税筹划。下岗失业人员如果独立从事社区居民服务，或以个体经营的方式从事社区居民服务，3年内其取得的劳务报酬所得与经营所得免征个人所得税。如果从事其他服务业则不享受免税优惠。

因此，个人可在投资与择业前对自身的经营活动事先做一个安排，以达到降低税负的目的。

4）利用捐赠的税收优惠进行纳税筹划

为了鼓励纳税人进行公益、救济性捐赠，我国现行个人所得税税法规定，个人将其所得通过中国境内的社会团体、国家机关向教育和其他社会公益事业以及遭受自然灾害的地区和贫困地区捐赠，应纳税所得额30%以内的捐赠额，可以冲减其应纳税所得额。

另外，对符合下列捐赠方式（通过非营利性的社会团体和国家机关）的个人捐赠，可以在缴纳个人所得税前全额扣除：向老年活动机构、教育事业的捐赠；向红十字事业的捐赠；向公益性青少年活动场所的捐赠；向中华健康快车基金会、孙冶方经济科学基金会、中华慈善总会、中国法律援助基金会、中华见义勇为基金会、宋庆龄基金会、中国福利会、中国残疾人福利基金会、中国扶贫基金会、中国煤矿尘肺病治疗基金会、中华环境保护基金会用于公益性、救济性的捐赠。

利用捐赠的税收优惠进行纳税筹划是一种比较务实的做法。它一方面可以抵免一部分税款；另一方面也可以使纳税人的捐赠行为长期化。捐赠支出的筹划，关键在于如何使得捐赠支出最大化，同时又尽量使得应纳税额控制在可承受范围内，也就是在符合税法规定的情况下，充分利用捐赠扣除限额。个人在捐赠时可优先考虑税前允许全额扣除的项目，若捐赠的项目是税前限额扣除的，则可采用以下筹划方法：

（1）分次安排捐赠数额

若所得为一项，可根据捐赠限额的多少分次安排捐赠数额。

【案例6-2】 胡海为非居民纳税人，2022年每月取得工资、薪金收入7 500元，5月份通过境内社会团体向贫困地区捐赠12 000元。

【解析】

筹划前：

5 月份允许税前扣除的捐赠额=（7 500-5 000）×30%=750（元）

5 月份工资、薪金所得应纳税额=（7 500-5 000-750）×3%=52.5（元）

其他月份应纳税额=（7 500-5 000）×3%=75（元）

胡海2022年工资、薪金所得应纳税额=75×11+52.5=877.5（元）

如果胡海改变做法，将5月份对外捐赠的12 000元，分12个月、分12次安排，则筹划后：

每月允许税前扣除的捐赠额=（7 500-5 000）×30%=750（元）

每月工资、薪金所得应纳税额=（7 500-5 000-750）×3%=52.5（元）

胡海2022年工资、薪金所得应纳税额=52.5×12=630（元）

结论：分多次安排捐赠额后，胡海2022年度工资、薪金所得可以少纳个人所得税247.5元（877.5-630）。

（2）分项安排捐赠数额

若个人所得税的纳税人应税所得为多项，可将捐赠额分散在不同的应税项目中进行税前抵扣。如果纳税人同期所得适用的税率高低不等，则纳税人应尽量使税率高的所得项目先享受捐赠带来的减税效应。

【案例6-3】李某2021年承包了其原所在单位的一个车间，承包所得按年计算，2022年1月，李某开始计算填制个人所得税纳税申报表，经计算该年度其承包经营收入按税法规定减除必要费用后，应纳税所得额为70 000元。

在未送出申报表之前，李某偶然参加了一次福利彩票抽奖活动，并获得了一等奖，中奖现金80 000元。

李某决定通过民政局捐给某老年福利院20 000元。请帮助其进行纳税筹划。

【解析】

应纳个人所得税税额=70 000×10%-1 500=5 500（元）

第一种方案，李某当即决定从中奖奖金中拿出20 000元现金，通过民政局捐给某老年福利院。其捐赠额20 000元未超过扣除限额24 000元（80 000×30%），捐赠款项可以全额在税前扣除。主办单位代扣代缴"偶然所得"项目应纳的个人所得税为12 000元（（80 000-20 000）×20%），李某最后实际获得48 000元（80 000-20 000-12 000）。

李某2021年度税后净收入为112 500元（70 000-5 500+48 000）。

第二种方案，如果李某中奖后以全部"偶然所得"项目纳税16 000元（80 000×20%），在这一项上比上述计算结果多缴纳4 000元（16 000-12 000）。

然后再以承包经营所得捐赠20 000元，捐赠扣除限额21 000元（70 000×30%），捐赠额未超过扣除限额，可全部扣除。

承包经营应纳税所得额扣除捐赠20 000元后，需缴纳个人所得税3 500元（（70 000-20 000）×10%-1 500），该项计算结果少缴税款2 000元（5 500-3 500）。

这样，李某2021年税后净收入则为110 500元（70 000-3 500+80 000-16 000-20 000），比第一种方案减少2 000元（112 500-110 500）。

故应该选择第一种方案，李某可以少纳税，减轻了个人所得税负担。

个人所得税纳税人在进行捐赠时需要注意以下几点：

（1）避免直接性捐赠。选择通过中国境内的社会团体、国家机关等进行捐赠。

（2）合理选择捐赠对象。一般的公益性捐赠的扣除限额为30%，但对个人通过非营利的社会团体和国家机关向教育事业、红十字事业、公益性青少年活动场所以及向慈善机构、基金会等非营利机构的公益性、救济性捐赠，允许在计算个人所得税时全额扣除。纳税人在进行捐赠时，可通过选择以上几项可以全额扣除的捐赠项目进行捐赠，以使捐赠额可以得到全额税前扣除。

（3）选择适当的捐赠时期。纳税人对外捐赠是出于自愿，捐多少、何时捐都由纳税人自己决定。允许按应纳税所得额的一定比例进行扣除，其前提必须是取得一定的收入，也就是说，如果纳税人本期未取得收入，而是用自己过去的积蓄进行捐赠，则不能得到税收抵免。因此应尽量选择在自己收入较多（适用税率较高）的时期进行捐赠，以获得较大的税收抵免好处。

运用税法的税收优惠条款进行纳税筹划，从个体角度看，不仅有利于减轻纳税人的税收负担，获得最大的税收利益，而且有助于提高纳税人的纳税意识；从整体角度看，则有利于国家宏观调控意图的实现。

6.2 综合所得的纳税筹划

6.2.1 综合所得的税收规定

1）征税对象的规定

居民个人取得工资薪金所得、劳务报酬所得、稿酬所得、特许权使用费所得这四项所得（以下称综合所得），按纳税年度合并计算个人所得税；非居民个人取得这四项所得，按月或者按次分项计算个人所得税。

（1）工资、薪金所得的税收规定

工资、薪金所得，是指个人因任职或者受雇而取得的工资、薪金、年终加薪、劳动分红、津贴、补贴以及与任职、受雇有关的其他所得。对于一些不属于工资、薪金性质的补贴、津贴或者不属于纳税人本人工资、薪金所得项目的收入，不予征税。这些项目包括：

视频9

工资、薪金所得应纳个人所得税的会计处理

① 独生子女补贴。

② 执行公务员工资制度未纳入基本工资总额的补贴、津贴差额和家属成员的副食品补贴。

③ 托儿补助费。

④ 差旅费补贴、误餐补助。

（2）劳务报酬所得的税收规定

劳务报酬所得，是指个人从事设计、装潢、安装、制图、化验、测试、医疗、法律、会计、咨询、讲学、新闻、广播、翻译、审稿、书画、雕刻、影视、录音、录像、演出、表演、广告、展览、技术服务、介绍服务、经纪服务、代办服务以及其他劳务报酬的所得。上述各项所得一般属于个人独立从事自由职业取得的所得，或属于独立个人劳动所得。是否存在雇佣与被雇佣关系，是判断个人收入是属于劳务报酬所得，还是属于工资、薪金所得的重要标准。

（3）稿酬所得的税收规定

稿酬所得，是指个人因其作品以图书、报刊形式出版、发表而取得的所得。这里所说的作品包括文学作品、书画作品、摄影作品以及其他作品。它与劳务报酬所得、特许权使用费所得之间有所区别。个人为他人的作品提供翻译、审稿而取得的所得属劳务报酬所得，而个人有偿转让其著作的使用权而取得的所得，以及将自己的文字作品手稿原件或复印件公开拍卖（竞价）取得的所得属特许权使用费所得。另外，还需注意以下几点：

① 作者去世后，财产继承人取得的遗作稿酬，亦应征收个人所得税。

② 任职、受雇于报纸、杂志等单位的记者、编辑等专业人员，因在本单位的报纸、杂志上发表作品而取得的所得，属于因任职、受雇而取得的所得，应与其当月工资收入合并，按"工资、薪金所得"项目征收个人所得税。除上述专业人员以外，其他人员在本单位的报纸、杂志上发表作品而取得的所得，应按稿酬所得项目征税。

③ 出版社的专业作者撰写、编写或翻译的作品，由本社以图书形式出版而取得的稿费收入，应按稿酬所得项目计算缴纳个人所得税。

（4）特许权使用费税收规定

特许权使用费所得是指个人提供"专利权、商标权、著作权、非专利技术"以及其他特许权的"使用权"所得。特别规定：

① 作者将自己的文字作品"手稿原件或复印件"公开拍卖取得的所得，按"特许权使用费所得"计税。

② 个人取得特许权的"经济赔偿收入"，按"特许权使用费所得"计税。

③ 编剧从电视剧的制作单位取得的"剧本使用费"，按"特许权使用费所得"计税，无论剧本使用方是否为其任职的单位。

2）计税依据的规定

应纳税所得额——采用"定额扣除"与"附加扣除"相结合的方式。

应纳税所得额=每年收入额−生计费−专项扣除−专项附加扣除−其他扣除

（1）生计费

每月5 000元，每年扣除限额为60 000元。

（2）专项扣除

个人按照国家或省级政府规定的缴费比例或办法实际缴付的"三险一金"，允许在个人应纳税所得额中扣除，超过规定比例和标准缴付的，超过部分并入个人当期的工资、薪金收入，计征个人所得税。

（3）专项附加扣除

①子女教育专项附加扣除（见表6-1）。

视频10

个人所得税专项附加扣除

表6-1　　　　　　　　　　　　　　子女教育专项附加扣除

要点	具体内容		
子女类型	子女包括婚生子女、非婚生子女、继子女、养子女		
准予扣除的子女教育类型	学前教育	年满"3岁"至小学入学前教育	
	全日制学历教育	义务教育	小学和初中教育
		高中阶段教育	普通高中、中等职业教育、技工教育
		高等教育	大学专科、本科
扣除标准	"每个"子女每月2 000元 【注意】两个子女可以扣两份		
扣除方式	（1）父母"分别"按扣除标准的"50%"扣除 （2）经父母"约定"，也可以由"其中一方"按扣除标准的"100%"扣除 【注意】具体扣除方式在"一个纳税年度内"不得变更		

②继续教育专项附加扣除（见表6-2）。

表6-2　　　　　　　　　　　　　　继续教育专项附加扣除

要点	具体内容		
准予扣除的继续教育类型	学历（学位）教育	高中阶段教育	普通高中、中等职业教育
		高等教育	大学专科、本科；硕士、博士研究生
	职业教育	包括技能人员职业资格继续教育、专业技术人员职业资格继续教育	
扣除标准	学历教育	每月400元 【注意】同一学历（学位）继续教育的扣除期限不能超过48个月	
	职业教育	"取得"相关证书的年度，一次性扣除3 600元	
扣除方式	（1）[本科及以下学历（学位）教育] 可以由其"父母"按照"子女教育"支出扣除 （2）可以由"本人"按照"继续教育"支出扣除 【注意】不得同时扣除		

③大病医疗专项附加扣除（见表6-3）。

表6-3　　　　　　　　　　　　　　大病医疗专项附加扣除

要点	具体内容		
准予扣除的大病医疗支出	在医保管理信息系统记录的由个人负担"超过15 000元"的医药费用支出 【注意】包括医保目录范围内的"自付部分"		
扣除标准	按照每年8万元标准限额"据实扣除"		
扣除凭证	医疗服务收费相关票据原件（或复印件）		
总结	自付费部分不超过15 000元		不得扣除
	自付费部分超过15 000元	"超过部分"在8万元以内	据实扣除
		"超过部分"超过8万元	扣除8万元

④住房贷款利息专项附加扣除（见表6-4）。

表6-4 住房贷款利息专项附加扣除

要点	具体内容
准予扣除的住房贷款利息	纳税人本人或配偶使用商业银行或住房公积金个人住房贷款为本人或其配偶购买住房，发生的"首套住房"贷款利息支出 【注意】"非首套"住房贷款利息支出，不得扣除
扣除标准	偿还贷款期间，每月1 000元 【注意1】定额扣除，即使每年贷款利息低于1.2万元，也按照上述标准扣除 【注意2】扣除期限最长不超过240个月 【注意3】纳税人只能享受一次首套住房贷款的利息扣除
扣除方式	经夫妻双方约定，可以选择由"其中一方"扣除 【注意】具体扣除方式在一个纳税年度内不得变更
扣除凭证	住房贷款合同、贷款还款支出凭证

⑤住房租金专项附加扣除（见表6-5）。

表6-5 住房租金专项附加扣除

要点	具体内容	
准予扣除的住房租金	（1）"主要工作城市"没有住房，而在主要工作城市租赁住房发生的租金支出 （2）夫妻双方主要工作城市"相同"的，只能由"一方"扣除住房租金支出（由签订租赁住房合同的承租人扣除） 【注意】纳税人及其配偶"不得同时分别享受"住房贷款利息和住房租金专项附加扣除。因此异地购房，工作城市租房的，可"选择"享受相应扣除	
扣除人	由签订租赁住房合同的承租人扣除	
扣除标准	直辖市、省会城市、计划单列市以及国务院确定的其他城市	每月1 500元
	市辖区户籍人口超过100万的其他城市	每月1 100元
	市辖区户籍人口不超过100万（含）的其他城市	每月800元
扣除凭证	住房租赁合同	

⑥赡养老人专项附加扣除（见表6-6）。

表6-6 赡养老人专项附加扣除

要点	具体内容	
赡养老人	赡养60岁以上父母（包括生父母、继父母、养父母）以及其他法定赡养人 【注意1】其他法定赡养人是指祖父母、外祖父母的子女已经去世，实际承担对祖父母、外祖父母赡养义务的孙子女、外孙子女 【注意2】不看老人自身是否有生活来源，如领取退休金等	
扣除标准	每月3 000元 【注意1】赡养2个及以上老人的，"不按老人人数加倍"扣除 【注意2】夫妻双方可以分别扣除双方赡养老人的支出 【注意3】非独生子女与其兄弟姐妹"分摊"扣除额度	
分摊方式	平均分摊	每一纳税人分摊的扣除额最高不得超过每月1 500元，并签订书面分摊协议 【注意】指定分摊与约定分摊不一致的，以指定分摊为准
	赡养人约定分摊	
	被赡养人指定分摊	
	【注意】具体分摊方式在一个纳税年度内不得变更	

⑦国务院印发的《关于设立3岁以下婴幼儿照护个人所得税专项附加扣除的通知》，要求自2023年1月1日起，纳税人照护3岁以下婴幼儿子女的相关支出，按照每个婴幼儿每月2000元的标准定额扣除。具体扣除方式上，父母可以选择由其中一方按扣除标准的100%扣除，也可以选择由双方分别按扣除标准的50%扣除。

按照个人所得税法相关规定，专项附加扣除可以在申报当月扣除，也可以在以后月份发工资时补充扣除；平时发工资没有扣除的，或者没有任职受雇单位的，也可以在次年办理汇算清缴时补充扣除。例如，纳税人的子女在2022年10月出生，自2023年1月1日起纳税人即符合专项附加扣除享受条件。纳税人4月份将婴幼儿信息提供给任职受雇单位，单位在发放4月份工资时即可为纳税人申报1至4月份累计8000元的专项附加扣除。

（4）其他扣除

①企业年金、职业年金、商业健康保险、税收递延型商业养老保险。

如购买符合规定的商业健康保险产品的支出在当年（月）计算应纳税所得额时予以税前扣除，扣除限额为2400元/年（200元/月）。

专项扣除、专项附加扣除和依法确定的其他扣除，以居民个人一个纳税年度的应纳税所得额为限额。一个纳税年度扣除不完的，"不结转"以后年度扣除。

②劳务报酬所得、稿酬所得、特许权使用费所得。

劳务报酬所得、稿酬所得、特许权使用费所得以收入减除20%的费用后的余额为收入额。稿酬所得的收入额减按70%计算。

3）税率的规定

个人所得税税率表（综合所得适用）和个人所得税税率表（非居民个人、按月或按次）见表6-7和表6-8。

表6-7   个人所得税税率表

（综合所得适用）   金额单位：元

级数	全年应纳税所得额	税率（%）	速算扣除数
1	不超过36 000元的	3	0
2	超过36 000元至144 000元的部分	10	2 520
3	超过144 000元至300 000元的部分	20	16 920
4	超过300 000元至420 000元的部分	25	31 920
5	超过420 000元至660 000元的部分	30	52 920
6	超过660 000元至960 000元的部分	35	85 920
7	超过960 000元的部分	45	181 920

注1：表6-7所称全年应纳税所得额是指居民个人取得综合所得以每一纳税年度收入额减除费用6万元以及专项扣除、专项附加扣除和依法确定的其他扣除后的余额。

注2：非居民个人取得工资、薪金所得，劳务报酬所得，稿酬所得和特许权使用费所得，依照本表按月换算后计算应纳税额。

表6-8 　　　　　　　　　　　个人所得税税率表

（非居民个人、按月或按次） 　　　　　　　　　　金额单位：元

级数	每次或每月应纳税所得额	税率（%）	速算扣除数
1	不超过 3 000 元的	3	0
2	超过 3 000 元至 12 000 元的部分	10	210
3	超过 12 000 元至 25 000 元的部分	20	1 410
4	超过 25 000 元至 35 000 元的部分	25	2 660
5	超过 35 000 元至 55 000 元的部分	30	4 410
6	超过 55 000 元至 80 000 元的部分	35	7 160
7	超过 80 000 元的部分	45	15 160

4）应纳税额

应纳税额=应纳税所得额×适用税率−速算扣除数

【素质拓展6-2】

我国个人所得税改革通过提高基本减除费用标准、设立专项附加扣除、优化调整税率结构等一系列"组合拳"措施，总体上大幅减税，减轻广大纳税人的税收负担，使个人所得税税负水平更趋合理，个人所得税制将更具科学性、公平性。个人所得税由个人如实填写专项扣除项目，体现了国家对个人诚信纳税的重视及信任，提高了纳税人自主申报的积极性，再次彰显了中国特色社会主义制度的优越性，作为财务工作者，要以身作则，如实填报，不得弄虚作假。

资料来源　齐齐哈尔日报 . 个税改革：六项专项附加扣除惠民生［EB/OL］.（2019-01-17）. https://m.sohu.com/a/289643356_289478.

6.2.2　综合所得的纳税筹划

视频11

1）居民个人综合所得的纳税筹划

结合个人所得税的具体条文，居民个人综合所得可以运用以下个人所得税筹划方法：

（1）工资、薪金福利化筹划法

①按规定扣除法定福利项目。

认识、做好个人所得税综合所得年度汇算

按国务院相关规定，企业和个人按照国家或地方政府规定的比例提取并向金融机构实际缴付的住房公积金、医疗保险金、养老保险金、失业保险金不计入个人当期的工资、薪金收入，免征个人所得税。根据此规定，雇佣企业在发放工资时应尽量为职工缴付法定福利项目。一方面可以降低企业和个人的各种风险，为职工谋福利；另一方面可以降低工资、薪金所得的计税依据，以达到减轻个人所得税税负的目的。

②实报实销。

凡是以现金形式发放的通信补贴、交通费补贴、误餐补贴，视为工资薪金所得，计入计税基础，计算缴纳个人所得税。但如果取得合法发票实报实销的，属于企业正常经营费用，则不需缴纳个人所得税。采用实报实销的方法列支部分支出，从而达到降低名义工资、降低适用税率的目的。此条筹划方法对外籍个人尤其适用。按税法的规定，外籍个人以非现金形式或实报实销形式取得的住房补贴、伙食补贴、搬迁费、洗衣费，可暂免征收个人所得税。因此，公司在向外籍职工发放工资时，可降低工资发放标准，允许其实报实销多个支出项目，从而实现降低税负的目的。

要注意自2022年1月1日起，外籍个人符合居民个人条件的，不再享受住房补贴、语言训练费、子女教育费津补贴免税优惠政策，应按规定享受专项附加扣除费。

③企业提供集体福利项目。

企业向职工提供住所、上下班交通车服务或集体福利设施，一方面可以在本企业内部满足职工的物质、服务需求，减少职工的相应外部开支，增强企业的凝聚力；另一方面也可以减轻个人所得税税负。这里讲的消费服务应是一种能与企业单位经营活动发生一定联系的服务，否则可能会被查定为企业单位支付给个人的种种收入，而被认定征税。例如，公司给职工以个人名义买车、笔记本电脑等，则个人需要承担个人所得税，建议企业可采取以公司的名义购买，这样车、电脑等的折旧可以在企业所得税前扣除，而且可以在企业所得税前列支因使用汽车而发生的费用，企业可以减少应纳税所得额，个人无须缴纳个人所得税，折旧期满后，可按余值出售给该个人。还比如，个人深造进修转为公司名义，按企业职工教育经费列支。

【案例6-4】某公司部门经理2022年每月从公司获取工资、薪金收入8 200元，由于租住房屋，每月向外支付房租2 500元、上下班交通费约800元，个人每月实际可支配收入为4 900元。

【解析】

该部门经理应纳个人所得税=（8 200-5 000）×10%-210=110（元）

若该公司为部门经理免费提供住房以及上、下班免费班车服务，但将每月工资下调为4 900元，则部门经理不需要缴纳个人所得税。

筹划后，该部门经理每月可节省个人所得税110元，一年可省个人所得税1 320元（110×12）。

（2）利用不同的税目合理避税

个人所得税税法将工资薪金、劳务报酬、稿酬及特许权使用费统称为居民个人的综合所得，同时规定了劳务报酬所得、稿酬所得、特许权使用费所得以收入减除百分之二十的费用后的余额为收入额，稿酬所得的收入额减按百分之七十计算。换句话说，在计算应纳税所得额时，劳务费、特许权使用费是打了八折的，而稿费更是打了五六折，而工资、薪金无折扣。这个政策就为我们带来了筹划的空间，比如原先与企业签订的是劳动合同，企业按月发放薪酬，须按工资、薪金算法计税；但如果筹划后选择与企业签订劳务合同，劳务费按次发放，则适用劳务费计税方式。

【案例 6-5】刘某系一高级软件工程师，2022 年 10 月获得某公司工资类收入 50 800 元。

【解析】

如果刘某和该公司存在稳定的雇佣关系，则应按工资、薪金所得缴纳个人所得税。则其应税收入为 50 800 元。

如果刘某和该公司不存在稳定的雇佣关系，则该项所得应按劳务报酬计算缴纳个人所得税，则其应税收入为：

50 800×（1-20%）=40 640（元）

因此可考虑刘某以劳务报酬的形式取得这笔收入，可减少计税收入 10 160 元（50 800-40 640）。

应税项目转换筹划，还可以考虑由高税率项目向低税率项目转换。

【案例 6-6】某有限责任公司由甲、乙、丙三个自然人投资组建，投资比例各占 1/3。甲、乙、丙三人各月的工资均为 3 000 元，年底每人应分股利 12 000 元。

【解析】

由于工资、薪金所得与股息所得适用税率不同，可利用两者之间税率的差异进行项目之间的转换，即把股息所得转化为工资、薪金所得。比较一下转换前后各自的税负，以确定方案是否可行。

①转换前的纳税情况：

工资不需要缴税，则：

股息所得应纳税额=12 000×20%=2 400（元）

三人合计应纳税额=2 400×3=7 200（元）

②转换后的纳税情况：

工资薪金所得每人每月增加 1 000 元（12 000÷12），每人每月工资为 4 000 元，均不需要纳税。三人合计年应纳税额为零。

通过以上计算可知，转换后比转换前税负减轻 7 200 元（7 200-0）。

【案例 6-7】2022 年 5 月，张三被嘉兴公司聘请当运营高管，嘉兴公司是一家非上市民营企业，嘉兴公司给张三的年薪是 120 万元/年。

那么，根据目前的个人所得税缴纳政策，这 120 万元的年薪（不考虑社保、住房公积金等扣除项目），到底如何发放，张三缴纳的个人所得税最低呢？

【解析】

方案一：采用平均工资模式，每个月给张三发放工资 10 万元，全年共计 120 万元；

方案二：采用股权工资模式，工资发放 60 万元，奖励股权 60 万元（奖励股权的目的是年终支付股息，在公司章程中有明确规定，张三的股权不得对外转让），年终分配股息红利 60 万元。

①方案对比。

方案一纳税情况：

张三工资部分应缴纳的个人所得税=（1 200 000-60 000）×45%-181 920=331 080（元）

张三税后工资=1 200 000-331 080=868 920（元）

方案二纳税情况：

张三工资部分应缴纳的个人所得税=（600 000-60 000）×30%-52 920=109 080（元）

张三分红部分应缴纳的个人所得税=600 000×20%=120 000（元）

张三税后收益=1 200 000-109 080-120 000=970 920（元）

②方案解析。

通过对以上各方案的纳税情况比较，很显然方案二是最优的纳税筹划方案。

下面解析一下方案二：

①根据财税〔2016〕101号文第一条第（一）项的规定，非上市公司授予本公司员工的股权奖励，符合规定条件的，经向主管税务机关备案，可实行递延纳税政策，即员工在取得股权激励时可暂不纳税，递延至转让该股权时纳税；股权转让时，按照股权转让收入减除股权取得成本以及合理税费后的差额，适用"财产转让所得"项目，按照20%的税率计算缴纳个人所得税。

股权转让时，股权奖励取得成本为零。

通过对以上政策规定的分析，也就是说，张三在取得公司的股权奖励时，经向主管税务机关备案后，是不需要缴纳个人所得税的，由于张三变成了公司的股东，年终取得股息、红利时，应按照"利息、股息、红利所得"项目，适用20%税率征收个人所得税。

②由于公司在章程中限制了张三的股权转让行为，同时也可以限制张三离职后，股权由原股东××购回。因此，张三的股权并不会对公司的股东造成太多的影响，就算张三哪天离职，需要办理股权变更时，也是适用"财产转让所得"项目，按照20%的税率计算缴纳个人所得税，相对于工资、薪金来说，也是最低的。

利用股权奖励进行纳税筹划的目的，也是利用了"工资薪金"与"利息、股息、红利所得"项目之间的税率差异，当然，这种筹划方案也是需要公司系统的政策支持的。

（3）用足专项扣除政策

依据《个人所得税专项附加扣除暂行办法》，对大多数人来说，在不发生大病医疗等非日常支出的情况下，可以同时享受的专项附加扣除包括4项：子女教育、继续教育、住房租金或房贷利息、赡养老人。这意味着，从2019年1月1日起，在提高起征点的基础上，每人每月还可以再扣除专项扣除。再加上5 000元/月的起征点，2019年开始月收入万元基本不必缴纳个税了。

需要注意的是，子女教育、继续教育、房租房贷等需要提供相关的证明，纳税人应有意识地搜集好相关的支出凭据，以备单位或税务机关检查使用。

【案例6-8】张先生一家位于某市。张先生已结婚生子，育有两个孩子，均就读于全日制本科大学。张先生还有一位姐姐，姐弟两人均在工作。张先生父母均健在，老人已经年满70周岁，且都在老家安享晚年。最新《个人所得税法》实施后，张先生想通过学习相关税法的内容进行个人所得税纳税筹划来降低家庭负担。张先生的主业是担任一家公司的财务经理，年薪 25 万元，家中拥有一辆代步车，因张先生爱好山水画，经常在空闲时间自己创作，也会出售一些定制的精品画作赚取劳务报酬，张先生的妻子以前专心教育孩子，待两个孩子读大学后才开始工作，月薪 4 000 元。

2021 年张先生因为工作表现突出，公司给予年终奖 4 万元，当年通过出售定制精品山水画取得劳务报酬总计 4.2 万元，代步车一年费用需要 5 万元。张先生一家除上述收入外无其他相关收入来源，请问张先生一家应该怎样筹划才能使他们所缴纳的个人所得税尽量少呢？

【解析】

如果张先生不做任何筹划就进行年终申报纳税，则张先生的劳务报酬所得应与工资、薪金所得合并按综合所得进行申报纳税，张先生的年终奖单独计税，子女教育专项附加扣除和妻子平均分摊扣除，赡养老人的专项附加扣除和姐姐平均分摊扣除，则张先生会多缴纳很多没有必要的税款。对于张先生一家的筹划可以分为以下几点：

首先，对于工资、薪金的筹划，张先生年薪 25 万元，扣除基本费用和专项附加扣除后依旧适用 20% 的个人所得税税率，税负相对较高，因此张先生可以将自己家中的代步车转租给公司，然后由公司分配给张先生使用，使得张先生的 5 万元工资、薪金转化为租车收入，适用比例税率，这样一来，张先生的工资、薪金收入降低，但是这并不足以使张先生的工资、薪金适用于更低一层级的税率。

其次，对于年终奖的筹划，张先生收到 4 万元年终奖，根据"年终奖陷阱"，我们可以了解到，在 2021 年和 2022 年这两年，纳税人可以自行选择是否将年终奖并入综合所得征收。此案例中，显然不应该并入综合所得征收，但是在年终奖超过 3.6 万元时税率将从 3% 提升到 10%，会大大增加张先生的税负，因此张先生可以通过和公司协商，将剩下的 4 000 元延迟到明年发放，这样张先生的年终奖只需要按照 3% 的税率缴纳个人所得税。

再次，对于专项附加扣除的筹划，因为张先生的姐姐也在工作，自然也会对赡养老人申请专项附加扣除，因此张先生只能和姐姐平均分摊赡养老人的费用。但是在子女教育的专项附加扣除上，因张先生的妻子工资、薪金并未达到 5 000 元，并不需要缴纳个人所得税，因此也不需要专项附加扣除，所以可以将两个孩子的子女教育专项附加扣除全部由张先生一个人来进行申报，以减少张先生的应纳税所得额。

最后，对于劳务报酬的筹划，如果将张先生的劳务报酬与工资、薪金合并征收，无论张先生对于工资、薪金怎样筹划，都无法将张先生适用的 20% 税率降低到 10%，因此对劳务报酬的筹划至关重要。在此我们提供两个思路：

第一，因为张先生的妻子月薪为 4 000 元，并未达到我国规定的基本扣除费用的上限，即全年张先生的妻子还有高达 1.2 万元的免税额度。因此，张先生可以在签订劳务合同时，让妻子和他一起领取此项劳务报酬收入，并且计算好妻子正好获得 1.2 万元劳务报酬收入，在年终汇算清缴时，张先生的妻子依旧不用交税，并且会退还之前的个人所得税预缴税额，张先生扣除掉 1.2 万元的劳务报酬之后，再加上之前的工资、薪金筹划和专项附加扣除筹划，可以将综合所得适用的20%税率降低为10%，从而达到减轻生活负担的效果。

第二，张先生可以通过变换收入项目的形式，将劳务报酬所得变成经营所得收入，避免其加入综合所得后提升综合所得税率，所以张先生可以建立一个山水画工作室，将劳务报酬所得转化为经营所得，从而降低综合所得的适用税率，并且这部分劳务报酬所得的收入适用的经营所得税率也较低，为10%。因为张先生的劳务报酬所得已经超过3万元，因此如果想要进一步降低经营所得的税负，可以按照第一种方法，将劳务合同的报酬分配给张先生的工作室和张先生的妻子，将1.2万元变为妻子的劳务报酬所得，剩下的3万元为张先生的工作室收入，适用3%税率，这样可以最大限度地减少张先生一家的税收负担，提高张先生一家的生活水平。

（4）正确运用年终奖计税政策

按照税法规定，年终奖（即全年一次性奖金）可以单独计税，也可以合并计税；纳税人当然可以通过计算，选择有利于自己的方式进行个人所得税申报。

例如张三全年应纳税所得额（扣完各项）72 000元。

若全部作为月度工资（综合所得）：应纳税额=36 000×3%+（72 000−36 000）×10% =4 680（元）

若月度工资、年终奖各36 000元：应纳税额=36 000×3%+36 000×3%=2 160（元）

第二种方案比第一种方案少缴纳个人所得税2 520元。

税法并没有规定哪一项作为全年一次性奖金，哪一项不能作为全年一次性奖金，只是规定每年只能适用一次。公司在对销售提成进行结算时，完全可以考虑税法规定，适用最优方案进行分配。

2）非居民个人综合所得的纳税筹划

非居民个人取得综合所得，按月或者按次分项计算个人所得税。所以非居民个人纳税筹划的要点是尽量降低劳务报酬所得、稿酬所得、特许权使用费所得每次的收入额。

（1）劳务报酬所得的纳税筹划

①劳务报酬所得次数的界定。

关于一次劳务报酬收入，凡属于同一项目连续性收入的，以一个月内取得的收入为一次。这里所说的同一项目，是指个人所得税税法中列举的劳务报酬所得的28个明细项目。考虑属地管辖与时间划定有交叉，统一规定以县（含县级市、区）为一地，其管辖内的一个月内同一项目的劳务服务为一次；当月跨县地域的，则应分别计算。

②费用转移筹划法。

个人从非雇佣单位取得劳务报酬时，可以考虑由非雇佣单位提供一定的服务或福利，将本应由自己负担的费用改由对方提供，这样在个人实际获取的利益并未下降的情况下，名义劳务报酬减少，应税所得额降低，适用的税率就会降低，税负减轻。例如，由对方提供餐饮服务，报销办公、交通开支，提供办公用具、实验设备，提供住宿等。

③分多项计算筹划法。

当个人兼有不同劳务项目（即税法中列举的28种形式的劳务报酬所得项目）的所得时，应分别确定每一次的收入、分项扣除、分项计算应纳个人所得税。这样可通过增加扣除额，降低税率档次，从而降低税负。

【案例6-9】某省城一单位的高级工程师在其工作之余被一外贸公司聘为特级技术顾问。其受聘期间既要在现场解答公司提出的技术操作难题，又要为该公司的出口产品说明书进行翻译和设计。已知该高级工程师2021年12月从外贸公司获取的劳务报酬收入为30 000元。

【解析】

若该高级工程师将取得的所有劳务报酬合并纳税，则：

应纳税额=30 000×（1-20%）×20%-1 410=3 390（元）

在对该高级工程师的劳务报酬所得进行纳税筹划时，可将其12月份的劳务报酬分为三个劳务项目分别纳税。已知其中咨询费14 000元、设计费12 500元、翻译费3 500元，则其在缴纳个人所得税时，由于分项扣除、分项计征，且翻译费没超出扣除限额，故无须纳税，其应纳个人所得税为：

应纳税额=14 000×（1-20%）×10%-210+12 500×（1-20%）×10%-210+3 500×（1-20%）×3%=1 784（元）

由此可见，分项纳税可以增加扣除额，适用较低税率，从而减轻纳税人的个人所得税税负1 606元（3 390-1 784）。

④费用转移筹划法。

按现行《中华人民共和国个人所得税法》的规定，劳务报酬为个人从非雇佣单位取得的收入，其按照收入扣除20%的费用后，适用七级超额累进税率。

故纳税人可以和支付劳务报酬的对方单位进行商议，由支付劳务报酬的对方单位负担相关费用，这样采用费用转移的方法降低计税依据从而适用较低的税率，降低税负。

【案例6-10】赵嘉是A公司的职员，在工作之余还为B公司提供8个月的计算机软件维护服务，合同约定总的劳务报酬额为30 000元。其劳务报酬的支付有两个方案：

方案一：按12个月支付，每月支付劳务报酬2 500元。

方案二：按12个月支付，每月由B公司为其报销实际发生的电话费、交通费500元，支付劳务报酬2 000元。

请替赵嘉作出决策，应选择哪个支付方案，个人所得税税负更轻？

【解析】

比较两种方案下应预扣预缴的个人所得税：

方案一应纳所得税=2 500×12×（1-20%）×3%=720（元）

方案二应纳所得税=2 000×12×（1-20%）×3%=576（元）

通过计算可以看出，方案二采用费用转移的方法降低了计税依据，其税负较轻，赵嘉应选择该方案。

【纳税筹划窗口6-1】

订立劳务合同巧安排

在日常生活中，个人经常会遇到提供劳务服务的机会。这时，签订合同方式不同，可能会带来不同的效果，对个人的经济收入也会有一定的影响。因此，对合同的订立方式进行必要的设计安排就具有非常大的现实意义。

一般而言，订立合同时可以从以下几个角度进行考虑：

（1）合同中最好将费用开支的责任归于企业一方，这样可以减少个人劳务报酬应纳税所得额，同时又不会增加企业的额外负担。

（2）一定要注意在合同中用条款说明税款由谁支付，税款支付方不同，最终得到的实际收益也会不一样。

（2）稿酬所得的纳税筹划

①费用转移法。

根据税法的规定，稿酬所得在计算应纳税额时，税率是固定的，要想减轻稿酬所得的个人所得税税负，必须从应税所得额入手。而应税所得额在计算时，可以扣除的费用也是一定的，此时，筹划的空间主要是"次收入"的确定。如果作者在向报刊社、出版社提供作品时，将自己创作作品过程中发生的实际费用转移给报刊社、出版社负担，而同时从报刊社、出版社取得的收入中减去了报刊社、出版社为作者负担的费用，作者取得的收入就少了，因此应税所得额就会下降，这样就能适当减轻稿酬所得的个人所得税税负。

可以转移的费用一般有：

A.作品创作前期实地考察、搜集素材、申报课题的费用。

B.作品创作过程中发生的交通费、实验费、住宿费、误餐补助、资料印刷费、设备工具费等。

C.作品创作基本成熟时支付给他人的助理费、审稿费、校正费、翻译费等劳务报酬开支。

【案例6-11】某注册会计师欲创作一本关于上市公司财务信息披露现状与改革的专业书籍。在其创作前期，他到多个大中型公司进行了实地考察，差旅费、住宿费、实地考察费共计43 000元。书籍初稿完成后，他又请一名助手为其书稿进行校正和排版，共向其支付费用2 000元。其书稿已与某出版社签订了出版协议，全部稿费185 000元。该注册会计师在与出版社结算稿酬时有两种方案可供选择：

方案一：由出版社为其报销创作前期、后期发生的实际费用，再向其支付稿酬140 000元。

方案二：自己承担创作前期、后期所发生的费用，出版社向其支付稿酬185 000元。

请比较一下两种方案的稿酬所得的个人所得税税负。

【解析】

方案一应纳税额=140 000×（1−20%）×70%×10%−2 520=5 320（元）

方案二应纳税额＝185 000×（1-20%）×70%×10%-2 520＝7 840（元）

方案一与方案二相比，节约税款2 520元，即该作者实际取得的收入增加了2 520元，因此方案一更可取。

②合理权衡再版与加印筹划法。

对非居民纳税人来说，稿酬所得是按次纳税，在稿酬所得"次收入"的确定中，一般情况是一件作品的一次出版、发表取得的收入为次收入。而次收入税前能减除的费用是一定的，要想减轻稿酬所得的税负，可以将一件作品在两处或两处以上的报刊社、出版社进行发表、出版，这样就可以分次纳税，从而达到多次扣除费用，减轻税负的目的。

现行税法规定，个人每次以图书、报刊方式出版、发表同一作品（文字作品、书画作品、摄影作品以及其他作品），不论出版单位是预付还是分笔支付稿酬，或者加印该作品后再付稿酬，均应合并其稿酬所得按一次计征个人所得税。个人在两处或两处以上出版、发表或再版同一作品而取得的稿酬所得，则可分别各处取得的所得或再版所得按分次所得计征个人所得税。可见，个人作品连载、再版与加印，在计征个人所得税时是有区别的。对于许多人特别是知名学者、当红作家来说，上述规定无疑为其进行稿酬所得的纳税筹划提供了余地。

【案例6-12】李立是非居民纳税人，新近创作了一部长篇小说，当地一家报业集团在其晚报开辟专栏进行连载，报业集团按发行量向李立支付稿费。由于小说的原因，晚报的发行量大增，读者要求报社将李立的长篇小说进行加印或出书。报社与李立协商有两种结算方案可供选择：

方案一：向李立支付小说第一次完整连载所得5 000元，再应读者要求将同一晚报刊登该小说的版面加印5 000份，向李立支付加印费3 000元。

方案二：向李立支付小说第一次完整连载所得5 000元，再应读者要求将该小说在同集团内部的一个出版社再版出书，向李立支付再版费3 000元。

请问李立该选择哪种结算方案？

【解析】

方案一，第一笔稿酬收入与加印收入应合并为一次征收个人所得税：

方案一应纳税额＝（5 000+3 000）×（1-20%）×70%×10%-210＝238（元）

李立实际收入＝（5 000+3 000）-238＝7 762（元）

方案二，第一笔稿酬收入与再版收入可分两次计征个人所得税：

方案二应纳税额＝5 000×（1-20%）×70%×3%+3 000×（1-20%）×70%×3%＝134.4（元）

李立实际收入＝（5 000+3 000）-134.4＝7 865.6（元）

结论：李立应该选择方案二，即通过再版的方式取得稿酬收入，这样可以分两次计征个人所得税，减轻了个人税负，增加了个人的实际收入。实际操作中，这种筹划方法只在待出版物市场看好时，即预期销路较好时运用。另外，由于出版社对一本书再版比较麻烦，而且再版也会导致出版社费用的加大，因此这种筹划方法具有一定的局限性，而且一般也只是作为辅助的筹划方法使用。

动手算一算6-2

若改变此案例中的支付金额：

方案一：向李立支付小说第一次完整连载所得5 000元，再应读者要求将同一晚报刊登该小说的版面加印5 000份，向李立支付加印费6 000元。

方案二：向李立支付小说第一次完整连载所得5 000元，再应读者要求将该小说在同集团内部的一个出版社再版出书，向李立支付再版费6 000元。

请问李立又该选择哪种结算方案？通过计算结果你得到什么样的启示？

③集体创作法。

根据税法的规定，两人以上共同取得同一项目收入的，应当对每个人取得的收入分别按照税法规定减除费用后计算纳税，即实行"先分、后扣、再税"的办法。如果一件作品预计稿酬金额较大，此时可以与创作实力相当、创作领域相似的多个作者进行集体创作，这样做有多种借鉴意义：

A.从专业知识上，可集思广益，集众人之长，补己之短。

B.可加快作品的创作进程。

C.为下一次合作创造了机会。

集体创作法可以将每部作品的稿酬先分配到不同的个人身上，再分别减除费用。这样，通过分解收入，增加减除费用，可以减少个人的应税所得额，降低税负。

④系列丛书筹划法。

根据税法的规定，同一作品不论其稿酬以何种形式支付，均应作为一次收入征收个人所得税。但对不同的作品，则实行分开计税，这也为我们进行稿酬所得的纳税筹划提供了空间。当一件作品字数较多或主要作品的附属作品较易创作时，作者不妨采用系列丛书筹划法，即将字数较多的作品一分为二，这样，作者既可以拥有多件作品，又可以分次纳税，税前可以多次扣除费用，从而减轻税负。

【案例6-13】某教授拟编写一本《财务管理》，预计获得稿酬10 000元。由于教材中案例较多，如将案例与基本理论知识的讲解排在同一本书里面，就会使该书的字数过多，定价也会相应提高。此时，若该教授将理论知识与案例分为两本书来编写，可以一举三得：一是更方便读者选择，如有些读者只需要案例，这时他们就可以花较少的钱买到自己需要的书籍；二是分为两本书之后，每一本书的价钱会比以往更低，故而在一定程度上可增加销售量；三是对于该教授而言，不同作品的稿酬收入可以分次纳税，分次减除费用，从而减轻税负。

【解析】

若以一本书的形式出版，则该教授应纳的个人所得税为：

应纳税额=10 000×（1-20%）×70%×10%-210=350（元）

若分解成两本书的形式出版，则该教授应纳的个人所得税为：

应纳税额=5 000×（1-20%）×70%×3%×2=168（元）

由此可见，该教授将一本书变为系列丛书后，不仅可以增加销售量，还可以节税182元。

6.3　经营所得的纳税筹划

6.3.1　个体工商户生产、经营所得的税收规定

1）征税对象的规定

（1）个体经营者范围

① 个体工商户。

② 依照《中华人民共和国个人独资企业法》和《中华人民共和国合伙企业法》登记成立的个人独资企业、合伙企业。

③ 依照《中华人民共和国私营企业暂行条例》登记成立的独资、合伙性质的私营企业。

④ 依照《中华人民共和国律师法》登记成立的合伙制律师事务所。

⑤ 经政府有关部门依法批准成立的负无限责任和无限连带责任的其他个人独资、个人合伙性质的机构或组织。

指点迷津

国发〔2000〕16号："自2000年1月1日起，对个人独资企业和合伙企业停止征收企业所得税，其投资者的生产经营所得，比照个体工商户的生产、经营所得征收个人所得税。"

财税〔2008〕159号："合伙企业以每一个合伙人为纳税义务人。合伙企业合伙人是自然人的，缴纳个人所得税；合伙人是法人和其他组织的，缴纳企业所得税。"

（2）个人承包、承租经营的企事业单位情况

对个人将企事业单位承包、承租经营后，市场主体登记改变为个体工商户的，其承包、承租经营所得，实际上属于个体工商户的生产、经营所得，应按"经营所得"项目征收个人所得税，不再征收企业所得税。个人对企事业单位承包、承租后，市场主体登记仍为企业的，不论其分配方式如何，均应先按照企业所得税的有关规定缴纳企业所得税，然后根据承包、承租经营者按合同（协议）规定取得的所得，由承包、承租经营者缴纳个人所得税，其征税项目的具体规定为：

① 承包、承租人对企业经营成果不拥有所有权，仅按合同规定取得一定所得的，应按"工资、薪金所得"项目征收个人所得税。

② 承包、承租人按合同规定只向发包方、出租人缴纳一定的费用，缴纳承包、承租费后的企业经营成果归承包、承租人所有的，其取得的所得按"经营所得"项目征收个人所得税。

③ 外商投资企业采取发包、出租经营且经营者为个人的，对经营者从外商投资企业分享的收益或取得的所得，亦按照"经营所得"项目征收个人所得税。

（3）经营所得的界定

个体经营者的生产、经营所得是指上述个体经营者从事以下业务取得的所得：

① 从事工业、手工业、建筑业、交通运输业、商业、服务业、修理业以及其他行业生产、经营取得的所得。

② 经政府有关部门批准，取得执照，从事办学、医疗、咨询以及其他有偿服务活动取得的所得。

③ 个人承包、承租、转包、转租取得的所得。

④ 上述个体经营者取得的与生产、经营有关的各项应税所得。

个体经营者取得与生产、经营无关的其他各项应税所得，应分别按照其他应税项目的有关规定，计算征收个人所得税，如取得银行存款的利息所得、对外投资取得的股息所得应按"利息、股息、红利"税目的规定单独计算个人所得税。

2）计税依据的规定

个体工商户、实行查账征收的个人独资企业和合伙企业投资者，其应纳税所得额的计算公式为：

年应纳税所得额=全年收入总额-成本、费用、损失

全年收入总额是指个体工商户从事生产经营以及与生产经营有关的活动所取得的各项收入，包括商品（产品）销售收入、营运收入、劳务服务收入、工程价款收入、财产出租或转让收入、利息收入、其他业务收入和营业收入。

成本、费用是指个体工商户从事生产经营所发生的各项直接支出和分配计入成本的间接费用以及销售费用、管理费用、财务费用。损失是指个体工商户在生产经营过程中发生的各项营业外支出。

（1）个体工商户业主、个人独资企业和合伙企业的投资者本人的费用扣除标准统一规定为60 000元/年，即5 000元/月。

（2）个体工商户、个人独资企业、合伙企业投资者向其从业人员实际支付的合理的工资、薪金支出，允许在税前据实扣除。

（3）纳税人拨缴的工会经费、发生的职工福利费、职工教育经费支出分别在工资薪金总额2%、14%、8%的标准内据实扣除。个体工商户业主本人拨缴的工会经费、发生的职工福利费、职工教育经费支出，以当地上年度社会平均工资的3倍为基数，分别在2%、14%、8%的标准内据实扣除。

（4）每一纳税年度发生的广告费、业务宣传费不超过当年销售（营业）收入15%的部分，可据实扣除；超过部分，准予在以后纳税年度结转扣除。

（5）每一纳税年度发生的与生产经营直接相关的业务招待费，按照发生额的60%扣除，但最高不得超过当年销售（营业）收入的5‰。

（6）纳税人在生产、经营期间借款的利息支出，凡有合法证明的，不高于按金融机构同类、同期贷款利率计算的数额的部分，准予扣除。

（7）个体工商户或个人专营种植业、养殖业、饲养业、捕捞业，对其所得征收个人所得税。兼营上述四种行业，对于四种行业的所得不能单独核算的，应就其全部所得计征个人所得税。

（8）个体工商户和从事生产、经营的个人，取得与生产、经营活动无关的各项应税所得，应按规定分别计算征收个人所得税。

实行核定应税所得率征收方式的，先按照应税所得率计算其应税所得额，再按其应税所得额计算应纳所得税。

自 2021 年 1 月 1 日至 2022 年 12 月 31 日，对个体工商户经营所得额不超过 100 万元的部分，在现行优惠政策基础上，再减半征收个人所得税。个体工商户不区分征收方式，均可享受。

【素质拓展6-3】

国家出台的对个体工商户的税收减免政策，对个体工商户是转机，应纳税所得额的减少使利润变多，纳税负担减少，节省更多的资金，提高偿还债务的能力，减税降费，国家让利百姓，是真正的惠民之举。

3）税率的规定

个人所得税税率（经营所得适用）见表6-9。

表6-9　　　　　　　　　　　**个人所得税税率**
（经营所得适用）　　　　　　　　　　　金额单位：元

级数	全年应纳税所得额	税率（%）	速算扣除数
1	不超过 30 000 元的	5	0
2	超过 30 000 元至 90 000 元的部分	10	1 500
3	超过 90 000 元至 300 000 元的部分	20	10 500
4	超过 300 000 元至 500 000 元的部分	30	40 500
5	超过 500 000 元的部分	35	65 500

注：本表所称全年应纳税所得额是指依照《中华人民共和国个人所得税法》第六条的规定，以每一纳税年度的收入总额减除成本、费用以及损失后的余额。

6.3.2　经营所得的纳税筹划

1）充分考虑扣除项目的减税效应

个人所得税应税所得额等于收入总额减去扣除项目金额，扣除项目金额与应税所得额之间呈反方向变动，若增加扣除项目金额，则降低了应税所得额，也可能会降低适用的税率。因此，在不违反税法规定的前提下，个体经营者可通过尽量多列支费用来进行个人所得税的纳税筹划。

经营所得是按年征收的，在计算个体工商户的年应纳税所得额时，部分扣除项目有限额规定，纳税人应合理安排这些扣除项目的年度支出；部分扣除项目超限额的在以后年度允许继续扣除，如广告费和业务宣传费；部分扣除项目超限额的在以后年度不得扣除，如业务招待费。在进行纳税筹划时，既要充分考虑扣除项目的减税效应，也要考虑超限额部分以后年度是否能继续扣除的规定。

在现实中，个体经营者的生产、经营活动开支与个人家庭生活开支很难划清界限，可通过以下途径多列费用：

① 将家庭中的其他成员列为个人独资企业、合伙企业、个体经营者、私营企业的雇员，一方面可通过增加雇员数量多列税前工资、加班费、福利费；另一方面可增加家庭收入。

② 对于水电费、电话费、房租等，在家庭和生产、经营之间均有发生且较难划分的，应尽量分开并记入个体工商户的生产、经营的支出中，在税前列支，以减轻家庭负担和个人所得税税负。

【案例6-14】如归饭馆为一经营餐饮业的个体工商户，包括业主的从业人数为5人。业主每月工资6 000元，普通员工每月工资3 000元，每位从业人员按规定比例（24%）拨缴了三项经费。2021年度应税收入总额400 000元，年成本、费用、损失、相关税费共计360 000元。假设除业主工资外，其他扣除项目均未超出税前扣除限额。要求对该个体工商户进行个人所得税的纳税筹划，并计算筹划前后应纳的个人所得税。假定当地上年度社会平均工资的三倍为5 000元。

【解析】

筹划前，年度扣除项目中只有业主工资超出了扣除限额，应调增年应纳税所得额。

年应纳税所得额=（400 000-360 000）+（6 000-5 000）×12×（1+24%）=54 880（元）

年应纳税额=54 880×10%-1 500=3 988（元）

如果将该业主的家属列为该饭馆的一名勤杂工，再将业主的月工资6 000元，分列在两个人名下，即业主每月工资5 000元、业主家属每月工资1 000元，则业主家庭总收入没有发生变化，全部从业人员的工资均能从税前扣除。此时：

年应纳税所得额=400 000-360 000=40 000（元）

年应纳税额=40 000×10%-1 500=2 500（元）

结论：筹划前后，为如归饭馆减轻个人所得税1 488元（3 988-2 500）。

【案例6-15】如家饭馆为一经营餐饮业的个体工商户。2020年应税收入总额400 000元、扣除项目总额372 000元（其中业务招待费为6 000元）；2021年应税收入总额为420 000元、扣除项目总额为380 000元（其中业务招待费为1 000元）。假设除业务招待费外，其他扣除项目均没有超出税前扣除限额的规定。要求对该个体工商户进行个人所得税的纳税筹划，并计算筹划前后应纳的个人所得税。

【解析】

按税法规定，每一纳税年度发生的与生产经营直接相关的业务招待费，按照发生额的60%扣除，但最高不得超过当年销售（营业）收入的5‰，超出部分以后年度不得继续扣除。此案例筹划时，必须注意业务招待费的列支时间和金额。

筹划前，如家饭馆应纳个人所得税计算如下：

2020年业务招待费税前扣除限额为2 000元（6 000元×60%与400 000元×5‰的较小者）。

2020年应纳税所得额=（400 000-372 000）+（6 000-2 000）=32 000（元）

2020年应纳税额=32 000×10%-1 500=1 700（元）

2020年度税前所得额中未扣除的业务招待费4 000元以后年度不得扣除。

筹划方案：两个年度的业务招待费发生额合计数仍为 7 000 元不变，2020 年度的业务招待费发生额控制在 3 500 元、2021 年度的业务招待费发生额控制在 3 500 元，这样可以使 2020 年度税前未扣除的 4 000 元业务招待费给 2021 年度带来减税效应。筹划后：

2020 年业务招待费税前扣除限额为 2 000 元（3 500 元×60% 与 400 000 元×5‰ 的较小者）。

2020 年应纳税所得额=（400 000-372 000）+（3 500-2 000）=29 500（元）

2020 年应纳税额=29 500×5%=1 475（元）

结论：筹划前后，如家饭馆 2020 年度可少纳个人所得税 225 元（1 700-1 475）。

> **动手算一算 6-3**
>
> 按此筹划方案，计算如家饭馆 2021 年度筹划前后应纳的个人所得税各为多少？综合考虑 2020 年、2021 年两个纳税年度，如家饭馆筹划前后的个人所得税税负是否减轻了呢？

2）利用个人财产与个人独资企业财产间的转换进行纳税筹划

按照《中华人民共和国个人独资企业法》的规定，个人独资企业的投资人对企业债务承担无限责任。由于个人独资企业的投资人是一个自然人，企业出资多少、是否追加资金或减少资金、采取什么样的经营方式等事项均由其一人做主。所以，对于投资人来说，其财产既可以是个人独资企业以外的财产，也可以是个人独资企业的财产，投资人有增资和减资的灵活权利，但对该项财产所产生的租赁收益和转让收益所作出的纳税规定却不一样。

若某项财产是个人独资企业的财产，则其转让收益和租赁收益均应并入"经营所得"项目征税；若该项财产是个人独资企业以外个人所拥有的财产，则应按"财产租赁所得"或"财产转让所得"项目分别纳税。这几个税目的计税依据和税率均不一样，因此也为我们提供了纳税筹划的空间。

【案例 6-16】某个人独资企业 2020 年开业且实现年生产、经营所得 80 000 元。另外，该投资人将一台六成新的运输车进行了转让，该车原值 200 000 元，已提折旧 120 000 元，转让价格 120 000 元，转让时发生相关税费 7 000 元，车辆的转让净收益为 33 000 元。

【解析】

此台车辆是作为出资的一部分计入个人独资企业的财产，还是作为个人独资企业以外的财产，对投资人而言，其个人所得税的税负不一样。

方案一：若车辆为个人独资企业出资的组成部分，则投资人应将生产、经营所得与财产转让所得合并纳税。

应纳个人所得税=（80 000+33 000）×20%-10 500=12 100（元）

方案二：若车辆为个人独资企业以外的财产，则其投资人应将生产、经营所得与财产转让所得分开纳税。

应纳个人所得税=80 000×10%-1 500+33 000×20%=13 100（元）

经计算可得，方案一比方案二少缴纳个人所得税 1 000 元，因此方案一更可取。

通过该案例也说明，不同背景下我们应选用不同的纳税方案。

6.4 利息、股息、红利所得的纳税筹划

6.4.1 利息、股息、红利所得的税收规定

1) 征税对象的规定

利息、股息、红利所得，是指个人拥有股权、债权而取得的利息、股息、红利所得。其中：利息一般是指存款、贷款和债券的利息；股息、红利是指个人拥有股权取得的公司、企业分红。按照一定的比率派发的每股息金，称为股息；根据公司、企业应分配的超过股息部分的利润，按股派发的红股称为红利。

2) 计税依据的规定

利息、股息、红利所得和偶然所得，因不涉及必要费用的支付，所以税法规定不得扣除任何费用，以其全部收入作为应税所得额缴纳个人所得税。

3) 税率的规定

个人所得税法规定：特许权使用费所得，利息、股息、红利所得，财产租赁所得，财产转让所得，偶然所得和其他所得，适用比例税率，税率为20%。

【纳税筹划窗口6-2】

利息税的"前世今生"

中华人民共和国成立以来，利息税曾两度被免征，而每一次的变革都与经济形势密切相关。

1950年，我国颁布了《利息所得税暂行条例》，规定对存款利息征收所得税。但当时国家实施低工资制度，人们的收入差距也很小，因而在1959年停征存款利息所得税。

1980年通过的《中华人民共和国个人所得税法》和1993年修订的《中华人民共和国个人所得税法》，再次把利息所得列为征税项目。但是，针对当时个人储蓄存款数额较小、物资供应比较紧张的情况，对储蓄利息所得又进行了免税规定。

20世纪90年代末，中国商品零售物价总水平连续几年都出现下降趋势，储蓄存款余额则在连续多次降低银行利息的情况下，依然持续增长。为改变内需不振和居民消费乏力的现状，我国自1999年11月1日起开始恢复征收20%的利息税。利息税征收以后，在鼓励消费、合理调节个人收入、增加财政收入等方面发挥了一定作用。

目前，我国经济社会的情况发生了一些新的变化，固定资产投资增长较快，物价指数有一定上涨，居民储蓄存款利息收益相对减少。为适应国民经济和社会发展的需要，增加居民的储蓄存款利息收益，全国人大常委会于2007年6月29日表决通过了关于授权国务院可以对储蓄存款利息所得停征或者减征个人所得税的决定。国务院决定自2007年8月15日起，将储蓄存款利息所得个人所得税的适用税率由20%调减为5%。

> 国务院决定从2008年10月9日起对储蓄存款利息所得暂免征收个人所得税。
>
> 2011年6月30日，第十一届全国人民代表大会常务委员会第二十一次会议审议通过了《关于修改〈中华人民共和国个人所得税法〉的决定》，其中规定：利息、股息、红利所得，适用比例税率，税率为百分之二十。

6.4.2　利息、股息、红利所得的纳税筹划

利息、股息、红利实质上均是个人的投资所得，因此在进行纳税筹划时，主要是通过投资方式的选择来实现。个人进行投资决策时，最重要的因素就是投资的净收益，如果一项收益的表面值很高，但要缴纳的税收和规费同样也很高，则净收益不一定能够吸引人；相反，虽然某些投资的表面收益不是很高，但是其净收益却较高，则这项投资也会吸引众多投资者。

股息、红利筹划的重点在于如何减少分配利润，或保留的盈余通过其他方式转移出去，给投资者带来间接的节税收益。

1）利息收入的纳税筹划

个人的利息收入主要来自存款利息和购买债券的利息。现实中存款方式不同、购买债券的种类不同，有关的纳税规定就不一样。投资者可优先考虑将闲置资金投资于免征个人所得税的项目，以减轻所得税税负。

① 自2008年10月19日起，对储蓄存款利息所得暂免征收个人所得税。

② 购买债券时，若购买国债或国家发行的金融债券，除资金较其他债券安全外，其利息所得也可免征个人所得税，而购买其他公司发行的债券利息无免税优惠，均应缴纳20%的个人所得税。

2）股息、红利所得再投资筹划法

对于个人因持有某公司的股票、债券而取得的股息、红利所得，税法规定予以征收个人所得税。但为了鼓励企业和个人进行投资和再投资，各国都不对企业留存的未分配利润征收所得税。如果个人对企业的前景看好，就可以将本该领取的股息、红利所得留在企业，作为对企业的再投资，而企业则可以将这部分所得以股票或债券的形式记在个人名下。这种做法既可以避免缴纳个人所得税，又可以更好地促进企业的发展，使得其股票价值更加可观。但这种方法要求个人对企业的前景估计比较乐观，如果个人感觉另有企业的发展前景更为乐观，则另当别论。

【案例6-17】 刘先生2021年度持有甲公司3万份股票，2021年年末将获得该公司股息、红利所得20万元。2022年度，如果刘先生将这项所得继续投入该公司，预计将继续从甲公司获得10%的股息红利；如果刘先生将这项所得领取并转投入乙公司，预计将从乙公司获得投资净额12%的股息、红利所得。刘先生应如何决策？

【解析】

如果刘先生将第一年股息、红利所得继续投入甲公司：

刘先生第一年的20万元的股息、红利所得免征个人所得税。

刘先生第二年投资额增加20万元，他将获得税前收益2万元（20×10%）。

如果刘先生将第一年股息、红利所得投入乙公司：

刘先生第一年的股息、红利所得应纳税额为4万元（20×20%），第一年的净收益为16万元（20-4）。

刘先生第二年投资额增加16万元，他将获得税前收益1.92万元（16×12%）。

结论：刘先生应将2021年度的股息、红利所得对甲公司进行再投资，这样2022年的税前收益更高。

> **动手算一算6-4**
>
> 承【案例6-17】，当乙公司2022年度投资收益率为16%时，刘先生为了使个人收益最大，是否该将2021年度的股息、红利所得再投资于甲公司呢？乙公司2022年度投资收益率大于多少时，刘先生应将投资额转投于乙公司？

3）将闲置资金的一部分用于购买保险、专项基金，也可一举两得

随着中国保险制度的改革与健全，以及保险险种的增加，购买保险也成为投资人的一项选择。购买保险除了可获取一定的收益外，最主要的是可获得多方面的保障，而税法规定对个人获得的保险赔款是免征所得税的。此外，来自于保险公司的分红以及返还款等仍未列入征税的行列，因此，购买保险也是一种节税的选择。

另外，根据国务院以及相关部门的规定，个人按照国家及地方政府规定的比例交付的下列专项基金或资金存入银行个人账户所取得的利息收入免征个人所得税：住房公积金、医疗保险金、基本养老保险金、失业保险金。纳税人可以利用税法的优惠，认真做好筹划，合理安排家庭的住房公积金、医疗保险金等支出，这样可以适当减轻个人所得税的税负。

6.5 境外所得的纳税筹划

6.5.1 境外所得的征税规定

1）居民纳税人与非居民纳税人的规定

个人所得税的纳税人可以泛指取得所得的自然人，包括居民纳税人和非居民纳税人。在实际生活中，一个自然人在一国有无住所、是否居住、居住多长时间，情况各异。为了有效地行使税收管辖权，我国根据国际惯例，对居民纳税人和非居民纳税人的划分，采用了国际上常用的住所标准和居住时间标准。

根据税法规定，判断居民纳税人与非居民纳税人有两个并列性标准，即住所标准和居住时间标准。个人只要符合或达到其中一个标准，就可以被认定为居民纳税人。对于住所标准，我国税法将在中国境内有住所的个人界定为"因户籍、家庭、经济利益关系而在中国境内习惯性居住的个人"；对于居住时间标准，我国规定一个纳税年度内在中国境内累计满183天的个人被认定为居民纳税人。在中国境内无住所而又不居住，或者无住所而在境内居住累计不满183天的个人，属于我国税法中的非居民纳税人。

2）境外所得与境内所得的规定

居民纳税人应就其来源于中国境内和境外的所得，向我国政府履行全面纳税义务，依法缴纳个人所得税；非居民纳税人仅就其来源于中国境内的所得，向我国政府履行有限纳税义务，依法缴纳个人所得税。

下列所得，不论支付地点是否在中国境内，均为来源于中国境内的所得：

① 因任职、受雇、履约等而在中国境内提供劳务取得的所得；

② 将财产出租给承租人在中国境内使用而取得的所得；

③ 转让中国境内的建筑物、土地使用权等财产或者在中国境内转让其他财产取得的所得；

④ 许可各种特许权在中国境内使用而取得的所得；

⑤ 从中国境内的公司、企业以及其他经济组织或者个人取得的利息、股息、红利所得。

3）境外所得已纳税款准予抵扣的相关规定

在中国境内有住所，或者虽无住所但在中国境内居住累计满183天的个人，从中国境内和境外取得的所得，都应缴纳个人所得税。实际上，纳税人的境外所得一般均已缴纳或负担了有关国家的所得税。为了避免发生国家间对同一所得的重复征税，同时维护我国的税收权益，我国税法规定，纳税人从中国境外取得的所得，准予其在应纳税额中扣除已在境外实缴的个人所得税税款，但扣除额不得超过该纳税人境外所得依照中国税法规定计算的抵免限额。

我国个人所得税的抵免限额采用分国限额法，即对分别来自不同国家或地区和不同应税项目，依照税法规定的费用减除标准和适用税率计算抵免限额。对于同一国家或地区的不同应税项目，以其各项的抵免限额之和作为来自该国或地区所得的抵免限额。其计算公式为：

$$\text{来源于一国(地区)综合所得的抵免限额} = \text{中国境内、境外综合所得依照个人所得税法和个人所得税法实施条例计算的综合所得应纳税总额} \times \frac{\text{来源于该国(地区)的综合所得收入额}}{\text{中国境内、境外综合所得收入总额}}$$

$$\text{来源于一国(地区)经营所得的抵免限额} = \text{中国境内、境外综合所得依照个人所得税法和个人所得税法实施条例计算的经营所得应纳税总额} \times \frac{\text{来源于该国(地区)的经营所得收入额}}{\text{中国境内、境外经营所得收入总额}}$$

来源于一国（地区）其他所得的抵免限额为来源于该国（地区）的其他所得项目依照个人所得税法和个人所得税法实施条例计算的应纳税额。

本章所述的费用减除标准和适用税率，均指我国税法规定的减除标准和适用税率。不同的应税项目减除不同的费用标准，计算出的单项抵免限额相加后，求得来自一国或地区所得的抵免限额，即分国的抵免限额。分国抵免限额不能相加。纳税人在境外实纳税额超过抵免限额的，超限额部分不允许在应纳税额中抵扣，但可以在以后年度从仍来自该国或地区的不足限额中补扣，补扣时间最长不得超过5年。

6.5.2　境外所得的纳税筹划

1）税收难民

纳税人可以不停地从一个国家向另一个国家流动，确保自己不成为任何一个国家的居民，既能从这些国家取得收入，又可避免承担其中任何一个国家的居民纳税义务。上述行为，在国家税收领域里通常被称为"税收流亡"或"税收难民"。

【案例6-18】甲国规定凡在该国连续或累计逗留时间达1年以上者，为其居民。而乙国对这一居住时间的规定也为1年。丙国则规定为半年。

【解析】

纳税人可以通过在这些国家之间调整居住时间，即把在这些国家停留的时间压缩到短于征税规定的天数，在甲国居住10个月，在乙国居住9个月，然后再到丙国逗留5个月或更短的时间，从而可以合法地避免成为这些国家的居民。甚至有些纳税人根本不购置住所，而通过旅游的方式，如在旅馆、船舶、游艇等场所，以躲避成为有关国家的居民。

2）充分利用免税优惠

例如我国规定，外国人在中国境内居住时间连续或累计居住不超过90日，或者在税收协定规定的期间内连续或累计居住不超过183日的个人，其来源于中国境内的所得，由中国境外雇主支付并且不是由该雇主设在中国境内机构负担的工资、薪金所得，免于缴纳个人所得税。

3）享受低税负、低费用的双重好处

在取得适当的收入之后，将财产或收入留在低税负地区，人则到高税负但费用比较低的地方去，以取得低税负、低费用的双重好处。

例如，香港的收入高，税收负担比较低，但是当地的生活费用却很高，于是有的香港人在香港取得收入之后，就到内地来消费，既没有承担内地的高税收负担，又躲避了香港的高水平的消费费用。

根据税法规定，居民纳税人境内、境外所得均应向我国缴纳个人所得税，而非居民纳税人只就境内所得纳税。由于居民纳税人与非居民纳税人税负不一样，因此若能将居民纳税人转换为非居民纳税人，则可减少税负。怎样才能将居民纳税人转换为非居民纳税人呢？这要从两类纳税人的判定标准说起。居民纳税人与非居民纳税人的区别在于其在中国境内有无住所与居住时间是否累计满183天。第一个判定标准指在境内有无习惯性住所，一般指户籍所在地是否在中国境内。对于中国公民而言，一般均满足此标准，但对于外籍个人及我国港、澳、台同胞来说，可以认定为在中国境内无住所。第二个判定标准是在中国境内居住时间是否累计满183天。临时离境的，在一个纳税年度中1次离境不超过30日不扣减日数，连续计算。从以上分析可以看出，若是外籍个人及我国港、澳、台同胞在中国境内工作，一年中一次离境超过30日或者多次离境超过90日的，则可判定为非居民纳税人，只就来自中国境内的所得向中国缴纳个人所得税，境外所得不用纳税。

【案例6-19】约翰与林肯均是美国人，受雇于美国通用汽车制造公司。

2021年1—7月，约翰和林肯因工作需要，在中国工作，其间约翰5—6月份离境60天回国述职，林肯曾3次临时离境，每次均未超过30天，共计85天。2021年约翰从美国公司取得报酬折合人民币68 300元，从中国公司取得人民币报酬87 500元。林肯从美国公司取得报酬折合人民币68 300元，从中国公司取得人民币报酬70 000元。

约翰与林肯各自该怎样纳税？

【解析】

约翰与林肯均为美国人，在中国境内均无住所。约翰2021年在中国境内居住时间不满183天，故2021年约翰为非居民纳税人，只需就中国境内所得在中国缴纳个人所得税。林肯2021年3次离境，每次均未超过30天，不扣减日数，连续计算，为居民纳税人，应就境内、境外所得缴纳个人所得税。

约翰应纳税额=［（87 500÷7-5 000）×10%-210］×7=3 780（元）

林肯应纳税额=［（68 300+70 000）-35 000］×10%-2 520=7 810（元）

通过计算可以发现，约翰比林肯的收入多17 500元，但个人所得税却少纳4 030元，其原因就在于二人的纳税人身份差异。

在本案例中，若林肯在2021年一次离境的天数超过了30日，则可由居民纳税人转换为非居民纳税人，则：

林肯应纳税额=［（70 000÷7-5 000）×10%-210］×7=2 030（元）

与筹划前相比，林肯减轻税负5 780元（7 810-2 030）。

素养园地

偷逃个税的警示

范某某拍摄电影《大轰炸》时取得片酬3 000万元，其中1 000万元申报纳税，其余2 000万元以拆分合同方式偷逃个人所得税618万元，少缴税金及附加112万元，合计730万元；此外，范某某及其担任法定代表人的企业少缴税款2.48亿元，其中偷逃税款1.34亿元。江苏省税务局依法对范某某及其担任法定代表人的企业追缴的税款、滞纳金和罚款，共计近9亿元人民币。

依法纳税是每个公民应尽的义务，以上"范某某偷逃个税"案例，让我们深刻认识到依法诚信纳税的重要性，偷逃税不仅违背了做人最基本的诚信原则，也会受到法律的严惩。

资料来源　信卓财税. 前有刘晓庆，后有范冰冰，下一个得到"教训"的是谁？[EB/OL].（2019-01-17）. https://www.163.com/dy/article/DTR3RKUS0518HRV7.html.

基本训练

◎ 课堂讨论

6.1　个人与雇佣单位或非雇佣单位签订用工合同、约定个人报酬时，应采取哪些减轻个人所得税税负的措施？

6.2 个人所得税不同应税项目纳税筹划的方法有哪些？

◎ 知识掌握

6.1 简述居民个人综合所得的纳税筹划方法。

6.2 简述非居民个人综合所得的纳税筹划方法。

6.3 简述经营所得的纳税筹划方法。

6.4 简述利息、股息、红利所得的纳税筹划方法。

6.5 简述居民纳税人与非居民纳税人的判断标准、征税规定与纳税筹划方法。

观念应用

参考答案

◎ 案例分析

案例 1　私人投资者甲 2021 年以银行存款 500 万元投资于某私营企业，占该企业股本总额的 30%，当年企业获得税后净利润 500 万元。对税后净利润，有下述三种方案：

方案一：企业所获净利润全部用来分配，甲可分回股息 150 万元。

方案二：企业将原来要分配的 500 万元净利润用来进行扩大再生产的投资，当年甲没有股息收入。

方案三：企业税后净利当年不进行股息分配，当年甲没有股息收入。

问题：甲应怎样处理，才能使自己所缴纳的个人所得税较少呢？

案例 2　李先生是一位自由职业者，主要从事计算机软件开发等业务。其 2022 年 5 月从某公司获得软件开发劳务收入 40 000 元。

问题：从个人所得税税负的角度出发，李先生是否应与该公司签订雇佣劳动合同？

案例 3　张先生在市区有一套闲置的住房，2021 年 12 月张某决定自 2022 年 1 月将此房屋租给他人，租期为 36 个月。张某的房屋出租收入为每月 10 000 元。由于该房子年久失修，已经有多处漏水，需要进行修理，预计花费 24 000 元，工期为 5 天左右。

方案一：2021 年 12 月维修房屋，于 2022 年 1 月对外出租；

方案二：2022 年 1 月对外出租的当月对房屋进行维修。

问题：从个人所得税税负的角度出发，张先生应选择哪一种方案？

案例 4　某非居民纳税人 2022 年 3 月份取得多项收入共计 74 000 元，其中，工薪所得 5 000 元，偶然所得 9 000 元，稿酬所得 10 000 元，劳务报酬所得 50 000 元，本月想对外公益捐赠 15 000 元。

问题：如何为该纳税人筹划，降低其个人所得税税负？

◎ 实践训练

林某为 2022 年刚毕业的大学生，6 月份应聘到外地一家网络公司从事电脑艺术设计和制图工作。在正式上班前，他向公司的老员工了解了一些有关报酬的信息，得知在领取工资时，有两种选择：

（1）不与公司签订雇佣劳动合同，从业人员为临时的自由职业者。当月可领到的设计、制图费为4 400元，该报酬既可按季发放，也可按月发放。

（2）与公司签订雇佣劳动合同（最短的劳动服务时间为2年）。签订合同时，若公司为其提供集体宿舍、缴纳社会保险费（单位负担的部分约占个人月工资的10%），工资待遇为4 000元；若不需要公司为其提供住宿、缴纳社会保险费，则月工资为4 400元。

公司对林某所学的专业很感兴趣，愿意留其在公司长期工作，而林某则很犹豫，请帮他出谋划策。

问题：

（1）林某是否应与该网络公司签订雇佣劳动合同？

（2）若不签订雇佣劳动合同，哪种工资支付方式对林某更为有利？

（3）若签订雇佣劳动合同，哪种工资支付方式对林某更为有利？

第6章　扫码答题

第7章 其他税种的纳税筹划与案例

◆ 学习目标

1.了解关税、土地增值税、资源税和房产税的相关法规政策。
2.掌握关税、土地增值税、资源税和房产税的优惠政策。
3.掌握关税、土地增值税、资源税和房产税各自的纳税筹划方法。
4.培养学生的家国情怀、法治观念和民族认同感，树立保护国家资源和依法纳税的理念。

◆ 主要概念与原理

关税完税价格　普通税率与优惠税率　资源税折算比例　土地增值率　房产余值

7.1 关税的纳税筹划

7.1.1 关税概述

1) 关税与进口关税

关税是海关对进出国境或关境的货物、物品征收的一种税。国境是一个国家以边界为界限，全面行使主权的境域，包括领土、领海、领空。关境是指海关征收关税的领域。一般情况下，国境与关境是一致的，但有时二者也有区别。国境内如果存在自由港、自由贸易区时，关境小于国境；如果几个国家组成关税同盟，成员国之间取消关税时，关境大于国境。

关税按课税对象分，主要有出口关税和进口关税，现在征收出口关税的国家已经很少，因此，一般情况下所说的关税指进口关税，本书的纳税筹划指的是进口关税的纳税筹划。

进口关税是海关对进入我国国境或关境的货物、物品征收的一种税。

进口关税的征税对象是进入我国国境的货物、物品。货物是指贸易性商品；物品包括入境旅客随身携带的行李和物品、个人邮递物品、各种运输工具上的服务人员携带进口的自用物品、馈赠物品以及其他方式进入国境的个人物品。

进口关税纳税义务人包括贸易性商品和物品的纳税人。贸易性商品的纳税人是经营进口货物的收、发货人，具体包括外贸进出口公司、工贸或农贸结合的进出口公司，以及其他经批准经营进口商品的企业。物品的纳税人包括入境旅客随身携带的行李、物品的持有人；各种运输工具上服务人员入境时携带自用物品的持有人；馈赠物品以及以其他方式入境的个人物品的所有人；进口个人邮件的收件人。

2）进口关税的计税依据

进口关税的计税依据是完税价格。《中华人民共和国进出口关税条例》第 10 条规定：进口货物以海关审定的成交价格为基础的到岸价格作为完税价格。因此，完税价格的确认基础是进口货物的实际成交价格，但不一定与成交价格一致。实际成交价格是一般贸易项下进口货物的买方为购买该项货物对卖方实际支付或应当支付的价格。成交价格为运抵我国境内口岸的货价加运费价格，还应另加保险费。完税价格必须是经过海关审核并接受的申报价格。对于不真实或不准确的申报价格，海关有权不予接受，并可依照税法规定对有关进口货物的申报价格进行调整或另行估定完税价格。因为进口货物成交价格不同、海关审核的标准不同，所以完税价格的确定有以下方式：

（1）以到岸价格为进口货物的完税价格

到岸价格是指货价加上货物运抵我国关境内输入地点起卸前的包装费、运费、保险费和其他劳务费等费用组成的一种价格。其计算公式为：

完税价格＝到岸价格＋国外运费＋国外保险费＋其他费用

买价中还包括为在境内生产、制造、使用、出版、发行而向境外支付的与该进口货物有关的专利、商标、著作权，以及专有技术、计算机软件或者资料等的费用。货物在成交过程中，如有我方在成交价格外另行支付卖方的佣金，也计入成交价格。因而，进口货物的到岸价格包括下列费用：

① 进口人为在国内生产、制造、出版、发行或使用该项货物而向国外支付的软件费。

② 在该项货物的成交过程中，进口人向卖方支付的佣金。

③ 货物运抵我国关境内输入地点起卸前的包装费、运输费和其他劳务费用。

④ 保险费。

下列费用如果单独计价，且已包括在进口货物的成交价格中，经海关审查属实的，可以从完税价格中扣除：进口人向其境外采购代理人支付的买方佣金；卖方付给买方的正常回扣；工业设施、机械设备类货物进口后基建、安装、装配、调试或技术指导的费用。

（2）进口货物由海关估价确定

如果进口货物的到岸价格经海关审查未能确定，或者有下列情形之一的，海关有权不接受进口人申报的成交价格：

① 申报价格明显低于境内其他单位进口的大量成交的相同或类似货物的价格，而又不能提供合法证据和正当理由的。

② 申报价格明显低于海关掌握的相同或类似货物的国际市场公开成交价格，而又不能提供合法证据和正当理由的。

③ 申报价格经海关调查认定买卖双方的特殊经济关系、特殊条件或特殊安排影响成交价格的。

针对以上三种情形，海关可以依照以下次序，以下列价格为基础估定完税价格：

第一，从该项进口货物的同一出口国或者地区购进的相同货物的成交价格。相同货物指除包装上的差异、外形上的微小差别外，其他方面如功能、性能指标、理化性质、材料构成、用途、质量、信誉等都相同。

第二，从该项货物的同一出口国或者地区购进的类似进口货物的成交价格。该类似货物是指具有类似原理和结构、类似特性、类似组成材料，并有同样的使用价值，而且在功能上与商业上可以互换的货物。

第三，该项进口货物的相同或者类似货物在国际市场上的成交价格。

第四，进口货物的相同或类似货物在国内市场上的批发价格减去进口关税、进口环节其他税费以及进口后的运输、储存、销售费用及利润后的价格。

第五，其他合理方法估定的价格。按照前四项的规定仍不能确定货物的成交价格时，进口货物的完税价格由海关按照合理的方法估定，一般多按进口货物的成本总和确定。例如：生产该进口货物所使用的原材料和进行生产、装配或其他加工所发生的费用；此类进口货物出口销售中获得的平均利润（含销售所必需的费用）；该进口货物运至我国关境内输入地点起卸前的各项费用。

3）进口关税的税率

关税税则又称海关税则，是指根据国家的经济政策和关税政策，按照一定的商品分类目录序列排列的进出口货物、进出境物品应税和免税的关税税率表。关税税则分为单式税则和复式税则两种，大多数国家（比如我国）实行复式税则，其内容一般包括：

① 国家实施的该税则的法令，即该税种的实施细则以及使用税则的有关说明。

② 税则的归类总规则，即说明该税则中的商品归类的原则。

③ 各类、各章和税目的注释，说明它们各自应包括和不应包括的商品以及对一些商品的形态、功能、用途等方面的说明。

④ 税目表，包括商品分类目录和税率栏两部分。

《中华人民共和国进出口税则》是我国海关征收关税的法律依据，也是我国关税政策的具体体现。

在我国加入WTO之前，进口税则设有普通税率和优惠税率两栏，其中：对原产于未与中华人民共和国订有关税互惠协议的国家或者地区的进口货物，按照普通税率征税；对原产于与中华人民共和国订有关税互惠协议的国家或者地区的进口货物，按照优惠税率征税。在我国加入WTO之后，为履行在加入WTO关税减让谈判中承诺的有关义务，享有WTO成员应有的权利，自2002年1月起，我国进口税则设有最惠国税率、协定税率、特惠税率、普通税率、关税配额税率等税率。对进口货物，在一定期限内可以实行暂定税率。

① 最惠国税率。原产于共同适用最惠国待遇条款的世界贸易组织成员的进口货物、原产于与中华人民共和国签订了含有相互给予最惠国待遇条款的双边贸易协定的国家或者地区的进口货物以及原产于中华人民共和国境内的进口货物，适用最惠国税率。

② 协定税率。原产于与中华人民共和国签订含有关税优惠条款的区域性贸易协

定的国家或者地区的进口货物，适用协定税率。

③ 特惠税率。原产于与中华人民共和国签订含有特殊关税优惠条款的贸易协定的国家或者地区的进口货物，适用特惠税率。

④ 普通税率。原产于适用上述三种税率以外的国家或者地区的进口货物以及原产地不明的进口货物，适用普通税率。

⑤ 关税配额税率。对部分进口农产品和化肥产品实行关税配额，即一定数量内的上述进口商品适用税率较低的配额内税率，超出该数量的进口商品适用税率较高的配额外税率。

7.1.2　关税的纳税筹划

由于关税计税依据的确定方式和税率形式均存在可选择性，这就为关税的纳税筹划提供了条件，同时也造就了关税的筹划方法与技巧。

1）进口货物完税价格筹划法

我国对进口货物的关税计税依据的确定主要有两种方式：一是海关审查可确定的完税价格；二是成交价格经海关审查未能确定的，需由海关估定。因此，我们同样要分别就这两种情况进行纳税筹划。

（1）审定成交价格法

该方法是指进口商向海关申报的进口货物价格，如果经海关审定认为符合成交价格的要求和有关规定，就可以此作为计算完税价格的依据，经海关对货价和运费、保费、杂费等费用进行必要的调整后，确定其完税价格。这种方法是我国以及其他各国海关在实际工作中最基本、最常用的估价方法。我国进口货物一般也都按此方法确定完税价格，故在审定成交价格法下，如何降低进口货物的申报价格而又能为海关审定认可为"正常成交价格"就成为该项纳税筹划的关键所在。其具体做法是：在同类产品中选择成交价格较低、运费、保费、杂费等费用相对较少的货物进口，以此降低完税价格，达到纳税筹划节税的目的。

【案例 7-1】A 公司急需进口一批甲材料，可供选择的进货渠道有两地：美国和澳大利亚。进口需求为 20 万吨，如果从澳大利亚进口，价格为 10 美元/吨，运费为 10 万美元；如果从美国进口，价格为 9 美元/吨，其运费及杂费高达 35 万美元，且其他费用比前者只高不低。我们来比较一下 A 公司这两个进口渠道。

【解析】

澳大利亚的材料完税价格为：

20×10+10+其他=210 +其他

美国的材料完税价格为：

20×9+35+其他=215 +其他

很显然，A 公司应该从澳大利亚进口甲材料。如果按 20% 征收进口关税的话，A 公司至少可以节税 10 000 美元。

（2）海关估定法

海关估定的方法有五种，我们在上面已经作了介绍。这类进口货物要想节税，就必须使海关估定的价格低于实际成交价格。也就是说，这些货物的进口没有确定的市场价格，而市场预期价格一般要高于类似产品的价格。一般来说，这类货物主要是市面上较少，人们对其性能、价格均不了解的产品，如稀有产品、不可再生资源、高新技术产品等。

【案例7-2】A公司进口的是一种运用高新技术生产的全新产品，这种产品刚刚走出实验室，其市场价格尚未形成，但巨额的研制开发费用必然使其市场价格远远高于目前市场上已有的同类产品的价格。假如A公司为进口此种产品付出了200万美元，而其类似产品的市场价格仅为120万美元，A公司在向海关申报进口货物成交价格时，以100万美元申报，海关因无法依据审定成交价格法确定成交价格及完税价格，只能以该产品的同一出口国或地区购进的类似货物的成交价格作为确定被估进口货物完税价格的依据，即按类似货物成交价格法予以确定。这样，该项进口货物的海关估价最多只有120万美元，从而A公司就会有80万美元的支出不需要纳税。

2）优惠税率筹划法

前面已经提到，我国关税的进口税率分为普通税率和优惠税率两种。优惠税率筹划就是要在征收关税时采用优惠税率，避免采用普通税率。换句话说，就是要选择合适的原产地，即选择与中华人民共和国签有关税互惠协议的国家和地区作为原产地。关于原产地的确认，分为两种标准：一种是全部产地标准，即对于完全在一个国家内生产或制造的进口货物，其生产或制造国就是该货物的原产国；另一种是实质性加工标准，指经过几个国家加工、制造的进口货物，以最后一个对货物进行经济上可以视为实质性加工的国家作为有关货物的原产国。这里所说的实质性加工是指产品经过加工后，在《中华人民共和国进出口税则》中已不按原有的税目税率征税，而应归入另外的税目征税或者其加工增值部分所占新产品总值的比例已经超过30%。两个条件具备其中之一，即可被视为实质性加工。显然，对于跨国经营者来说，第一种标准即全部产地标准并不适合，第二种标准即实质性加工标准则包含节税的空间。

从实质性加工标准的第一个条件来看，产品经过加工后，在《中华人民共和国进出口税则》中已不按原有的税目税率征税，而应归入另外的税目征税，可视为实质性加工。这就表现为税目税率的改变。

【案例7-3】汽车产品是由汽车仪表、轮胎、玻璃、汽车轴承和发动机等组成的，一个汽车跨国投资者在新加坡、韩国、菲律宾、马来西亚和越南设有零部件供应企业，如果新加坡的子公司生产汽车轴承和发动机，韩国的子公司生产汽车仪表，菲律宾的子公司生产轮胎，马来西亚的子公司生产阀门，越南的子公司供应玻璃，而制造汽车产品的是总装配厂，总装配厂的生产国就是原产地。那么这个总装配厂应该设在哪里才能节税呢？

【解析】

按优惠税率筹划法，应该设在与中国签有关税互惠协议且是所有与中国签有关税互惠协议国家或地区中最优惠的国家或地区，或者说在经济成本上更为有利可图的国家或地区。这样，中国的汽车销售公司在进口汽车时就能享受最优惠税率，少缴关税。

【纳税筹划窗口7-1】

对机器、仪表或车辆所有零件、部件、配件、备件以及工具，如与主件同时进口而且数量合理，其原产地按全件的原产地予以确定；如果是分别进口的，应按其各自的原产地确定。石油产品以购自国为原产国。

从实质性加工标准的第二个条件来看，其加工增值部分所占新产品总值的比例已经超过30%的，可视为实质性加工。如果一个跨国投资者已经选择了一个非常有利于避税的国家或地区，并建立了最后产品生产厂，即总装厂，可是总装厂的加工增值部分在技术和价值含量上仅占产品总值的25%，达不到30%的标准，这时不需要扩大生产规模或加大技术比重，只需通过转让定价的方法，降低其他地区的零部件生产价格，从而加大总装厂增值部分占全部新产品价值的比重，使其达到或超过30%，这样就可以成为实质性加工，这个跨国投资者的产品仍然可以享受到税率上的优惠，从而达到了减轻税负的目的。

3）税法空白筹划法

税法空白筹划法就是运用一国关税法则存在的漏洞而进行筹划的方法。这种方法要求纳税人准确、及时地了解相关国家的关税法则，注意其隐蔽性和合法性，同时也要注意空白筹划的动态性和灵活性。

【案例7-4】 中国某纺织品有限公司专门生产加工各种纺织品，其生产的手套因价廉物美而畅销美国。美国为限制该手套进口，出台了一项保护政策，对该手套每双征收100%的进口关税。中国手套的成本因此大幅上扬，价格上涨使竞争力受到影响。通过研究美国关税法则该公司发现，其进口纺织残次品的税率很低，因此，其将手套分左右手分别出口，这样就被美方认定为残次品，在手套进入美国后该公司加以组合包装后出售，获得了较好的税收筹划收益。

4）合理选择物品避税法

物品关税是指海关对入境旅客的行李物品和个人邮递物品征收的个人进口税。入境旅客的行李物品和个人邮递物品是指进入我国关境的非贸易性的应税自用物品，其中包括馈赠物品。该税的纳税人是入境行李物品的携带人和进口邮件的收件人。此类纳税筹划的关键在于如何进行有效的选择和策划。

从进口税率表中可以发现，在众多可以作为探亲礼品的物品中，如金银及其制品、包金饰品、纺织品、录像机、烟、酒等，其进口税率各不相同，而且差异很大，有免税的，也有100%甚至200%征税的。因此，选择不同的礼品方案，缴纳的关税税额是不一样的。

【案例7-5】 在回国探亲时，张三在国外购买了价值400美元的名酒、300美元的手机和300美元的瑞士金表。根据进口关税税率表，可以计算出张三所负担的关税为1 550美元（400×200%+300×150%+300×100%）。但是，如果张三带回价值600美元的包金首饰和400美元的金银戒指、项链，由于金银制品及包金饰品免税，那么张三所负担的关税为0。相比之下，同样花了1 000美元，张三却付出了不同的代价。

【素质拓展7-1】

厦门远华集团董事长赖某某，其于1994年成立远华集团，从成立到1999年案发，远华集团从事走私犯罪活动达5年之久，走私货物总值人民币530亿元，偷逃税人民币300亿元，涉案金额之大、人员之多，案情之复杂，经济犯罪和腐败问题之严重，触目惊心，堪称中国1949年以来查处的最大一起经济犯罪案件。

该案例给我们的警示是：在改革开放和社会主义现代化建设的伟大实践中，思想的改造、作风的建设绝不是口号，而应是非常生动活跃的实践。我们要树立正确的人生观和价值观，知法守法，要以维护国家和人民的利益为己任。

资料来源　佚名．厦门远华集团走私案［EB/OL］．［2022-08-21］．［EB/OL］．http：//www.028-61682706.com/case/9.html.

7.2　资源税的纳税筹划

7.2.1　资源税概述

1）资源税的概念

资源税是以自然资源为课税对象而缴纳的一种税。

2）资源税的纳税人

资源税的纳税人，是指在中华人民共和国领域及管辖海域开采《中华人民共和国资源税暂行条例》（2011年9月21日国务院第一百七十三次常务会议通过，2011年11月1日起施行）规定的矿产品或者生产盐（以下称开采或者生产应税产品）的单位和个人。自2014年12月1日起，财政部、国家税务总局对原油、天然气资源税进行了从价计征改革。随后，又陆续对资源税税率和计税依据进行了调整。2016年7月1日，对27种资源品目和未列举名称的其他金属矿实行从价计征。2019年8月26日，第十三届全国人大常委会第十二次会议通过了《中华人民共和国资源税法》，自2020年9月1日起施行。

3）资源税的征税范围

资源税采取"普遍征收"的原则，因此，凡是在中华人民共和国领域及管辖海域开采的应税产品均属于资源税的纳税范围。从理论上讲，资源税的纳税范围应包括自然界存在的一切自然资源，如矿产资源、土地资源、动植物资源、水资源、太阳能资源等。根据《中华人民共和国资源税法》，资源税的缴纳范围包括矿产品和盐等。其具体的缴纳范围有：

① 能源矿产，包括油、天然气、煤、铀、钍、地热等。

② 金属矿产，包括黑色金属（如铁）、有色金属（如金）等。

③ 非金属矿产，包括矿物类（如高岭土）、岩石类（如花岗岩）、宝玉石类（如玛瑙）等。

④ 水气矿产，包括二氧化碳气、硫化氢气、氦气、氡气等。

⑤ 盐，包括钠盐、钾盐、镁盐、锂盐，天然卤水，海盐。

国务院根据国民经济和社会发展需要，依照《中华人民共和国资源税法》的原则，对取用地表水或者地下水的单位和个人试点征收水资源税。征收资源税的，停止征收水资源税费。

4）资源税的减免

① 开采原油过程中用于加热、修井的原油，免税。

② 纳税人开采或者生产应税产品的过程中，因意外事故或者自然灾害等原因遭受重大损失的，由省、自治区、直辖市人民政府酌情决定减税或者免税。

③ 国务院规定的其他减税或者免税项目。

纳税人的减税或免税项目，应当单独核算销售额或者销售数量，未单独核算或者不能准确提供销售额或者销售数量的，不予减税或者免税。

5）资源税的计税依据

资源税的应纳税额，按照从价定率或者从量定额的办法，分别以应税产品的销售额乘以纳税人具体适用的比例税率或者以应税产品的销售数量乘以纳税人具体适用的定额税率计算。资源税改革之后，绝大多数应税矿产品执行比例税率，"地热、石灰岩、其他粘土、砂石、矿泉水、天然卤水"纳税人可以"选择适用"比例税率或者定额税率。

纳税人开采或者生产不同税目应税产品的，应当分别核算不同税目应税产品的销售额或者销售数量；未分别核算或者不能准确提供不同税目应税产品的销售额或者销售数量的，从高适用税率。

纳税人开采或者生产应税产品，自用于连续生产应税产品的，不缴纳资源税；自用于其他方面的，视同销售，依照《中华人民共和国资源税法》缴纳资源税。

其应纳税额的计算公式为：

应纳资源税税额=销售额×比例税率

或者：

应纳资源税税额=销售数量×定额税率

6）资源税的税目与税率

资源税是按不同资源产品设计不同税目的，共开设了 5 个税目，采取从价定率或者从量定额的办法计征，实施"级差调节"的原则。资源税具体税目、税率见表 7-1。

表7-1　　　　　　　　　　　　资源税税目税率表

序号	税目		征税对象	税率
1	能源矿产	原油	原矿	6%
2		天然气、页岩气、天然气水合物	原矿	6%
3		煤	原矿或选矿	2%~10%
4		煤成（层）气	原矿	1%~2%
5		铀、钍	原矿	4%
6		油页岩、油砂、天然沥青、石煤	原矿或选矿	1%~4%
7		地热	原矿	1%~20%或者每立方米1~30元

序号	税目			征税对象	税率
8	金属矿产	黑色金属	铁、锰、铬、钒、钛	原矿或选矿	1%~9%
9		有色金属	铜、铅、锌、锡、镍、锑、镁、钴、铋、汞	原矿或选矿	2%~10%
10			铝土矿	原矿或选矿	2%~9%
11			钨	选矿	6.5%
12			钼	选矿	8%
13			金、银	原矿或选矿	2%~6%
14			铂、钯、钌、锇、铱、铑	原矿或选矿	5%~10%
15			轻稀土	选矿	7%~12%
16			中重稀土	选矿	20%
17			铍、锂、锆、锶、铷、铯、铌、钽、锗、镓、铟、铊、铪、铼、镉、硒、碲	原矿或选矿	2%~10%
18	非金属矿产	矿物类	高岭土	原矿或选矿	1%~6%
19			石灰岩	原矿或选矿	1%~6% 或每吨（或每立方米）1~10元
20			磷	原矿或选矿	3%~8%
21			石墨	原矿或选矿	3%~12%
22			萤石、硫铁矿、自然硫	原矿或选矿	1%~8%
23			天然石英砂、脉石英、粉石英、水晶、工业用金刚石、冰洲石、蓝晶石、硅线石(矽线石)、长石、滑石、刚玉、菱镁矿、颜料矿物、天然碱、芒硝、钠硝石、明矾石、砷、硼、碘、溴、膨润土、硅藻土、陶瓷土、耐火粘土、铁矾土、凹凸棒石粘土、海泡石粘土、伊利石粘土、累托石粘土	原矿或选矿	1%~12%
24			叶腊石、硅灰石、透辉石、珍珠岩、云母、沸石、重晶石、毒重石、方解石、蛭石、透闪石、工业用电气石、白垩、石棉、蓝石棉、红柱石、石榴子石、石膏	原矿或选矿	2%~12%
			其他粘土（铸型用粘土、砖瓦用粘土、陶粒用粘土、水泥配料用粘土、水泥配料用红土、水泥配料用黄土、水泥配料用泥岩、保温材料用粘土）	原矿或选矿	1%~5% 或每吨（或每立方米）0.1~5元

序号	税目		征税对象	税率
26	非金属矿产	岩石类	大理岩、花岗岩、白云岩、石英岩、砂岩、辉绿岩、安山岩、闪长岩、板岩、玄武岩、片麻岩、角闪岩、页岩、浮石、凝灰岩、黑曜岩、霞石正长岩、蛇纹岩、麦饭石、泥灰岩、含钾岩石、含钾砂页岩、天然油石、橄榄岩、松脂岩、粗面岩、辉长岩、辉石岩、正长岩、火山灰、火山渣、泥炭 / 原矿或选矿	1%~10%
27		砂石	原矿或选矿	1%~5% 或每吨（或每立方米）0.1~5 元
28		宝玉石类 / 宝石、玉石、宝石级金刚石、玛瑙、黄玉、碧玺	原矿或选矿	4%~20%
29	水气矿产	二氧化碳气、硫化氢气、氦气、氡气	原矿	2%~5%
30		矿泉水	原矿	1%~20% 或每立方米 1~30 元
31	盐	钠盐、钾盐、镁盐、锂盐	选矿	3%~15%
32		天然卤水	原矿	3%~15% 或每吨（或每立方米）1~10 元
33		海盐		2%~5%

此外，国家税务总局对扣缴义务人适用的税额也作了明确规定，收购未税矿产品的单位为资源税的扣缴义务人。

7）资源税的纳税义务发生时间

《中华人民共和国资源税法》对资源税纳税义务发生的时间作了明确的规定：

① 纳税人销售应税产品，纳税义务发生时间为收讫销售款或取得销售款凭据的当天。具体地说，纳税人采取分期收款结算方式的，其纳税义务发生时间为销售合同规定的收款日当天；纳税人采取预收货款结算方式的，其纳税义务发生时间为发出应税产品的当天；纳税人采取其他结算方式的，其纳税义务发生时间为收讫销售款或取得索取销售款凭据的当天。

② 纳税人自产自用应税产品，纳税义务发生时间为移送使用应税产品的当天。

③ 如果由扣缴人代扣代缴资源税税款时，其纳税义务发生时间为支付首笔货款或者首次开具支付货款凭据的当天。

7.2.2　资源税纳税筹划

1）利用折算比例筹划法

纳税人由于某种原因，在现实经济生活中可能无法提供或无法准确提供应税产品销售额、销售数量或移送数量，根据《中华人民共和国资源税法》的规定，以应税产品的产量或主管税务机关确定的折算比例换算成的数量为课税数量。这样，对于生产某种矿产品或连续加工生产某种矿产品的企业来说，如果其采用的加工技术落后，使得其产品的加工生产综合回收率相对低于同行业企业，便可以用这种方法进行纳税筹划。具体做法是：在确知自己企业综合回收率相对较低的时候，故意不提供或不准确提供应税产品销售额、销售数量或移送数量，这样，税务机关在根据同行业企业的平均综合回收率折算应税产品销售额或销售数量时，就会相对少算课税数量。

【案例7-6】 假定某企业生产出的最终产品为1 000吨，同行业企业综合回收率为40%，该企业的综合回收率为25%，则实际销售数量应为4 000吨（1 000÷25%），而税务机关最终认定数量为2 500吨（1 000÷40%）。课税数量的减少将会明显减少企业应纳资源税税额。

使用这种方式进行纳税筹划的资源主要有以下两种：

① 煤炭。对于连续加工前无法正确计算原煤移送使用数量的，可按加工产品的综合回收率，将产品实际销售量和自用量折算成原煤数量作为课税数量。

② 金属和非金属矿产品原矿。对于无法准确掌握纳税人移送使用原矿数量的，可将其精矿按选矿比例折算成原矿数量作为课税数量。

很显然，如果企业的加工技术相对先进，使得本企业产品的加工生产综合回收率相对于同行业较高，就应给税务机关提供准确的应税产品销售数量或移送数量，以便其准确进行核算。

2）准确核算筹划法

根据《中华人民共和国资源税法》的规定，纳税人的减税、免税项目，应当单独核算销售额或销售数量；未单独核算或者不能准确提供减税、免税产品销售额或销售数量的，不予减税或者免税。纳税人开采或生产不同税目应税产品的，应当分别核算不同税目应税产品的销售额或销售数量；未分别核算或者不能准确提供不同税目应税产品的销售额或销售数量的，从高适用税率。

因此，纳税人可以通过准确核算各税目的销售额或销售数量，清楚地区分哪些资源应该纳税，应该纳税的资源适用何种税率，以便充分地享受到税收优惠，从而达到节省资源税税款的目的。

【案例7-7】 2022年5月，一家从事开采铁矿石的企业共销售铁矿石原矿300 000元。在开采铁矿石的过程中，该企业还开采并销售了伴生矿锰矿石30 000元、铬矿石20 000元。这个企业在另一采矿点还开采并销售了瓷土40 000元。已知铁矿石原矿的税率为5%，锰矿石的税率为3%，铬矿石和瓷土原矿的税率均为4%。试问该企业该如何进行税收筹划？

【解析】

方案一：当该矿山分别核算时：

应纳资源税税额=300 000×5%+30 000×3%+20 000×4%+40 000×4%=18 300（元）

方案二：当该矿山未分别核算铁矿石和两种伴生矿的销售额，而仅仅知道铁矿石及伴生矿的销售总额是350 000元，瓷土矿的销售额是40 000元时，按照资源税的相关规定，应从高适用税率征税。

应纳资源税税额=350 000×5%+40 000×4%= 19 100（元）

经过比较，未分别核算时，该企业要多纳税800元（19 100-18 300）。通过筹划，分别核算，该企业可以减轻资源税税收负担800元。

7.3 土地增值税的纳税筹划

7.3.1 土地增值税概述

1）土地增值税的概念

土地增值税是对转让国有土地使用权、地上建筑物及其附着物并取得收入的单位和个人就其转让房地产所取得的增值额征收的一种税。

2）土地增值税的纳税人

土地增值税的纳税人是指转让国有土地使用权、地上建筑物及其附着物（也可简称转让房地产）并取得收入的单位和个人。区分土地增值税的纳税人与非纳税人的关键在于是否因转让房地产的行为而取得了收益，只要是以出售或其他方式有偿转让房地产而取得收益的单位和个人，就是土地增值税的纳税人。

3）土地增值税的征税范围

土地增值税的征税范围包括：

① 转让国有土地使用权。"转让"不同于"出让"，国家出让国有土地使用权不用征税。

② 地上建筑物及其附着物连同国有土地使用权一并转让。

准确界定土地增值税的征收范围十分重要。在实际工作中，可以通过以下几条标准来判定：转让的土地必须是国家所有；土地使用权、地上建筑物及其附着物的产权必须转让；必须取得转让收入。

4）土地增值税的计税依据

土地增值税的计税依据是纳税人转让房地产所取得的增值额。

（1）增值额

增值额是指纳税人转让房地产所得的收入减去税法规定的扣除项目后的余额。如果纳税人转让房地产的收入减去规定的扣除项目后没有余额，则不需要缴纳土地增值税。增值额的计算公式是：

增值额=转让房地产取得的收入-扣除项目

纳税人有下列情形之一的，土地增值税按照房地产评估价格计算征收：

① 隐瞒、虚报房地产成交价格的。

② 提供的扣除项目金额不实的。

③ 转让房地产的成交价格低于房地产评估价格又无正当理由的。

隐瞒、虚报房地产成交价格，是指纳税人不报或有意低报转让土地使用权、地上建筑物及其附着物所取得的价款的行为。对于这种情形，评估机构应当参照同类房地产的市场交易价格进行评估，税务机关根据评估价格确定转让房地产的收入。

提供的扣除项目金额不实，是指纳税人不据实提供扣除项目金额的行为。对于这种情形，评估机构应当按照房屋重置成本价乘以成新度折扣率计算房屋成本价和取得土地使用权时的基准地价进行评估，税务机关根据评估价格确定扣除项目的金额。

转让房地产的成交价格低于房地产评估价格，而又无正当理由，是指纳税人申报的转让房地产的实际成交价格低于房地产评估机构评定的交易价格，纳税人又不能提供凭证或无正当理由的行为。对于这种情形，税务机关应当按照房地产评估价格确定转让房地产的收入。

（2）转让房地产取得的收入

转让房地产取得的收入包括转让房地产取得的全部价款及有关的经济收益。从收入的形式上看，包括货币收入、实物收入和其他收入。

💡 **勤学善思**

土地增值税由转让收入和扣除项目金额决定税额的大小。如何通过降低计税收入来减少应纳税额呢？

（3）扣除项目

土地增值税的扣除项目包括：

① 取得土地使用权所支付的金额。它是指纳税人为了取得土地使用权所支付的地价款和按国家统一规定缴纳的有关费用。凡是通过行政划拨方式无偿取得土地使用权的企业和单位，以转让土地使用权时按规定补交的出让金及有关费用作为取得土地使用权支付的金额。

② 房地产开发成本。它是指纳税人开发房地产项目实际发生的成本。这些成本允许按实际发生数扣除，主要包括土地征用拆迁补偿费、前期工程费、建筑安装工程费、基础设施费、公共配套设施费、开发间接费用等。

③ 房地产开发费用。它是指与房地产开发项目有关的销售费用、管理费用、财务费用。按会计制度规定，与房地产开发项目有关的费用直接计入当年损益，不按房地产项目进行归集或分摊。

【纳税筹划窗口7-2】

税法对有关房地产开发费用的扣除规定了标准：

（1）纳税人能够按转让房地产项目计算分摊利息支出，并能提供金融机构贷款证明的，其允许扣除的房地产开发费用为：

允许扣除的房地产开发费用=利息+（取得土地使用权所支付金额+房地产开发成本）×5%

（2）纳税人不能按转让房地产项目计算分摊利息支出或不能提供金融机构贷款证明的，其允许扣除的房地产开发费用为：

允许扣除的房地产开发费用=（取得土地使用权所支付的金额+房地产开发成本）×10%

上述计算扣除的具体比例由各省、自治区、直辖市人民政府规定。对于这两种方法，纳税人可以根据自己的实际情况决定房地产开发费用的扣除标准，即通过对利息支出进行人为设计，选择对自己有利的标准进行扣除，使房地产开发费用得到最多扣除，从而达到节税的目的。

指点迷津

　　房地产开发费用，是指与房地产开发项目有关的销售费用、管理费用、财务费用。其扣除不是按实际发生数扣除，而是按是否能按转让房地产项目计算分摊利息支出作为一定条件，按一定比例扣除的。房地产开发成本和地价款之和决定了开发费用的扣除标准，因为税务筹划可以提前进行，将实际发生的期间费用在一定范围内合理归集到房地产开发项目的开发成本中，比如一般列入期间费用，包括公司管理人员的工资、福利费、办公费、差旅费等，可以合理分配一些人员兼职于具体项目中。发生的费用就可以有理由分摊一部分到房地产开发成本中。这样增加了开发成本，就提高了开发费用的计提基数，增加了开发费用，增加了扣除额，减少了增值额，从而降低了土地增值税计税基数，节省了土地增值税。

　　④ 旧房及建筑物的评估价格。它是指在转让已使用的房屋及建筑物时，由政府批准设立的房地产评估机构评定的重置成本价乘以成新度折扣率后的价格。

　　⑤ 与转让房地产有关的税金。它是指在转让房地产时已缴纳的城市维护建设税、印花税和教育费附加。需要明确的是，房地产开发企业按照《施工、房地产开发企业财务制度》的有关规定，其在转让时缴纳的印花税因列入管理费用中，故在此不允许再单独扣除。其他纳税人缴纳的印花税允许在此扣除。

　　⑥ 财政部规定的其他扣除项目。财政部规定，对从事房地产开发的纳税人，可以按取得土地使用权所支付的金额和房地产开发成本的金额之和，加计20%扣除。

5）土地增值税的税率

　　土地增值税实行的是四级超率累进税率。具体税率见表7-2。

表7-2　　　　　　　　　　　　土地增值税税率表

级别	增值额与扣除项目的比率（增值率）	税率	速算扣除系数
1	不超过50%的部分	30%	0
2	超过50%至100%的部分	40%	5%
3	超过100%至200%的部分	50%	15%
4	超过200%的部分	60%	35%

6）土地增值税应纳税额的计算

　　土地增值税按照纳税人转让房地产取得的增值额和规定的税率计算征收。在转让房地产的增值额确定后，按照规定的四级超率累进税率，以增值额中属于每一税率级别部分的金额乘以该级税率，再将由此而得出的每一级的应纳税额相加，得到的金额就是纳税人应缴纳的土地增值税税额。其计算公式为：

应纳税额=∑(每级距的土地增值额 × 适用税率)

　　为了简便土地增值税的计算，一般可采用速算扣除法。其计算公式为：

应纳税额=增值额×适用税率−扣除项目金额×速算扣除系数

7）土地增值税的减免规定

我国现行税法规定，有下列情形之一的，免征土地增值税：

① 纳税人建造普通标准住宅出售，增值额未超过扣除项目金额20%的。

② 因国家建设需要依法征用、收回的房地产。

③ 因城市规划、国家建设需要而搬迁，由纳税人自行转让原房地产的，比照有关规定免征土地增值税。

④ 企事业单位、社会团体以及其他组织转让旧房作为公共租赁住房房源且增值额未超过扣除项目金额的20%的，免征土地增值税。

⑤ 自2008年11月1日起，对居民个人转让住房一律免征土地增值税。下列项目可以暂免征收土地增值税：

⑥ 以房地产进行投资、联营，联营方以房地产作价入股或者作为联营条件，将房地产转让到所投资、联营的企业中的。

⑦ 合作建房，一方出土地，另一方出资金，建成后按照比例分房自用的。

⑧ 企业兼并，被兼并企业将房地产转让到兼并企业中的。

自2021年1月1日至2023年12月31日，执行以下企业改制重组有关土地增值税政策：

① 企业按照《中华人民共和国公司法》有关规定整体改制，包括非公司制企业改制为有限责任公司或股份有限公司，有限责任公司变更为股份有限公司，股份有限公司变更为有限责任公司，对改制前的企业将国有土地使用权、地上的建筑物及其附着物（以下称房地产）转移、变更到改制后的企业，暂不征土地增值税。整体改制是指不改变原企业的投资主体，并承继原企业权利、义务的行为。

② 按照法律规定或者合同约定，两个或两个以上企业合并为一个企业，且原企业投资主体存续的，对原企业将房地产转移、变更到合并后的企业，暂不征土地增值税。

③ 按照法律规定或者合同约定，企业分设为两个或两个以上与原企业投资主体相同的企业，对原企业将房地产转移、变更到分立后的企业，暂不征土地增值税。

④ 单位、个人在改制重组时以房地产作价入股进行投资，对其将房地产转移、变更到被投资的企业，暂不征土地增值税。

⑤ 上述改制重组有关土地增值税政策不适用于房地产转移任意一方为房地产开发企业的情形。

⑥ 改制重组后再转让房地产并申报缴纳土地增值税时，对"取得土地使用权所支付的金额"，按照改制重组前取得该宗国有土地使用权所支付的地价款和按国家统一规定缴纳的有关费用确定；经批准以国有土地使用权作价出资入股的，为作价入股时县级及以上自然资源部门批准的评估价格。按购房发票确定扣除项目金额的，按照改制重组前购房发票所载金额并从购买年度起至本次转让年度止每年加计5%计算扣除项目金额，购买年度是指购房发票所载日期的当年。

⑦ 纳税人享受上述税收政策，应按税务机关规定办理。

⑧ 不改变原企业投资主体、投资主体相同，是指企业改制重组前后出资人不发生

变动，出资人的出资比例可以发生变动；投资主体存续，是指原企业出资人必须存在于改制重组后的企业，出资人的出资比例可以发生变动。

此项政策对支持企业改制重组，优化市场环境起到了很大的作用。

7.3.2　土地增值税的纳税筹划

1）土地增值率控制筹划法

土地增值率是纳税人的土地增值额占扣除项目金额的比例。其大小会影响土地增值税适用税率的大小，甚至影响普通标准住宅是否征税的问题。可见，纳税人只要能控制土地增值率就能达到节税的目的。纳税人建造普通标准住宅出售，增值额未超过扣除项目金额20%的，可以免征土地增值税。如果在出售普通标准住宅时，纳税人通过合理方法确定适当的房地产价格或者提高房地产质量，扩大销路，适当提高房地产开发成本，尽量使土地增值率较低，最好不要超过20%，这样就可以享受减免税的优惠了。

【案例7-8】某房地产开发企业销售建造的普通住宅有两种不同的价格，一种是每平方米1 918元，扣除项目金额每平方米1 608元，增值额310元，占扣除项目金额的19.28%，不征收土地增值税，营业利润为310元；另一种是每平方米1 930元，扣除项目金额不变，增值额322元，占扣除项目金额的20.02%，未超过50%，应征收土地增值税，税率为30%，应缴纳土地增值税96.6元（322×30%），营业利润为225.4元。

采用第一种售价，由于增值额没有超过扣除项目金额的20%，享受了免征土地增值税的优惠；采用第二种售价，尽管单位价格上涨了12元，但由于没有优惠，使得营业利润减少。所以，纳税人控制土地增值率可以节税，并能增加营业利润。

【纳税筹划窗口7-3】

我国现行土地增值税税法规定，纳税人建造普通标准住宅出售，增值额未超过扣除项目金额20%的，免征土地增值税。"普通标准住宅"是指按所在地一般民用住宅标准建造的居住用住宅。高级公寓、别墅、度假村等不属于普通标准住宅。2005年6月1日起，我国普通标准住宅应同时满足以下条件：住宅小区建筑容积率在1.0以上、单套建筑面积在120平方米以下、实际成交价格低于同级别土地上住房平均交易价格1.2倍以下。各省、自治区、直辖市要根据实际情况制定本地区享受优惠政策普通住房的具体标准。允许单套建筑面积和价格标准适当浮动，但向上浮动的比例不得超过上述标准的20%。

2）合并申报筹划法

土地增值税适用四级超率累进税率，增值率高的，适用税率高，多纳税；增值率低的，适用税率低，少纳税。在实际操作过程中，将增值率不同的两个项目合并申报纳税，也可能会降低土地增值税税负。

【案例7-9】2019年，某房地产开发公司同时承接了两个开发项目：电梯公寓（非普通住宅）和别墅。电梯公寓的销售额为1.5亿元，别墅的销售额为0.8亿元。税法规定的可扣除项目金额为1.6亿元，其中电梯公寓的可扣除项目金额为1.2亿元，别墅的可扣除项目金额为0.4亿元。

【解析】

方案一：按两个开发项目申报，该公司应缴纳的土地增值税为：

电梯公寓增值率=（15 000-12 000）÷12 000×100%=25%

应纳税额=（15 000-12 000）×30%=900（万元）

别墅增值率=（8 000-4 000）÷4 000×100%=100%

应纳税额=（8 000-4 000）×40%-4 000×5%=1 400（万元）

合计税额=900+1 400=2 300（万元）

方案二：按一个项目申报，该公司应缴纳的土地增值税为：

电梯公寓和别墅增值率=（15 000+8 000-16 000）÷16 000×100%=44%

应纳税额=（23 000-16 000）×30%=2 100（万元）

两方案相比，方案一比方案二多支出税金200万元（2 300-2 100）。因为电梯公寓的增值率为25%，而别墅的增值率为100%，此时合并申报可以使别墅的增值率由于平均而得到降低，从而适用更低级别的税率，降低了土地增值税的税负。

勤学善思

降低计税收入来减少应纳税额，可以采取分割收入的方法来降低土地增值税的计税收入。在其他扣除项目金额影响不大的情况下，降低收入就会导致增值额的减少，从而降低了税额。

例：甲房地产开发企业准备开发出售一幢配有简装家具楼房（非普通住宅），预计总价为2 000万元（不含税），其中装修收入为500万元，装修成本为200万元，当月认证抵扣的金额为80万元，预计装修后允许扣除项目总额为1 250万元（含加计扣除，其中地价款为500万元，装修成本为200万元），甲企业拟采用两种方案：

（1）按总价2 000万元签订合同销售；

（2）按装修前1 500万元签订销售合同，再按500万元签订装修装饰合同。

（1）按第一种方案：

分析：甲企业（一般纳税人按照一般计税法）以2 000万元的价格出售楼房，需要缴纳土地增值税和增值税（假如不考虑其他税费）。

增值额=2 000-1 250=750（万元）

增值率=750÷1 250×100%=60%

增值额超过扣除项目金额50%、未超过100%：

土地增值税税额=增值额×40%-扣除项目金额×5%

应交土地增值税税额=750×40%-1 250×5%=237.5（万元）

应交增值税税额=（2 000-500）×9%-80=55（万元）

合计税额=237.5+55=292.5（万元）

（2）按第二种方案：

分析：甲企业以1 500万元的价格签订销售楼房合同，需要缴纳土地增值税和增值税，签订的装修合同不用缴纳土地增值税，按建筑服务中的装饰服务缴纳增值税（假如不考虑其他税费）。

扣除项目合计=1 250-200=1 050（万元）

增值额=1 500-1 050=450（万元）

增值率=450÷1 050×100%=42.86%

增值额未超过扣除项目金额50%：

土地增值税税额=增值额×30%

应交土地增值税税额=450×30%=135（万元）

应交增值税税额=（1 500-500）×9%-80=10（万元）

装修应交增值税税额=500×9%=45（万元）

合计应交增值税和土地增值税=135+10+45=190（万元）

（3）两种方案比较

第二种方案比第一种方案节税（不考虑附加税等其他税费）=292.5-190=102.5（万元）

分析：采用第二种方案明显比第一种方案省税费。原因就是分割一部分收入，将土地增值税的计税基数降低，从而降低土地增值税，而产生的增值税额却没有增加。

7.4　房产税的纳税筹划

7.4.1　房产税概述

1）房产税的概念

房产税是以城市、县城、建制镇和工矿区的房产为征税对象，按照房产价格或房产租金收入向房产所有人、经营人征收的一种税。

2）房产税的征税范围

房产税以房产为征税对象。房产是指有屋面和围护结构（有墙或两边有柱），能够遮风避雨，可供人们在其中生产、学习、工作、娱乐、居住或储藏物质的场所。

房产税的具体征税范围是位于城市、县城、建制镇和工矿区的房屋。坐落在农村的房屋暂不征收房产税。

3）房产税的纳税人

① 房产税的纳税人是房屋产权所有人。产权所有人，简称产权人或业主、房东，是指拥有房产的单位和个人，即房产的使用、收益、出卖、赠送等权利归其所有。单位，包括国有企业、集体企业、私营企业、股份制企业、外商投资企业、外国企业，其他企事业单位、社会团体、国家机关、军队以及其他单位。个人，包括个体工商户以及其他个人。

② 产权出典的，由承典人缴纳税款。承典人，是指以支付押金并付出一定费用的形式，在一定期限内享有房产的使用、收益权的单位和个人。

③ 产权所有人、承典人不在房产所在地，或者产权未确定及租典纠纷未解决的，房产税由房产代管人或者使用人缴纳。代管人是指接受产权所有人、承典人的

委托，代为管理房产或虽未受托但实际上代管房产的人；使用人是指直接使用房产的人。

4）房产税的计税依据

房产税的计税依据是房产的计税价值或租金收入。按照房产计税价值征税的，称为从价计征；按照房产租金收入计征的，称为从租计征。

（1）从价计征

从价计征是指以房产原值一次减除10%~30%后的余值为计税依据。具体减除幅度由省、自治区、直辖市人民政府确定。减除幅度的确定，既要考虑到房屋的自然损耗因素，也要照顾到房屋的增值因素。房产原值是指纳税人按照会计制度规定，在账簿的"固定资产"账户中记载的房屋造修费用或购买价（或原价）。房产余值是指房产的原价减除一定比例后的剩余价值。

（2）从租计征

从租计征是指以房屋出租取得的租金收入为计税依据。租金收入是房屋产权所有人暂时出让一定期间房产使用权所得到的报酬，包括货币收入、实物收入以及其他维修权益。

（3）特殊情况下的计征方式

以房产投资、联营的，投资者参与投资企业盈利分红、共担风险的，按房产原值作为计税依据；对投资者以房产投资收取固定收入、不承担联营风险的，应以租金收入（固定收入）为计税依据；对融资租赁的房屋，实际上是一种变相的分期付款购买固定资产的形式，其房产税应以房产余值为计税依据。

5）房产税的税率

现行房产税采用比例税率。由于房产税的计税依据有从价计征和从租计征两种形式，相应地，房产税的税率也有两种，对于从价计征的，税率为1.2%；对于从租计征的，税率为12%。

另外，从2008年3月1日起，我国对个人出租住房，不区分用途，按4%的税率征收房产税。对单位按市场价格向个人出租用于居住的住房，减按4%的税率征收。

自2021年10月1日起，对企事业单位、社会团体以及其他组织向个人、专业化规模化住房租赁企业出租住房的，减按4%的税率征收房产税。专业化规模化住房租赁企业的标准为：企业在开业报告或备案城市内持有或者经营租赁住房1 000套（间）及以上或者建筑面积3万平方米及以上。各省、自治区、直辖市住房城乡建设部门会同同级财政、税务部门，可根据租赁市场发展情况，对本地区全部或者部分城市在50%的幅度内上下调整标准。

6）房产税的减免税优惠

依据《中华人民共和国房产税暂行条例》及有关规定，目前房产税的减免税优惠主要包括以下几点：

①国家机关、人民团体、军队自用的房产。

自2004年8月1日起，对军队空余房产租赁收入暂免征收房产税。

②国家财政拨付事业经费的单位自用的房产。

③ 宗教寺庙、公园、名胜古迹自用的房产。

④ 个人拥有的非营业用的房产。

⑤ 经财政部批准免税的其他房产。

根据财政部和税务总局关于房产税若干具体问题的解释和暂行规定，下列房产可免征房产税：

① 企业办的各类学校、医院、托儿所、幼儿园自用的房产，可以比照由财政部门拨付事业经费的单位自用的房产，免征房产税。

② 经有关部门鉴定，对毁损不堪居住的房屋和危险房屋，在停止使用后，可免征房产税。

③ 对微利企业和亏损企业的房产，可由地方根据实际情况在一定期限内暂免征收房产税。

④ 企业停产、注销后，其原有的房产闲置不用的，经省、自治区、直辖市税务局批准可暂不征收房产税；如果将这些房产转给其他征税单位使用或者企业恢复生产，则应依照规定征收房产税。

⑤ 凡是在基建工地为其服务的各种工棚、材料棚、休息棚和办公室、食堂、茶炉房、汽车房等临时性房屋，无论是施工企业自行建造还是由基建单位出资建造交施工企业使用的，在施工期间，一律免征房产税。但是如果在基建工程结束以后，施工企业将这种临时性房屋交还或者估价转让给基建单位的，应当从基建单位接收的次月起，依照规定征收房产税。

⑥ 房屋大修停用在半年以上的，经纳税人申请，税务机关审核，在大修期间可免征房产税。

⑦ 纳税单位与免税单位共同使用的房屋，按各自使用的部分划分，分别征收或免征房产税。

⑧ 对地下人防设施的房屋暂不征收房产税。

⑨ 对农、林、牧、渔业用地和农民居住用房屋及土地不征收房产税。

7) 房产税的纳税时间

房产税按年征收，分期缴纳。其中自建房屋，自建成之日起的次月征收；委建房屋，在办理验收手续之日的次月征收。

7.4.2　房产税的纳税筹划

1) 房产余值筹划法

房产税有按房产余值计税和以租金收入计税两种方法。其中以房产余值计税的，适用于自己生产经营而不是出租收取租金的情况。房产余值是房产原值一次减除10%～30%后的余额（在10%～30%的范围内，由各省市自行确定具体减除比例）。利用房产余值进行纳税筹划，就是要合理地划分房产界限，分开核算，确定房产原值，通过减少房产原值来减少房产余值，进而减少房产税。

【纳税筹划窗口7-4】

财政部 税务总局（87）财税地字第3号规定

① "房产"是以房屋形态表现的财产，房屋是指有屋面结构，可供人们在其中生产、工作、学习、娱乐、居住或储藏物资的场所。独立于房屋之外的建筑物，如围墙、烟囱、水塔、变电塔、油池、酒窖、菜窖、酒精池、室外游泳池、玻璃暖房、砖瓦石灰窑以及各种油气罐等，不属于房产。

② 房屋原值应包括与房屋不可分割的各种附属设备或一般不单独计算价值的配套设施，主要有暖气、卫生、通风、照明、煤气等设备；各种管线如蒸汽、压缩空气、石油、给水、排水等管道及电力、电讯、电缆导线；电梯、升降机、过道、晒台等。

【案例7-10】 江西A企业欲兴建一座花园式工厂，除厂房、办公用房外，还包括厂区围墙、水塔、变电塔、停车场、游泳池、喷泉设施等建筑物，总计造价为1亿元。其中，停车场、游泳池、围墙等工程造价约为1000万元。如果1亿元都作为房产原值的话，该企业自建成的次月起每年应缴纳的房产税（扣除比例为30%）为84万元（10 000×（1-30%）×1.2%）。如果把该企业除厂房、办公用房以外的建筑物，如停车场、游泳池等都建成露天的，并且把这些独立建筑物的造价同厂房、办公用房的造价分开，在会计核算中单独记载，那么这部分露天建筑物的造价不计入房产原值，就不用缴纳房产税。通过这种方式使得该房产原值减少1 000万元，应税房产余值为6 300万元（9 000×（1-30%）），应缴纳房产税75.6万元（6 300×1.2%），每年节税8.4万元（84-75.6）。

2）优惠筹划法

优惠筹划法就是利用房产税的减免等优惠政策达到减少税负的方法。例如，微利企业和亏损企业的房产，或者企业停产、注销后其原有房产闲置不用的以及房屋大修停用在半年以上的，经企业申请，税务机关批准，可在一定期限内暂免征收房产税。因此，企业应合理利用这些优惠政策，以减少税负。

【案例7-11】 某企业管理部门和生产部门拥有住房4幢，原值3 600万元，企业内部自办的幼儿园用房原值200万元，医务室用房原值300万元，大修停用期间闲置用房1幢（已一年以上），原值300万元。

【解析】

拓展阅读3

筹划小案例

对于该企业的房产，要根据房产的不同性质进行分类，分开并独立核算其原值，这样，其幼儿园、医务室用房和大修期间的闲置房屋，经企业申请，税务机关审核，都可享受房产税减免等优惠政策。也就是说，只有管理部门及生产用房才征房产税，企业应缴纳的房产税变为30.24万元（3 600×（1-30%）×1.2%）。

🔵 素养园地

资源税税收立法使绿色效应不断释放

广东省韶关市曲江区税务局引导辖区内资源开采企业绿色发展，提高企业资源利用效率。2020年1月至7月，广东省韶关市大宝山矿业有限公司资源税申报缴纳600万元，同比增长5.07%，体现了资源价格上涨后从价计征机制的正向调节作用。同时，税收优惠也促进了资源的节约和高效利用。该企业加大了低品位矿的综合回收利用，1月至7月共处理含铅锌低品位矿99万吨，享受减免资源税12.8万元。该公司负责人表示，"'采富弃贫'的经营模式已成为历史，我们通过'吃干榨净'低品位矿，提高资源利用率，既提高了经济效益，又保护了绿水青山"。

国家通过税收立法对资源利用行为进行引导，有助于推动实现资源的优化配置，在环境保护和污染防治领域发挥作用，助力经济高质量发展。同时，资源税法根据地方特点充分发挥对资源税的调节作用，有利于因地制宜、精准施策，促进区域间资源开发的协调发展。

资料来源 经济日报. 资源税法将于9月1日起施行——"绿色税制"迈开大步［EB/OL］. （2020-08-31）. http://www.xinhuanet.com/legal/2020-08/31/c_1126431838.htm.

基本训练

参考答案

◎ 课堂讨论

7.1 讨论分析进口货物由海关进行估价的情况。

7.2 讨论分析资源税实行折算比例课税的条件与范围。

7.3 讨论分析土地增值税应税增值额的形成。

7.4 讨论分析房产税的计税方法。

7.5 观看纪录片"丝绸之路"，了解我国悠久文明并谈谈如何树立民族文化自信心和爱国情怀。

◎ 知识掌握

7.1 简述关税优惠税率和普通税率的适用范围。

7.2 简述关税的筹划方法。

7.3 资源税有哪些减免税优惠政策？

7.4 资源税的筹划方法有哪些？

7.5 简述土地增值税有哪些减免税优惠政策。

7.6 简述土地增值税的筹划方法。

7.7 简述房产税的筹划方法。

观念应用

参考答案

◎ 案例分析

案例1 某油田6月初库存原油2万吨，本月生产原油5万吨，本期发出原油6万吨，其中对外销售5万吨，企业在开采原油的过程中用于加热、修井的自用原油为6 000吨，非生产自用原油4 000吨。另外，伴采天然气5万立方米，当月销售3万立方米，其余2万立方米全部由油田自用。已知该油田原油销售单价为每吨5 500元，适用的税率为8%，天然气销售单价为每立方米2 800元，适用的税率为6%。

问题：

（1）该油田应该采取什么样的纳税筹划方法？

（2）采取该种方法应纳多少资源税？

案例2　某企业位于市区，其房产情况如下：管理部门及生产用房5幢，原值5 000万元，企业内部自办的幼儿园用房原值300万元，医务室用房原值300万元，大修停用期间闲置用房2幢（已一年以上），原值分别为300万元和400万元。

问题：

（1）该企业应该采取什么样的纳税筹划方法？

（2）采取该种方法应纳多少房产税？

◎ 实践训练

实践1　湖北省武汉市某房地产开发企业预计2022年商品房销售收入为1.2亿元，其中普通住宅的销售额为9 000万元，豪华住宅的销售额为3 000万元。税法规定的可扣除项目金额为9 000万元，其中普通住宅的可扣除项目金额为7 650万元，豪华住宅的可扣除项目金额为1 350万元。

问题：

（1）普通住宅与豪华住宅合并应纳多少土地增值税？

（2）普通住宅与豪华住宅分开核算，应分别缴纳多少土地增值税？

（3）比较上述两种方法，分析该企业应该采用哪一种纳税方法？

（4）试想一下，如果普通住宅的可扣除项目金额为7 000万元，豪华住宅的可扣除项目金额为2 000万元，你能采取什么方法让该企业节税？

实践2　光华公司有座空置的仓库，房产原值为800万元，现相关部门提出了两个使用方案进行讨论。

方案一：租给其他企业存放商品，年租金为100万元。

方案二：变租赁合同为仓储合同，年收入为100万元。

问题：

（1）试计算两个方案应纳的增值税、城市维护建设税、教育费附加和房产税。

（2）比较分析哪个方案对企业最有利。

第7章　扫码答题

第8章 经营行为的纳税筹划与案例

◆ 学习目标

    1.了解企业投资行业、地点、方式和组织形式的纳税筹划技巧。

    2.了解企业筹资渠道及借款的纳税筹划技巧。

    3.了解企业投资筹划技巧，掌握间接投资的纳税筹划方法。

    4.掌握企业合并与分立的纳税筹划方法。

    5.激励学生坚守道德准则，提高思想境界，积极践行社会主义核心价值观。

◆ 主要概念与原理

    生产性行业与非生产性行业　注册地点　公司企业与合伙企业　筹资渠道　直接投资　间接投资　企业合并　企业分立

8.1 企业组建时的纳税筹划

企业在组建时，要充分进行税收调查，针对自己的实际情况，选择合理的投资行业、注册地点、投资方式和组织形式。

8.1.1 投资行业的选择

不同国家、不同地区的税法会体现出对某些行业的税收倾斜政策，这些税收倾斜政策构成了行业优惠，这使得企业对所投资行业的纳税筹划具有现实意义。国家产业结构优惠政策具有一定的地域性，所以投资产业的选择也可分为两个不同层次，即在地点一致的情况下选择税负相对较低的行业投资；在地点不同的情况下选择税负相对较轻的地点和行业投资。

要进行投资行业的筹划，首先必须对行业间的税收待遇进行比较。这种比较按行业性质可分为三个层次：

1) 生产性行业间的税收比较

众所周知，一般国家为促进本国生产的发展都会给予生产性企业相对较多的税收优惠。我国现行税法对生产性企业的税收优惠主要体现在以下方面：

① 农业初级产品、农业生产资料以及水、煤、气等居民用品实行增值税的优惠税率。

② 以废水、废气、废渣等"三废"物品为原料进行生产的内资企业减免征收企业所得税。

③ 外商投资的先进技术企业和产品出口企业减免征收企业所得税。

④ 校办生产性、民政福利企业享有增值税和企业所得税的优惠。

⑤ 出口业务实行"免、抵、退"等增值税的政策优惠。

⑥ 对农林牧副渔等行业及不发达地区的行业实行多方面的税收优惠。

2）非生产性行业间的税收比较

在我国现行税法中，企业所得税、增值税都体现出了对部分非生产性行业的支持，主要表现在以下几个方面：

① 对农村为农业生产产前、产中、产后服务的行业暂免征收企业所得税。

② 对科研单位及大专院校取得的技术性服务收入暂免征收企业所得税。

③ 对新办的独立核算的交通运输业、邮电通信业企业实行减免征收企业所得税的优惠。

④ 对信息业、技术服务业、咨询业、公用事业、商业、文化教育业、居民服务业等行业新办的独立核算企业实行税收减免政策。

3）生产性行业与非生产性行业的税收比较

在生产性行业和非生产性行业的税收比较中，依据现行税法，很容易发现其税收差别主要集中于外商投资企业的所得税方面。生产性的外商投资企业能享受"两免三减半"的税收优惠；而非生产性的外商投资企业则不能。

在对行业税收待遇进行比较时，也可以以税种为标准进行参照比较。

8.1.2 注册地点的筹划

我国开放发展的战略布局是由沿海到内陆、由东南至西北，不同地区的税收政策存在着差别，这为利用注册地点进行税收筹划提供了空间。"西部大开发"战略，更为注册地点筹划提供了历史性契机。

在注册地点筹划中，关键是对区域间税收差别待遇的把握。下列几大区域都可以成为注册地点筹划的考察对象：经济特区、经济技术开发区、高新技术产业开发区、保税区、沿海经济开放区、旅游度假区、"老、少、边、穷"地区和西部地区。

上述区域都具有不尽相同的税收优惠政策，都可以成为注册地点筹划的考察对象。在利用区域税收政策选择注册地点时，还需考虑企业自身的特点，依据自身条件对号入座，对于企业自身不符合标准的，要创造条件使自身向优惠条件靠拢。

8.1.3 投资方式的筹划

按投资物的性质，投资方式一般可分为三类，即有形资产投资方式、无形资产投资方式和现汇投资方式。投资方式不同，企业设立的程序也就不同，享受的实际税收待遇也不相同，甚至可能存在很大差别。这也是投资方式筹划存在的重要依据。

1）有形资产投资方式

我国现行税法规定，按中外合资经营企业中外双方所签合同的规定，外方出资的机械设备、零部件及其他物件，合营企业以投资总额内的资金进口的机械设备、零部件及其他物件，以及经审批机构批准，合营企业以增加资本所进口的国内不能保证生产供应的机械设备、零部件及其他物件，可以免征关税和进口环节增值税。这种规定是国家为了鼓励中外合资经营企业引进国外先进机械设备而制定的，同时也可用作一种节税的投资方式。

2）无形资产投资方式

无形资产不具备有形资产的实物形态，但同样也能为企业带来经济效益，包括专利权、商标权、著作权、非专利技术、土地使用权、商誉等。利用无形资产投资，不仅可以获得一定的超额利润，还能达到节税的目的。例如，甲、乙代表中外两方投资者，欲开办一家中外合资企业。在企业创办过程中，甲需向乙购买一项技术，价值50万美元，乙需缴纳10万美元的预提所得税，如将该技术由乙方作为无形资产投资，则预提所得税便可省去。

3）现汇投资方式

现汇投资一般是指以货币进行投资的方式。虽然在税收筹划时，可以考虑用现汇购买享有税收优惠的有形资产，但毕竟受到购买范围的限制。在投资方式筹划过程中，一般都是采用有形资产投资和无形资产投资两种方式，其中的原因是多方面的：首先，有形资产投资方式中的设备投资折旧额及无形资产摊销额可在税前扣除，从而达到削减所得税税基的节税效果；其次，在有形资产和无形资产产权变动时，必须进行资产评估，由于选择的评估方法不同，可能导致高估资产价值，这样既可节省投资成本，又能通过多列折旧费用及摊销额缩小企业所得税税基。

投资方式还存在另外一种分类方法，即按投资期限将投资方式分为分期投资和一次性投资，在投资方式的选择中，一般选择前者。我国现行外商投资企业法规定，中外合营双方应在合营合同中注明出资期限，并按合营合同规定的期限缴清各自出资额；合同中规定一次缴清出资额的，合营双方应自营业执照签发之日起6个月内缴清；合同中规定分期缴清出资额的，双方第一期出资额不低于各自认缴出资额的15%，且应自营业执照签发之日起3个月内缴清，最后一期出资可自营业执照签发之日起3年内缴清。依据上述规定，分期出资可以获得资金的时间价值，而且未到位的资金可通过金融机构或非金融机构融资解决，其利息支出可以部分地准许在税前扣除。这样，分期投资方式不但能缩小所得税税基，甚至在盈利的经济环境下能实现少投资本、充分利用财务杠杆的效应。

8.1.4　企业组织形式的筹划

在现代高度发达的市场经济条件下，企业的组织形式日益多样化。依据财产组织形式和法律责任权限，企业可分为公司企业、合伙企业和独资企业，这是企业组织形式分类的第一个层次，即外部层次。企业组织形式分类的第二个层次是在企业内进行的，这个层次分为两对公司关系，即总分公司和母子公司。企业组织形式分类的第二个层次的产生与完善和市场经济的发展是分不开的。公司企业适应市场经济发展的要求，成为现代企业组织形式中的典型和代表。分公司和子公司都是公司企业为扩大规模进行再投资过程中成立的分支机构。总分公司表明新办企业为原公司企业所属,不具备独立法人地位;母子公司则表明新办企业受控于原公司企业,但其是一个独立法人。

综上所述,企业在组织形式上存在着很大的差别,不同组织形式的企业适用的税收政策也有所不同。

基于企业组织形式的税收筹划可分为两个层次:企业性质的选择、子公司和分公司的选择。

1)企业性质的选择

（1）公司企业和合伙企业的选择

公司企业具有法人资格,合伙企业属于自然人主体。公司利润在公司环节课征企业所得税,税后利润以股息的形式分配给投资者,投资者又得缴纳一次个人所得税;合伙企业的营业利润不缴纳企业所得税,合伙人就其分得的收益缴纳个人所得税。对于规模大、管理水平要求高的企业来说,一般宜采用公司形式;规模不大的企业宜采用合伙形式,这是因为管理难度不大,合伙共管也可以见成效,而且又能因为税收规定上的优惠而获得额外利润。

【案例8-1】甲、乙两个人欲投资组建一个普通生产企业。预计年营业收入为300万元,各项成本费用合计110万元。请问在只考虑所得税的情况下,该生产企业是选择公司制还是合伙制更有利?(假设税后利润均用于向投资者发放股息、红利)

【解析】

方案1:若选择公司制,则企业的生产经营所得应纳企业所得税,两个投资者甲、乙分得的股息、红利应纳个人所得税。

应纳企业所得税=（300-110）×25%=47.5（万元）

应纳个人所得税=（300-110-47.5）×20%=28.5（万元）

合计应纳所得税=47.5+28.5=76（万元）

两个投资者税后收益=300-110-76＝114（万元）

方案2:若选择合伙制,则企业的生产经营所得只纳个人所得税,不纳企业所得税。假定甲、乙两人平均分配。

每个投资者应纳个人所得税=（150-55）×35%-6.55=26.70（万元）

两个投资者税后收益=300-110-26.70×2=136.6（万元）

经过比较,发现在只考虑所得税的情况下,选择合伙制的企业类型对投资者更有利。

（2）外资企业类型的选择

外资企业可分为中外合资经营企业、中外合作经营企业和外商独资企业三种形式。各类外商投资企业的适用税种、税率基本一致,但由于中外合作经营企业有着不同的组织形式,因而其税收政策也不完全相同。紧密合作型企业是合作双方组成新的法人企业,税收完全按照外商投资企业办理,可以享受国家对外商投资企业的税收优惠政策。对于松散的合作型企业,由于没有成立独立的法人,因而不能按照外商投资企业办理,不能完全享受税收优惠政策。投资者在举办中外合作经营企业时,应进行适当的选择,以达到节省税款的目的。

2) 子公司和分公司的选择

子公司作为独立法人主体，可以享受当地规定的众多税收优惠政策。创办分公司很难享受这些优惠，但分公司作为总公司统一体中的一部分，接受统一管理、损益共计，可以平抑自身经济波动，部分承担纳税义务。对于在初创阶段及较长时间无法盈利的行业，一般设置分公司，因为这样可以利用公司扩张成本抵冲总公司的利润，从而减轻税负。但对于扭亏为盈较为迅速的行业，则可设子公司，这样可享受税法中的优惠待遇，在优惠期内的盈利无须纳税。就跨国公司而言，可在低税国设立子公司，用来转移高税国相关公司的利润，达到节税的效果。

设立子公司与设立分公司的节税效果孰高孰低并不是绝对的，它受国家税制、纳税人经营状况及企业内部分配政策等多种因素的影响，如果子公司的税后利润全部上交总公司，那么整个公司总体税负与设立分公司是一样的，这就要求投资者在进行企业内部组织结构选择时必须考虑企业内部利润分配制度等因素，以便使公司承担的整体税负最轻。

8.2　企业筹资的纳税筹划

8.2.1　筹资渠道的筹划

筹资是企业开展经营活动的先决条件。作为一个相对独立的行为，筹资对企业经营业绩的影响主要是通过资本结构的变动而发挥作用。因此，在筹资活动中，企业应重点考察以下几个方面：

① 筹资活动会使资本结构产生何种变化？
② 资本结构变动对企业业绩及税负产生何种影响？
③ 企业应当如何优化资本结构，才能在节税的同时实现所有者税后利益最大化目标？

目前，企业的筹资渠道主要有企业自我积累、向金融机构借款、向非金融机构及企业或个人借款、企业内部集资、向社会发行债券和股票、租赁等。不同的筹资渠道，其所承担的税负也不一样。

企业自我积累是由企业的税后利润所形成的，积累速度慢，不能适应企业规模的迅速扩张，而且存在双重征税问题。资金的使用者与所有者合二为一，税收难以分摊和抵消，税负最重。

向银行等金融机构借款，其成本主要是利息负担。向银行借款的利息一般要在税前扣除，从而减少企业所得税。

向非金融机构及企业、个人筹资的操作余地大，但由于透明度相对较低，国家对此有限额控制。若从税收筹划角度而言，这种筹资方式效果最好，因为它涉及的人员和机构多，容易使纳税基数降低。

向社会发行债券和股票属于直接融资，避开了对中间商的利息支出。由于借款利息及债券利息可以作为财务费用，在税前冲抵利润，能够减少所得税税基；而股息应以企业税后利润进行分配，股利支付没有费用的冲减问题，这就增加了纳税成本。所以，在一般情况下，企业以发行普通股股票方式筹资所承受的税负重于向银行借款承受的税负，而借款筹资所承担的税负又重于向社会发行债券所承担的税负。

租赁对税收筹划具有多重意义。对出租人来讲，出租既免去了为使用、管理机器设备所需的投入，又能从中获取租金收入，而且机器设备租金收入只按13%的低税率缴纳增值税；对承租人来讲，租赁既可避免长期拥有机器设备而承担资金占用和经营的风险，又能通过支付租金的方式来冲减企业的计税所得，减少税基，减轻税负。

8.2.2　借款费用的筹划

企业会计准则规定，对于符合资本化条件的借款费用，应当予以资本化，计入相关资产的成本。其他借款费用，如果属于在筹建期间发生的，应先计入长期待摊费用，然后在开始生产经营的当月一次性计入当期损益；如果属于在生产经营期间发生的，应当将其发生额全部计入当期损益。

显而易见，借款费用计入当期损益，能减少税基，减轻企业所得税税负。利息筹划的方法是：企业在保证风险可控的情况下，尽最大努力加大筹资的利息支出，用来增大财务费用的份额。另外，还应缩短固定资产的购建周期，尽量用自己的资金进行固定资产购建，用借入的资金进行日常生产经营。

8.3　企业投资的纳税筹划

投资是企业永恒的主题，对投资主体来说，它既是企业诞生的唯一方式，也是企业得以存续和发展的重要手段。投资在方式上可分为两大类，即直接投资和间接投资。直接投资一般指借助投资对企业的生产经营活动进行直接管理和控制，以获取经营利润；间接投资是指投资主体用货币资产购买各种有价证券，以期从持有和转让中获取投资收益和转让价值。

8.3.1　直接投资的纳税筹划

对直接投资的综合评估主要考虑投资回收期、投资的现金流出和现金流入的净现值、项目的内部报酬率等财务指标。我们要考虑的纳税因素主要是指影响这些指标的纳税政策。

首先，投资者要考虑流转税的税负。要判断税务机关对其投资的项目按照税法规定应按哪个税目征收增值税？除征收增值税外，是否还要征收消费税？除了征收增值税、消费税外，还有城市维护建设税和教育费附加，其税率或费率是多少？这一切都将影响企业的税费负担，并进一步影响到投资者的税后净收益。

其次，投资者要考虑企业所得税的税负，尤其是要考虑其纳税待遇。我国企业所得税制度规定了很多纳税优惠待遇，包括税率和税额扣除等方面。例如，设在国务院批准的高新技术产业开发区内的高新技术企业，其企业所得税税率为15%。其他诸如第三产业、"三废"利用企业、"老、少、边、穷"地区新办企业等都存在企业所得税的优惠待遇问题。投资者应该在综合考虑目标投资项目的各种纳税待遇的基础上，进行项目评估和选择，以期获得最大的投资收益。

目前，投资者关注的重点是投资收益的大小和投资风险的高低，而对被投资企业的经营管理权则不太关注。因此，投资者当前的投资理念更多的是关注间接投资。

指点迷津

我国少数民族地区返还力度更大。对注册在我国民族自治区的新开发区、园区等的企业，会给予当地一定的税收奖励政策。比如有些经济技术开发区，增值税根据地方财政所得部分的50%～70%予以财政扶持奖励；企业所得税按照地方财政所得部分的50%～70%予以财政扶持奖励。因此可以利用注册地优惠税率政策进行税务筹划。

8.3.2 间接投资的纳税筹划

间接投资一般涉及股息、利息的所得税和股票、债券资本增益而产生的资本利得税，其重点是要关注利息、股息等各种投资收益在税收待遇上的差别。

1）储蓄存款、购买国债、购买企业债券的纳税筹划

这类筹划主要是充分利用税收优惠政策。我国税法规定，股息收入必须要计缴所得税，而国库券利息收益则可以免税。因此，投资者应权衡利弊进行投资项目选择。

【纳税筹划窗口8-1】

企业所得税免税收入

《企业所得税法》规定，企业的下列收入为免税收入：

①国债利息收入。

②符合条件的居民企业之间的股息、红利等权益性投资收益。

③在中国境内设立机构、场所的非居民企业从居民企业取得与该机构、场所有实际联系的股息、红利等权益性投资收益，不包括连续持有居民企业公开发行并上市流通的股票不足12个月取得的投资收益。

④符合条件的非营利组织的收入。

【案例8-2】 2022年年初，某盈利企业有资金300万元闲置不用，当期银行存款定期1年年利率为1.98%，国债年利率为3%，国家重点建设债券年利率为4.2%。对于存入银行、购买国债和购买国家重点建设债券这三种投资方式，该企业该如何选择呢？

【解析】

企业如果将300万元存入银行，期限为1年，则：

企业获得利息收入=300×1.98%=5.94（万元）

利息收入应计所得税=5.94×25%=1.485（万元）

企业所得税税后净收益=5.94-1.485=4.455（万元）

如果购买国债，期限为1年，则：

企业获得国债利息收入=300×3%=9（万元）

该利息收入免税，企业所得税税后净收益为9万元。

如果购买国家重点建设债券，期限为1年，则：

企业获得利息收入=300×4.2%=12.60（万元）

利息收入应计所得税=12.6×25%=3.15（万元）

企业所得税税后净收益=12.60-3.15=9.45（万元）

比较上述三种情况，得知企业购买国家重点建设债券的税后净收益最多，所以该企业应将闲置的300万元投资于国家重点建设债券。

2）股息所得与资本利得结合的纳税筹划

目前，纳税人开展股权投资业务已很普遍，投资人从被投资企业获得的收益主要有股息（包括股息性所得）和资本利得。根据我国企业所得税相关法规的规定，企业股权投资取得的股息与资本利得的税收待遇是不同的。

根据《国家税务总局关于企业股权投资业务若干所得税问题的通知》（国税发〔2000〕118号）规定，企业的股权投资所得是指企业通过股权投资从被投资企业所得税后累计未分配利润和累计盈余公积中分配取得的股息性质的投资收益。凡投资方适用的所得税税率高于被投资方适用的所得税税率的，除国家税收法规规定的定期减税、免税优惠以外，其取得的投资所得按规定还原为税前收益后，应并入投资企业的应纳税所得额，依法补缴企业所得税。企业股权投资转让所得或损失，是指企业因收回、转让或清算处置股权投资的收入减除股权投资成本后的余额。企业股权投资转让所得应并入企业的应纳税所得，依法缴纳企业所得税。

【纳税筹划窗口8-2】

企业股权投资业务的纳税筹划

《国家税务总局关于企业股权投资业务若干所得税问题的通知》（国税发〔2000〕118号）规定，不论企业会计账务中对投资采取何种方法核算，被投资企业会计账务上实际作利润分配处理（包括以盈余公积和未分配利润转增资本）时，投资方企业应确认投资所得的实现。反过来说，如果被投资企业未进行利润分配，即使其有很多未分配利润，也不能推定为投资方企业的股息所得。因此，当投资方适用税率高于被投资方时，如果被投资企业保留利润不分配，投资方企业就无须补缴税款。

因此，正确的做法是被投资企业保留利润不分配，企业股权欲转让时，在转让之前将未分配利润进行分配。对投资方来说，这样做可以达到不补税或递延纳税的目的，同时又可以有效地避免股息性所得转化为资本利得，从而消除重复征税；对于被投资企业来说，由于不分配可以减少现金流出，而且这部分资金无须支付利息，等于是增加了一笔无息贷款，因而可以获得资金的时间价值。

【案例8-3】 A公司于2021年2月10日以银行存款900万元投资于B公司（高新技术企业），占B公司股本总额的70%，B公司当年获得税后利润500万元。A公司所得税税率为25%，A公司2021年度内部生产、经营应纳税所得额为100万元。B公司所得税税率为15%。2022年1月，A公司董事会讨论出两种方案对B公司2021年利润进行分配：一是先分配，后转让；二是B公司保留盈余不分配。假设A公司2022年10月将其拥有的B公司70%的股权全部转让给C公司，那么，选择哪一种方案更划算呢？

【解析】

方案一：先分配后转让。

先将B公司2021年税后利润分配30%（A公司可分得利润105万元（500×70%×30%）），然后2022年10月份再将其拥有的B公司70%的股权全部转让给C公司，估计转让价为人民币1 050万元，转让过程中发生税费1万元。

A公司生产、经营所得应纳税额=100×25%=25（万元）

A公司分回股息收益应补所得税=105÷（1-15%）×（25%-15%）=12.35（万元）

A公司转让所得应纳税额=（1 050-1-900）×25%=37.25（万元）

A公司税负合计=25+12.35+37.25=74.60（万元）

方案二：10月份A公司将其拥有的B公司70%的股权全部转让给C公司，估计转让价为人民币1 200万元。转让过程中发生税费1万元。

A公司生产、经营所得应纳税额=100×25%=25（万元）

A公司转让所得应纳税额=（1 200-1-900）×25%=74.75（万元）

A公司税负合计=25+74.75=99.75（万元）

比较两种方案，单从纳税上来考虑：方案一比方案二少纳税25.15万元（99.75-74.60），方案一优于方案二。如果考虑收益，方案一比方案二要少45万元（1 050+105-1 200），综合纳税因素，方案一比方案二少19.85万元，方案一又不及方案二。

8.4　企业分立、合并的纳税筹划

8.4.1　企业分立的纳税筹划

企业分立是指一个企业依照法律的规定，将部分或全部业务分离出去，分化成两个或两个以上新企业的法律行为。企业分立的结果是原企业解散而成立两个或两个以上的新企业，或者是原企业将部分部门、产品生产线、资产等剥离出来，组成一个或几个新公司，而原企业在法律上仍然存在。

企业分立的目的有很多，如提高管理效率、提高资源利用效率、突出企业的主营业务等。此外，获取税收方面的利益也是企业分立的一个动因。企业分立的税收利益主要体现在以下两个方面：

① 流转税税收利益。例如，一些特定产品是免税的，或者适用的税率较低，这类产品在税收核算上有一些特殊要求，企业往往由于种种原因不能满足这些核算要求而丧失了税收利益。如果将这些特定产品的生产部门分立为独立企业，则可以获得流转税免税或降低税负的好处。

② 所得税税收利益。例如，当企业适用累进所得税税率时，通过分立可以使原本适用高税率的企业，分立为两个或两个以上适用低税率的企业，从而降低企业的总体税负。

【案例8-4】某市万能商贸有限公司主要从事各种品牌的空调和热水器销售业务。

该公司在进货时不但要与各空调或热水器生产厂家签订购销合同，而且要签订代理安装、维修合同。安装、维修合同一般规定，生产厂家委托该商贸有限公司向用户提供安装、维修等售后服务，每售出空调、热水器1台，生产厂家分别付给该公司安装、维修费用150元和80元。2021年度，该商贸有限公司销售空调480台，取得安装、维修服务收入72 000元；销售热水器330台，取得安装、维修服务收入26 400元。两项服务收入合计98 400元，按规定缴纳增值税12 792元（98 400×13%）。2022年，该公司经理抱怨缴税太多，要财务人员想办法减轻税负。

如何进行纳税筹划呢？

【解析】

办法是该公司成立一个独立核算的安装、维修服务公司，专门从事安装、维修服务业务，独立申报纳税。这样可使服务费收入由缴纳13%的增值税变为缴纳9%的增值税。于是，该公司从2022年起改变合同的签订方式，该商贸有限公司与各生产厂家签订空调、热水器购销合同后，再由各生产厂家与该公司分立的安装、维修服务公司签订安装、维修服务合同，各生产厂家将安装、维修服务费直接支付给安装、维修公司。按照现行增值税征税范围的规定，安装、维修服务公司取得的安装、维修费收入属于增值税提供建筑、安装服务的征收范围，应按9%的税率计算缴纳增值税。如果2022年该安装、维修服务公司取得空调、热水器的安装、维修服务收入仍为98 400元，则其应缴纳增值税8 856元（98 400×9%），与2021年相比，少负担税款3 936元，税负大大减轻了。

【纳税筹划窗口8-3】
企业分立及相关税务处理

企业分立是指一个企业，依照有关法律、法规的规定，分立为两个或两个以上的企业。其中，原企业解散，分立出的各方分别设立为新的企业，为新设分立（也称解散分立）；原企业存续，而其中部分分出设立为一个或数个新的企业，为派生分立（也称存续分立）。企业不论采取何种方式分立，均不需清算程序。分立前企业的债权和债务，按法律规定和分立协议约定，由分立后的企业继承。总之，原企业在本质上并没有消失，只是换了一种法律形式持续着企业的经营活动。

1.会计及所得税处理

分立企业从被分立企业中派生出来，在注册登记时是按新设公司处理的（但税法不作为新设公司处理），应当按照资产、负债的公允价值（评估价值）入账。但在计算所得税时，如果符合特殊重组（免税改组）的条件，应以原历史成本为基础确定计税基础。企业按照账面原价计提折旧，按照计税基础计算税法折旧，每一纳税年度会计折旧大于税法折旧的金额应当作纳税调增处理。

被分立企业的股东取得新股的计税成本，应以被分立企业分离出去的净资产占被分立企业全部净资产的比例先调减原持有的"旧股"的成本，再将调减的投资成本平均分配到"新股"上。将来转让或清算股权时，按照计税成本扣除。

2. 增值税及土地增值税处理

企业分立是资产、负债、股权、劳动力等要素的同时转移（非"转让"），其涉及的不动产和无形资产的转移，不属于《增值税暂行条例》规定的销售不动产、转让无形资产的征税范围，也不属于《土地增值税暂行条例》规定的有偿转让房地产的行为，不征增值税和土地增值税。

3. 契税处理

企业依照法律规定、合同约定分设为两个或两个以上投资主体相同的企业，对派生方、新设方承受原企业土地、房屋权属，不征收契税。

4. 印花税处理

分立后的两家企业实收资本和资本公积之和与原被分立企业的实收资本与资本公积之和相比，新增金额由新设企业贴花，适用税率为万分之二点五。

8.4.2　企业合并的纳税筹划

拓展阅读 4
小微企业的认定标准

企业合并是指一个企业与另一个企业的联合或获得对另一个企业净资产和经营活动的控制权，将各单独的企业组成一个经济实体。企业合并通常采取股权联合和购买两种方式。

股权联合是指参与合并的企业的股东，联合控制他们全部或实际上的全部净资产和经营活动，以便继续对合并后的实体分享利益并分担风险。购买是指通过转让资产、承担债务或发行股票等方式，一个企业（购买企业）获得对另一个企业（被购买企业）净资产和经营活动的控制权。

在市场经济条件下，合并行为的目的是实现企业价值最大化。通过合并，企业也能在税收上享受更大的优惠，取得更大的税收利益。这主要表现在以下三个方面：

① 仍可继续享受合并前的定期减免税优惠政策。税法规定，合并前各企业应享受的减免税优惠已享受期满的，合并后的企业不再重新享受。但是，合并前各企业应享受的定期减免税优惠未享受期满且剩余期限一致的，合并后的企业继续享受至期满；合并前各企业应享受的定期减免税优惠剩余期限不一致的，或者其中有不适用定期减免税优惠的，其中剩余减免税期限不一致的业务相应部分的应纳税所得额分别继续享受优惠至期满，不适用税收优惠的业务的应纳税所得额不享受优惠。

② 可享受减低税率优惠政策。合并后的企业及其各营业机构，合并前有盈有亏、盈亏有余的，依照税法及其实施细则的有关规定，可适用有关地区性或行业性减免税率优惠。

③ 可享受前期亏损弥补的优惠政策。税法规定，合并前各企业尚未弥补的经营亏损，可在法定亏损弥补年限的剩余期限内，由合并后的企业逐年延续弥补。

【案例 8-5】地处山区的某酿酒厂是一家老字号的国有企业，该厂生产的系列纯粮食白酒，均采用深山泉水，以当地盛产的玉米为主要原料酿制而成。近年来，随着市场竞争的日趋激烈，该酿酒厂的三角债问题日益突出，流动资金不足，再加上所生产销售的粮食类白酒的消费税税率为 20% 加 0.5 元/500 克，税负很重。2021 年，该酿酒厂共计实现不含税纯粮食白酒销售收入1亿元，应纳消费税2 000万元（10 000×20%）（从量计税暂不考虑），而2021年未收回的货款为3 000万元，主要是邻近某村兴办的鹿茸酒厂购白酒所欠（以下对白酒的从量计税不予以考虑）。

该鹿茸酒厂现有资产3 000万元，生产鹿茸酒符合国家的产业政策导向，也符合现代人的养生理念，因此发展前景诱人。该村有充足的鹿茸资源，但缺乏人才、资金和技术，产品大量积压，最终导致资金周转不灵，目前处于停产阶段。

酿酒厂想降低税负，鹿茸酒厂想盘活资产，有什么办法可以实现呢？

【解析】

可以通过债权转股权的方式实现两酒厂的合并。

假设合并后酒厂2021年的纯粮食白酒和鹿茸酒的销售额分别为1亿元和1.5亿元（不含税），并用1亿元（不含税）纯粮食白酒生产鹿茸酒。我们来分析合并后企业的税负及债务有什么不同。

首先，企业适用的消费税税率降低了，税负减轻了。酿酒厂2021年的纯粮食白酒连续用于生产鹿茸酒，在移送时免征消费税，只就最终产品——鹿茸酒在销售时缴纳消费税，因鹿茸酒属于复制酒，其消费税税率为10%。如果不合并，酿酒厂1亿元的纯粮食白酒就应纳消费税2 000万元（10 000×20%）。仅此一项就使适用税率降低了10%。

其次，原鹿茸酒厂的债务消失，获得了新生，原酿酒厂新增了3 000万元的股权，规模扩大，获得了更大的规模效应。

【纳税筹划窗口8-4】

企业合并可以享受哪些税收优惠政策

"企业合并"是指一家或多家企业将其全部资产和负债转让给另一家现存或新设企业（下称"合并企业"），被合并企业股东换取合并企业的股权或非股权支付，实现两个或两个以上企业的依法合并。

企业合并有没有优惠政策呢？实际操作中，企业合并至少有以下几项优惠政策可供享受：

1.企业合并中的货物不缴纳增值税

企业合并是对被合并企业全部资产的合并，对被合并企业来说，也就是对全部产权的整体转让。根据《国家税务总局关于转让企业全部产权不征收增值税问题的批复》（国税函〔2002〕420号）的规定，企业转让企业全部产权涉及的应税货物，不征收增值税。

2.可以弥补亏损

企业合并相关各方可按原有计税基础确定所得税的相关事项，并可在税前弥补被合并企业合并前发生的部分亏损。

3.可继续享受未到期的所得税优惠政策

企业合并后存续企业的性质及适用税收优惠的条件未发生改变的，可以继续享受合并前该企业剩余期限的税收优惠，其优惠金额按存续企业合并前一年的应纳税所得额（亏损计为零）计算。注销的被合并企业未享受完的税收优惠，不再由存续企业承继。合并后新设的企业不得再承继或重新享受上述优惠。

如果合并各方企业有关生产经营项目的所得在享受税法规定的税收优惠和税收优惠过渡政策期限内发生合并，合并企业自合并之日起，可以在剩余期限内享受规定的减免税优惠；减免税期限届满后合并的，合并企业不得就该项目重复享受减免税优惠。

素养园地

企业组织形式的筹划要以守法为前提

黄某偷逃税事件背后的纳税分析：

2020 年 12 月 20 日下午，国家税务总局浙江省税务局公布对黄某偷逃税案件处理结果。经查，黄某在 2019 年至 2020 年，通过隐匿个人收入、虚构业务转换收入性质虚假申报等方式偷逃税款 6.43 亿元，其他少缴税款 0.6 亿元。其中，对隐匿收入偷税但主动补缴的 5 亿元和主动报告的少缴税款 0.31 亿元，处 0.6 倍罚款计 3.19 亿元；对隐匿收入偷税但未主动补缴的 0.27 亿元，处 4 倍罚款计 1.08 亿元；对虚构业务转换收入性质偷税少缴的 1.16 亿元，处 1 倍罚款计 1.16 亿元。

黄某以个人身份获取的佣金收入，从性质上来讲，是属于个人所得税法中规定的劳务报酬收入，劳务报酬收入是综合所得的一部分，按照 3% 到 45% 的超额累进税率计税。

但是黄某通过设立上海蔚贺企业管理咨询中心、上海独苏企业管理咨询合伙企业等多家个人独资企业、合伙企业虚构业务，将其个人从事直播带货取得的佣金、坑位费等劳务报酬所得转换为企业经营所得进行虚假申报偷逃税款。

假设，黄某年应纳税所得额为 1 亿元，按照劳务报酬所得，则：

应纳税款=100 000 000×45%−181 920=44 818 080（元）

如果这 1 亿元是她通过个人独资企业经营取得，则应当按照经营所得来计算应纳税所得额（全年收入总额−成本−费用−损失），按照经营所得，则：

应纳税款=100 000 000×35%−65 500=34 934 500（元）

可以看到因此少缴的税款达到 9 883 580 元。

黄某偷逃税事件给我们的重要启示：避税和偷逃税存在着边界，避税是在合法范围内对商业行为的形式转化，即便被税务机关查出，也只是补税、交滞纳金，不牵涉缴纳罚款。偷逃税则明显运用了违法手段，不但要补税，还要被处以罚款。网红案发后，仍有人在咨询：个人劳动报酬转化为个人独立生产经营所得的合法性，该种转换属于避税还是逃税。黄某案例已给出了明确答案。避税和偷税的边界实际上较难区分，避税和虚假申报也较难区分。传统观念中的虚假申报通常是指纳税人或者扣缴义务人向税务机关报送虚假的纳税申报表、财务报表，提供虚假申请或者其他纳税申报资料，编造减税、免税、抵税、先征收后退还税款等虚假资料；现在看来，自身对行为性质判断错误进而错误填报申报表、少缴税款的情况也属于虚假申报的一种，仍然要受到行政处罚。

资料来源　雷达财经. 突发！薇娅因偷税被罚 13.41 亿元，下一个被处罚的会是谁？［EB/OL］.（2021-12-20）. http://news.hexun.com/2021-12-20/204970396.html.

基本训练

参考答案

◎ 课堂讨论

8.1　分析以流转税为标准的生产性行业与非生产性行业之间的税收差异。

8.2　分析比较企业筹资各种渠道的筹划空间。

8.3　分析比较直接投资与间接投资的筹划空间。

8.4　分析比较企业合并与分立的筹划方式。

◎ 知识掌握

8.1　简述企业组织形式的纳税筹划方法。

8.2　简述企业的筹资渠道并比较各种渠道税收筹划空间的大小。

8.3　简述间接投资的纳税筹划方法。

8.4　简述企业合并的纳税筹划方法。

8.5　简述企业分立的纳税筹划方法。

观念应用

参考答案

◎ 案例分析

案例 1　湖北省某市的孙某想经营一家税务师事务所，预计年盈利 20 万元。如果该所采取合伙企业组织形式，则要按合伙人课征个人所得税；如果采取公司企业组织形式，则先要征企业所得税，然后在税后利润作股息分配时征收个人所得税。

问题：

（1）如果采取合伙企业组织形式，孙某要承担多少税负？

（2）如果采取公司企业组织形式，孙某要承担多少税负？

（3）比较两种组织形式，孙某采取哪种组织形式税负最轻？

案例 2　健华制药厂主要生产中成药，也生产避孕药品。2021 年，该制药厂各类药品的不含税销售收入为 500 万元，其中避孕药品的不含税销售收入为 100 万元。全年为生产药品购进货物的增值税进项税额为 50 万元，其中避孕药品的进项税额为 10 万元。2021 年，该企业的应纳税所得额为 13 万元，经过内部初步核算，其中避孕药品的应纳税所得额为 5.12 万元。

问题：

（1）该企业合并经营应纳多少增值税和企业所得税？

（2）如果该企业将避孕药品的生产车间分立出来形成一个公司，所有经营数据不变，则该企业应纳多少增值税和企业所得税？

（3）你能采取什么办法让生产避孕药品的公司适用 20% 的企业所得税税率？

◎ 实践训练

湖北省武汉市某外贸总公司想在深圳和厦门各设一家公司。已知武汉市企业所得税税率为 25%，深圳和厦门均为 20%。公司预计 2022 年本部实现利润 1 200 万元，深圳和厦门两家公司各实现利润 120 万元。

问题：

（1）为该外贸公司进行纳税筹划，确定在深圳和厦门是设立分公司还是设立子公司。

（2）若是设立子公司，分析税后利润应该怎样分配才有利于节税。

第 8 章　扫码答题

主要参考文献

［1］全国税务师执业资格考试教材编写组．税法Ⅰ［M］．北京：中国税务出版社，2022．

［2］全国税务师执业资格考试教材编写组．税法Ⅱ［M］．北京：中国税务出版社，2022．

［3］梁文涛．纳税筹划［M］．5版．北京：北京交通大学出版社，2019．

［4］计金标．税收筹划［M］．6版．北京：中国人民大学出版社，2016．

［5］任维林．个人所得税纳税筹划问题探析［J］．商业会计，2015（69）．

［6］刘建民，黄衍电．纳税筹划理论与实务［M］．北京：经济科学出版社，2014．

［7］黄凤羽．税收筹划：策略、方法与案例［M］．3版．大连：东北财经大学出版社，2014．

［8］丁佳奇．企业所得税纳税筹划方法研究［D］．苏州：苏州大学，2013．

［9］朱国平．纳税筹划［M］．2版．北京：中国财政经济出版社，2010．

［10］梁叶芍．中小企业所得税筹划的五种方法［J］．商业会计，2010（3）．

［11］梁伟样．纳税筹划［M］．5版．北京：高等教育出版社，2019．

［12］张中秀，汪昊．纳税筹划宝典［M］．北京：机械工业出版社，2004．

［13］何鸣昊，何旻燕，杨少鸿．企业税收筹划［M］．北京：企业管理出版社，2002．

［14］郭丽梅．我国财政税收管理体制创新对策探究［J］．财经界（学术版），2013（22）．

［15］章映红．企业财务集中核算模式下的税务风险及对策［J］．会计之友，2012（12）：117-119．

［16］盖地．避税的法理分析［J］．会计之友，2013（26）：6-9．

［17］谢影．从白酒企业的反避税征管谈税收筹划的原则［J］．科技致富向导，2014（8）．

［18］黄齐朴，和丽仙．白酒类生产企业消费税的税务筹划方案研究［J］．金融经济，2013（8）．

［19］林洁．浅析中小型白酒企业营销管理模式——以泸州中小型白酒企业为例［J］．商场现代化，2012（36）．

［20］温慧媛，张素梅，魏敏．浅谈企业税收筹划［J］．企业研究，2014（5）．

［21］林锦．企业税收筹划内部控制设计的探讨［J］．会计师，2013（23）．

［22］蒋云贵．基于Delphi法的企业税务筹划风险模糊综合评价［J］．湖南社会科学，2011（03）．

［23］汤秋蕾，董杰，王青．浅谈市场经济下纳税筹划意义［J］．黑龙江科技信息，2010（6）．

［24］高德毅，宗爱东．课程思政：有效发挥课堂育人主渠道作用的必然选择［J］．思想理论教育导刊，2017（1）：31-34．

［25］苏钰雅．"互联网+"环境下《税务会计》课程教学改革的探讨［J］．财会学习，2019（16）：199-200．

［26］田鸿芬，付洪．课程思政：高校专业课程融入思想政治教育的实践路径［J］．未来与发展，2018（4）：99-103．

［27］丁义浩，王刚．"课程思政"引领教育回归"初心"和"使命"［N］．中国教育报，2019-12-23．

［28］任小辉．税收筹划课程开放式案例教学改革探索研究［J］．大学教育，2016（2）：152-153．

［29］潘妮．高职会计专业课程思政教学设计与实践——以纳税申报与纳税筹划课程为例［J］．柳州职业技术学院学报，2021（6）．

［30］吴凤娇．课程思政视角下"纳税筹划"课程教学实践探索［J］．芜湖职业技术学院学报，2022（3）．